Selbstmanagement im Ruhestand

Wolfgang Schiele

Selbstmanagement im Ruhestand

Coachingmodelle für mehr Resilienz und Gelassenheit im Alter

Wolfgang Schiele
Bad Saarow, Deutschland

ISBN 978-3-658-36148-8   ISBN 978-3-658-36149-5 (eBook)
https://doi.org/10.1007/978-3-658-36149-5

Die Deutsche Nationalbibliothek verzeichnet diese Publikation in der Deutschen Nationalbibliografie; detaillierte bibliografische Daten sind im Internet über http://dnb.d-nb.de abrufbar.

© Der/die Herausgeber bzw. der/die Autor(en), exklusiv lizenziert durch Springer Fachmedien Wiesbaden GmbH, ein Teil von Springer Nature 2022

Das Werk einschließlich aller seiner Teile ist urheberrechtlich geschützt. Jede Verwertung, die nicht ausdrücklich vom Urheberrechtsgesetz zugelassen ist, bedarf der vorherigen Zustimmung des Verlags. Das gilt insbesondere für Vervielfältigungen, Bearbeitungen, Übersetzungen, Mikroverfilmungen und die Einspeicherung und Verarbeitung in elektronischen Systemen.

Die Wiedergabe von allgemein beschreibenden Bezeichnungen, Marken, Unternehmensnamen etc. in diesem Werk bedeutet nicht, dass diese frei durch jedermann benutzt werden dürfen. Die Berechtigung zur Benutzung unterliegt, auch ohne gesonderten Hinweis hierzu, den Regeln des Markenrechts. Die Rechte des jeweiligen Zeicheninhabers sind zu beachten.

Der Verlag, die Autoren und die Herausgeber gehen davon aus, dass die Angaben und Informationen in diesem Werk zum Zeitpunkt der Veröffentlichung vollständig und korrekt sind. Weder der Verlag noch die Autoren oder die Herausgeber übernehmen, ausdrücklich oder implizit, Gewähr für den Inhalt des Werkes, etwaige Fehler oder Äußerungen. Der Verlag bleibt im Hinblick auf geografische Zuordnungen und Gebietsbezeichnungen in veröffentlichten Karten und Institutionsadressen neutral.

Titelbild © Wolfgang Schiele

Planung/Lektorat: Eva Brechtel-Wahl
Springer ist ein Imprint der eingetragenen Gesellschaft Springer Fachmedien Wiesbaden GmbH und ist ein Teil von Springer Nature.
Die Anschrift der Gesellschaft ist: Abraham-Lincoln-Str. 46, 65189 Wiesbaden, Germany

Einleitung – Was Bildung und Beruf grob fahrlässig versäumten ...

Dieses Buch schlägt eine praxisorientierte Brücke zwischen den psychisch bedingten Herausforderungen im Alltag angehender oder gestandener Ruheständler und den Möglichkeiten und Methoden, mit ihnen souverän umzugehen und sie zu meistern. Dazu bedient es sich einer Reihe von leicht nachvollziehbaren und didaktisch erprobten Modellen und Verfahren zur Stärkung unserer psychischen Widerstandskraft. Sie können uns unterstützen, uns ohne Coach oder externen Berater aus unerwünschten und seelisch belastenden Umständen, Stress und Krisen zu befreien und in einen erlebenswerten Zustand zurückzuversetzen. Oder – was noch besser ist – uns präventiv auf solche Situationen vorbereiten. Trotz der landläufigen Annahme, dass mit dem Ausstieg aus dem Beruf automatisch eine Zeitspanne des immerwährenden Glücks und der Zufriedenheit beginnt, hält die dritte Lebensphase leider genügend Stolpersteine, Zwickmühlen und Widrigkeiten für uns bereit, mit denen wir umgehen müssen.

Zum Zeitpunkt der Buchentstehung befinden wir uns immer noch in einer Phase des Corona bedingten physical distancing. Als ob die Zahlen, die die DAK in ihrem „Psychoreport 2020" veröffentlicht hat, nicht schon alarmierend genug sind: In den vergangenen 20 Jahren sind die Krankschreibungen wegen psychischer Störungen um 137 % gestiegen. Auf jeweils 100 Versicherte kamen im Jahr 2019 105 Fehltage wegen Depressionen und 59 Ausfalltage aufgrund von Anpassungsstörungen. Letztere haben sich seit der Jahrtausendwende vervierfacht. Die seelischen Auswirkungen dieser Pandemie (sie wird vermutlich nicht die letzte sein) werden zukünftige Statistiken weiter dynamisieren. Und das in einem Gesundheitswesen, das aus psychotherapeutischer Sicht nur unzureichend auf die Intensität und den Umfang der Seelenschäden ihrer Patienten vorbereitet ist. Wäre es da nicht hilfreich, Menschen mit einem Minimum an psychologischem Wissen auszustatten, damit sie zumindest einen „Erste-Hilfe-Kasten" für ein Selbstcoaching zur Hand haben? Wer die eigenen seelischen Ungereimtheiten, Übel und Beschwerden versteht, kann sie leichter neutralisieren oder gar eliminieren. Obwohl wir im fortgeschrittenen Alter bereits einige Wechselfälle des Lebens erfolgreich bewältigt haben, ist uns meist nicht klar, mit welchen Mitteln uns das gelang und welchen Mustern sie folgten. Um diese zu verstehen, befasst sich das vorliegende Buch mit Lern-, Denk- und Erklärungsmodellen, die vor dem Hintergrund altersbedingter Situationen beschrieben und diskutiert werden. Es enthält Fakten, Wissen, Erkenntnisse und Erfahrungen, die das immer kürzer und kostbarer werdende Leben im Alter entspannter, gelassener und zufriedener machen können. Die kontextbezogenen Verfahren und Techniken befähigen Sie dazu, in Spannungssituationen, in psychischen Krisen und bei der Bewältigung seelischen Stresses brauchbare Lösungsansätze zu finden. Durch ihre hohe Allgemeingültigkeit und Universalität sind sie auf viele weitere Lebensumstände adaptierbar.

Es ist in der Tat so, dass wir lückenhaft auf das Leben an sich vorbereitet wurden. Während unserer Ausbildung, egal, ob in der Schule, während der Lehre oder beim Studium, wurde uns ein bedeutender Teil unserer Welt unterschlagen: Wir selbst. Was unsere Ausbildung grob fahrlässig versäumte, war die Unterweisung in psychologischem Selbstverständnis. In den Bildungsplänen fehlte die Grundlagenvermittlung über das eigene Denken, Fühlen und Handeln. Uns wurde nicht beigebracht, wie wir mit uns selbst und der Umwelt selbstwirksam und gehirngerecht umgehen können. Gegen die körperlichen Wehwehchen und Gebrechen hatten uns unsere Eltern, Großeltern und Freunde mit einem Grundstock an Heilwissen und Genesungshilfen ausgestattet. Wir tranken Zwiebel- oder Rettichsaft bei Husten, bekamen warme Brustwickel bei fiebrigen Erkältungen und legten uns feuchte Umschläge um das verstauchte Bein. Für unsere Psyche, für den Umgang mit unseren seelischen Verletzungen, fehlte auch ihnen zumeist das Wissen und das Verständnis für deren Struktur und ihren Mechanismus. Und so mangelt es dem Durchschnittsbürger oft an den einfachsten Mitteln, um ein harmonisches seelisches Gleichgewicht zu halten, geschweige denn in Lebenskrisen den eigenen Seelenbrand mit Bordmitteln eindämmen oder sogar löschen zu können. Um wieder ins Wohlbefinden zurückzufinden, bedarf es eines „Psychologischen Minimums für Jedermann". So, wie ich früher als Techniker grundlegende kaufmännische Kenntnisse nachweisen musste, um im Job zu bleiben, sollte es zur unerlässlichen Pflicht gehören, sich Basiswissen über sein

Selbst anzueignen. Das würde uns in die vorteilhafte Lage versetzen, die Wechselfälle des Lebens und deren mentale Auswirkungen in uns besser zu verstehen, zu bewerten und zu verarbeiten. Ganz besonders nützlich ist dieses Wissen in den Übergangsphasen von einem Lebensabschnitt in den anderen. Dazu gehört u. a. der Wechsel vom Berufsleben in den Ruhestand; eine sehr exponierte Zeit einschneidender persönlicher Veränderungen.

Das „Psychologische Minimum" ist eine zweiseitige Angelegenheit. Einerseits muss das Bildungswesen hier entsprechende Angebote unterbreiten, andererseits sind die Menschen gefordert, selbst etwas für ihre psychologische Fortbildung zu tun. Optimal wäre eine Integration in den schulischen Unterricht der höheren Klassenstufen, entsprechende Didaktik und Methodik vorausgesetzt. Wobei wir wieder bei den Modellen wären. Denn für das Verständnis der psychischen Vorgänge sind Erklärungsmodelle ausschlaggebend, nicht das triviale Einpauken von Zahlen, Daten und Fakten, wie wir es in der Schule gelernt haben. Haben Sie während Ihrer Schulzeit das Fach Lernen gehabt? Richtiges Lernen muss gelernt sein! Wenn ich mich recht erinnere, bin ich mit der Aufforderung meiner Lehrer nach Hause geschickt worden, bis zum kommenden Montag ein Gedicht auswendig zu lernen, mir eine mathematische Ableitung einzuprägen oder das Periodensystem der Elemente herunterzubeten. Wie ich das (effektiv) machen sollte, nach welchen Regeln ich besser, schneller und nachhaltiger lernen könnte und was dabei im Kopf abläuft, das wurde mir nicht mitgegeben. Ein Fach über die Funktionsweise von Lernmodellen, Merkhilfen oder gar Assoziationstechniken stand nicht auf dem Stundenplan. Was sich während des Lernprozesses in unserem Kopf abspielt, wurde uns vorenthalten. Dabei hätte mir z. B. die Kenntnis und die Wirkung der „Ebbinghaus'schen Vergessenskurve", die die Anzahl der Lernschleifen und die Zeitvariablen dazwischen bestimmt, manch Prüfungsangst und Unwissenheitsblöße im Leben erspart. Zumal Hermann Ebbinghaus bereits im ausgehenden 19. Jahrhundert zu diesen Erkenntnissen kam und meinen Lehrern hätte bekannt sein müssen.

Wovon uns in Ausbildung und Beruf auch nicht berichtet wurde, weil sie praktisch wie von allein funktioniert, sind die Bedeutung der Atmung und ihre gesundheitsfördernden Auswirkungen auf unseren Allgemeinzustand. Dieser natürliche physiologische Vorgang kann bei gezielter Steuerung einen ganz erheblichen Einfluss auf unser Wohlbefinden haben. Leider konnte ich mir dieses Wissen erst im mittleren Erwachsenenalter aneignen, um danach mit den richtigen Atemtechniken körperliche und psychische Beruhigung, Entspannung und Stressminderung herbeizuführen. Einfach erlernbare Techniken, die mir schon vorher im Leben hätten helfen können, situationsbedingt und im richtigen Augenblick auf meine Kompetenzen und Fähigkeiten zuzugreifen und so manch schwierige Lage zu meistern. Und so gibt es noch eine lange Liste von fahrlässigen oder gar vorsätzlichen Ausbildungsunterlassungen, die mich hätten unterstützen können, mich selbst, meine Kommunikationspartner und die mich umgebende Welt besser zu verstehen. Vielleicht wollte die Schulpädagogik ja eine Art Geheimwissen zurückhalten, um ihre privilegierte Lehrherrschaft weiter ausüben zu können. Auf der einen Seite bedauere ich es ein wenig, dass es mir erst nach dem Halbzeitpfiff des Lebens vergönnt war, hinter die Kulissen der Verhaltensforschung zu schauen, mein Selbst besser zu erkennen und zu verstehen. Andererseits konnte ich auf der Grundlage meiner langjährigen

Lebenserfahrungen das hinzukommende Wissen um unsere Psyche besser in mein gefestigtes Gesamtweltbild einpassen. Die bereits erlangte Erkenntnisreife hat es mir erleichtert, das komplexe Zusammenspiel von Körper, Geist und Seele zu erfassen. Vielleicht ist gerade der Zeitpunkt des Eintritts in den Ruhestand der optimale Moment, um ausreichend Muße für die Beschäftigung mit sich selbst zu entwickeln. Aus diesem Blickwinkel heraus erscheint mir dieses Buch für die Generation 50 plus hervorragend geeignet; hat doch diese Altersgruppe ein umfangreiches Basiswissen über die sie umgebende Welt angesammelt und so manchen seelischen Tiefpunkt bereits durchschritten. Jetzt ist genau die Zeit gekommen, sich mehr und mehr mit sich selbst zu befassen!

Den fünf Buchabschnitten habe ich Modelle zugeordnet, die beispielhaft zur Lösung der dort beschriebenen seelischen Konflikte und zur präventiven Psychohygiene beitragen. Was nicht heißt, dass sie nicht auch in den anderen Buchabschnitten gut platziert wären. Modelle sind eine vereinfachte Wiedergabe unserer Wirklichkeit. In ein Modell werden genau die Eigenschaften und Merkmale übernommen, die der Zweckbindung am dienlichsten sind. Alles, was unsere Erfahrungen und Erkenntnisse ausmacht, entstammt modellhaften Vorstellungen und Vereinfachungen dieser Welt. Denn die Welt als objektive Realität ist zu komplex und in ihren Wechselwirkungen durch uns Menschen nicht vollständig beschreibbar. Wir zeichnen immer nur eine Landkarte von der uns umgebenden Welt, und in jedem von uns werden unterschiedliche Bilder von ihr entstehen. Deshalb kann ein Resilienzmodell, das z. B. im Abschnitt über die Gesundheit vorgestellt wird, ebenso der besseren Erschließung des Lebenssinns in einem anderen Abschnitt dienen. Oder ein Verfahren, das die Verhaltensoptionen einer reifen Persönlichkeit steuert, kann genauso wertvoll für die Verbesserung der Kommunikation zwischen zwei Senioren sein. Und so stellen die Beispiele eine gewillkürte Auswahl des Möglichen dar und beziehen sich auf ausgewählte Alterssituationen und -konflikte.

Finden Sie für sich in den fünf Abschnitten *Gesundheit, Kommunikation, Selbstverständnis, Krisenbewältigung* und *Lebenssinn* genau die Situationen, Impulse und Übungen, die Ihnen bei der Lebensbewältigung im Alter(n) hilfreich zur Seite stehen können. Viel Spaß!

Literatur

DAK-Psychoreport. (2020). Pressemeldung vom 15.10.2020. Pressestelle DAK-Gesundheit. https://www.dak.de/dak/bundesthemen/dak-psychoreport-2020-2335930.html. Zugegriffen: 11. Febr. 2021.

Schiele, W. (2018). *Rastlos im Beruf, ratlos im Ruhestand?* Springer.

Vorwort

Das Literaturangebot, das sich mit Coaching- und Therapiemodellen befasst, ist im deutschsprachigen Raum sehr umfangreich. Regelmäßig wird der Durchschnittserwachsene angesprochen; es sei denn, die Werke sind explizit als Kinder- oder Jugendliteratur ausgewiesen. Nur selten nehmen Bücher zur Vermittlung von Coachingwissen, Psychotherapiemethoden, Beratungsmodellen oder Lebenshilfen unmittelbaren Bezug auf eine Kohorte, die in unserer Gesellschaft immer größere Bedeutung erlangt, weil sie, demografisch betrachtet, ständig anwächst. Die Rede ist von Menschen, die sich auf ihre dritte Lebensphase zubewegen oder bereits mittendrin sind: die Generation Babyboomer und bereits herangereifte Ruheständler. Diese Gruppe umfasst grob geschätzt 30 Millionen sogenannter Best ager und Senioren, denen eine schier unüberschaubare Anzahl von Büchern über die Freuden und Genüsse des Lebensabends gewidmet ist. Was ich bereits bei der Konzeption meines Erstlings „Rastlos um Beruf, ratlos im Ruhestand?" (Springer, 2018) schmerzlich vermisst habe, sind Sachbücher oder Ratgeber, die fundierte Instrumente, Techniken und Methoden für ein erfülltes, sinnorientiertes und glückliches Leben in der dritten Lebensphase anbieten. Denn die Zeit jenseits der beruflichen Tätigkeit hält nicht nur eine heile und romantische Welt für uns bereit. Auch oder gerade Menschen in ihrer Ruhestandsphase durchleben vorprogrammierte und spontane Krisenepisoden, geraten in seelische Notlagen oder finden sich ungewollt in stressigen Situationen wieder. Genau dann benötigen sie ganz spezielle, auf ihre Altersspezifik zugeschnittene psychische Hilfen und Anleitungen für die Rückkehr in ein gelassenes und gelingendes Leben.

Hier möchte ich mit vorliegendem Werk eine Lücke schließen und versuchen, einige praxisnahe Erkenntnisse aus Therapie und Coaching auf die Besonderheiten und Herausforderungen der Generation „Späte Freiheit" zuzuschneiden. Mein Fokus liegt auf Wissensbereichen, zu denen ich seit vielen Jahren in den unterschiedlichsten Kursen und Workshops – ob als Teilnehmer oder Seminarleiter – mein Wissen erweitern und meine persönlichen Erfahrungen vermitteln durfte. Das betrifft die Ergebnisse der Resilienzforschung und die Ansätze der Positiven Psychologie genauso wie die Biografiearbeit und die Persönlichkeitslehre. Sie alle können eine starke Wirkkraft in der mentalen Auseinandersetzung mit unserer außerordentlich flüchtigen, unberechenbaren, komplexen und ambivalenten Welt entfalten. Und sie bieten allgemein gut verständliche, leicht nachvollziehbare und von jeglicher Esoterik freie Veränderungsmodelle an.

Um den geschätzten Leser an die Hand zu nehmen und ihm die Hintergründe und Zusammenhänge zu besser zu vermitteln, folgt das Buch überall dort, wo es sich anbietet, einer einheitlichen Struktur. Ausgangspunkt der Kapitel sind die konkreten Situationen, Lebensumstände oder die aktuellen Störgrößen, die auf uns als potenziell Betroffene im Alter einwirken und eine belastende psychische Reaktion auslösen können (Setting). Danach wird das Interventionsmodell aus unterschiedlichen Gesichtswinkeln beschrieben und in seiner Wirkung erklärt (Modell). Im dritten Schritt wird ein alters- und alltagstypisches Beispiel oder Einsatzgebiet in das Modell integriert und besprochen (Kontext). Abschließend wird dem Leser ein Übungsangebot unterbreitet, oftmals unterstützt durch ein verlinktes Arbeitsblatt. Das ermöglicht es dem geschätzten Leser, eigene Erfahrungen im Selbstcoaching zu machen; unabhängig davon, ob für präventive Zwecke oder für den akuten Erlebensfall.

In all den Jahren meiner Aus- und Fortbildungen bin ich vielen liebenswerten und honorigen, einigen geduldigen und toleranten, aber ausnahmslos sehr kompetenten und scharfsinnigen Lehrern und Weiterbildnern begegnet, die mich unterstützt, inspiriert und reflektiert haben. Ihnen allen sei – wenn auch nicht namentlich hier erwähnt – vielmals gedankt für ihre offene und wertschätzende Art, die sie mir entgegengebracht haben. Nicht minder wichtig waren für mich die Begegnungen und der gegenseitige Austausch mit Teilnehmern, Klienten und Coachees, die meine eigenen Erkenntnisse und Erfahrungen korrigiert, ergänzt und vervollkommnet haben. Ohne sie wäre dieses Buch nicht entstanden.

Bad Saarow Wolfgang Schiele
im November 2021

Inhaltsverzeichnis

1 Gesundung mental fördern – Wohlbefinden gezielt steigern   1
1.1 Krankheit verstehen und Gesundwerdung unterstützen   1
1.2 Lebenszufriedenheit stimmig modellieren   9
1.3 Resilienz als Krisenabwehr für die Psyche   20
1.4 Die psychische Immunität stärken   32
1.5 Nachberufliche Alternativen mit Zufriedenheitswert   41
Weiterführende Literatur   50

2 Kommunikation nachhaltig verbessern – Verhalten konsequent anpassen   53
2.1 Im Fadenkreuz der Charaktertypen   53
2.2 Besser verstehen im Ruhestand   63
2.3 Die Tugenden des Alters ausbalancieren   72
2.4 Vom Wert einer hohen Frustrationstoleranz im Alter   81

2.5 Ambiguitätstoleranz – mit Mehrdeutigkeiten souverän umgehen ... 89
2.6 Die Kunst der Anpassung im Ruhestand ... 99
2.7 Drei Intelligenzen für ein Halleluja ... 108
Weiterführende Literatur ... 117

3 Selbstverständnis plausibel entwickeln – Biografie kreativ verarbeiten ... 119
3.1 Die Muße – die vergessene kleine Schwester der Resilienz ... 119
3.2 Unruhestand im Zeichen des Flows ... 128
3.3 Die Kunst des Lebensrückblicks ... 138
3.4 Unsere Heldenreise und wir „Helden im Ruhestand" ... 146
3.5 Das persönliche Projekt Ruhestand ... 156
3.6 Stille Vermächtnisse – im Auftrage der Eltern ... 167
Weiterführende Literatur ... 179

4 Probleme und Krisen erkennen – Stress erfolgreich bewältigen ... 181
4.1 Unsere Antreiber bestimmen die Stresslast ... 181
4.2 Resilienz verstärken durch Selbstregulation ... 191
4.3 Die Grenzen der späten Selbstwirksamkeit ... 202
4.4 Resilienz als Verhaltensoption der reifen Persönlichkeit ... 212
4.5 Charakterstärken sind Motoren der Lebenszufriedenheit ... 221
4.6 Die „Big Five" für Best ager ... 230
4.7 Sprüche + Klopfen als Mittel der Selbstfürsorge im Alter ... 241
Weiterführende Literatur ... 252

5 Lebenssinn behutsam erschließen – Gelassenheit genussvoll ausleben 255

- 5.1 Sinnquellen für's Alter — 255
- 5.2 Wie viel Sinn braucht der Mensch? — 267
- 5.3 Mit PERMAnenz durch die dritte Lebensphase — 276
- 5.4 Welches Leben hätten Sie denn gern? — 286
- 5.5 Einzug in das Haus der gelingenden Beziehungen — 296
- Weiterführende Literatur — 305

Nachwort 307

1

Gesundung mental fördern – Wohlbefinden gezielt steigern

„Ein ungeübtes Gehirn ist schädlicher für die Gesundheit als ein ungeübter Körper." (George Bernard Shaw)

1.1 Krankheit verstehen und Gesundwerdung unterstützen

Gesundheitliche Defizite nehmen im Alter zu
Je älter wir werden, desto bewusster wird uns, dass die Zeit, die vor uns liegt, immer kürzer wird. Diese Erkenntnis trägt wesentlich dazu bei, dass wir uns um das wichtigste Gut im Alter intensiver kümmern: um unsere Gesundheit. Mit dem Übergang vom Beruf in den Ruhestand verbleiben uns, rein statistisch betrachtet, noch

---

Ergänzende Information Die elektronische Version dieses Kapitels enthält Zusatzmaterial, auf das über folgenden Link zugegriffen werden kann https://doi.org/10.1007/978-3-658-36149-5_1.

© Der/die Autor(en), exklusiv lizenziert durch Springer Fachmedien Wiesbaden GmbH, ein Teil von Springer Nature 2022
W. Schiele, *Selbstmanagement im Ruhestand*, https://doi.org/10.1007/978-3-658-36149-5_1

durchschnittlich 20 Jahre Lebenszeit. Diese Zeitspanne teilt sich in eine vitale und eine labile Phase auf. Während des Vitalstadiums sind wir aufgrund unserer körperlichen Konstitution und Geisteskraft leistungsfähig, aktiv und dynamisch genug, um angemessene altersgerechte Pläne zu schmieden und unsere späten Sehnsuchtsziele zu erreichen. In der labilen Phase sinkt unsere Mobilität, schwinden der Antrieb und die Kraft für selbstständige Unternehmungen. Gleichzeitig steigt unser Erkrankungsrisiko. Wir benötigen dann zumeist externe Hilfen, um unseren Lebensalltag zu bewältigen. Aus der Sicht einer selbstbestimmten und erfüllten Lebensweise sollten wir alles daransetzen, den Vitalanteil der dritten Lebensphase so groß wie möglich zu halten und durch attraktive Gesundheitsziele auch zu erreichen.

Doch die Realität im fortgeschrittenen Alter sieht oftmals anders aus. Wir verzweifeln an den gesundheitlichen Widerständen, die das Leben vor uns auftürmt. Wir wollen es oft nicht wahrhaben, dass uns bestimmte Aktivitäten ab jetzt verwehrt bleiben, weil wir physisch oder geistig abbauen. Wir können uns manchmal gar nicht zusammenreimen, warum wir mit dieser oder jener Krankheit konfrontiert sind. Uns fehlt das Verständnis für das Auftreten einer gesundheitlichen Störung, die einen Verzicht oder einen Verlust an Lebensfreude nach sich zieht. Unsere Gedanken kreisen um die Krankheit: Warum sie auftaucht, woher sie kommt und wieso sie gerade uns befällt. Als medizinische Laien können wir die Krankheit und ihre Botschaft nicht wirklich tiefgründig entschlüsseln, weil wir nur ihre Symptome wahrnehmen. Die eigentliche Krankheitsursache bleibt meist verborgen.

Oft genug sind wir auch nicht bereit, uns der Situation gedanklich und handelnd anzupassen. Wir unterdrücken die Suche nach einem alternativen Verhalten, das als Ersatz für nicht mehr ausführbare Unternehmungen dienen könnte. Wir schrecken davor zurück, uns neu zu organisieren, uns Unterstützung aus dem Umfeld zu holen oder auf technische Hilfsmittel zurückzugreifen. Allzu oft ergeben wir uns den Defiziten des Alters, verlieren den Glauben an die eigenen Selbstheilungskräfte und übersehen dabei unsere vorhandenen Möglichkeiten und Potenziale. Unsere Gedanken drehen sich wie Satelliten um die Krankheitund wir verlieren sehr schnell den Glauben an eine Verbesserung unseres Gesundheitszustandes. Wir bleiben fest im Krankheitsmodus gefangen. Mit fortschreitender Krankheit verschlechtert sich zudem unsere Art der Selbstwahrnehmung. Wir gleiten schneller in eine depressive Gedankenwelt ab und schwächen damit unbewusst auch unser Immunsystem. Wie das Kaninchen vor der Schlange warten wir wie gelähmt auf die weiteren Schläge des Schicksals. Unser Verhalten ist vergleichbar mit dem überholten biopsychosozialen Krankheitsmodell: Wir betrachten uns als passives Objekt, auf das chemischphysikalische Prozesse einwirken, die in uns gesundheitliche Störungen und körperliche Defekte hervorrufen. Wir benehmen uns nicht wie ein verständiges Subjekt, das den Krankheitsverlauf beeinflussen kann und das von nützlichen psychischen und sozialen Faktoren umgeben ist. Wir berauben uns selbst zukünftiger Lebenszufriedenheit.

Das Modell der Salutogenese

Der israelisch-amerikanische Soziologe Aaron Antonovsky stellte bei der Analyse von Frauenschicksalen während des Holocaust fest, dass ein Teil der Überlebenden mit den entsetzlichen Bildern und Vorgängen umgehen konnte, ohne größere seelische Schäden davonzutragen. Er fragte sich, wie es diese Menschen gemacht haben, nicht zu verzweifeln oder psychisch schwer zu erkranken. Viktor E. Frankl, der österreichische Begründer der Existenzanalyse und Logotherapie, der jahrelang in Konzentrationslagern einsaß und überlebte, kam zu dem Ergebnis, dass es menschliche Haltungen sind, die vor schweren gesundheitlichen Störungen schützen können. Der Zukunftsgedanke an eine Aufgabe, die noch ihrer Lösung harrte und die Mission, die sie noch erfüllen mussten, machte die Welt für diese Menschen weiterhin kontrollierbar und überlebenswert.

Auf diesen Erkenntnissen aufbauend, entwickelte Antonovsky in den neunziger Jahren des vergangenen Jahrhunderts die sog. **Salutogenese,** die Wissenschaft von der Gesundheitsentstehung und vom Gesundheitserhalt. Der Salutogenese steht die Pathogenese, die Lehre von der Krankheitsentstehung, konträr gegenüber. Der Mensch bewegt sich ständig zwischen diesen beiden Polen. Während die Pathogenese von der Krankheit wegwill und Vermeidungsziele formuliert („Tun sie dies nicht und verhalten sie sich ja nicht so."), führt die Salutogenese den Patienten hin zu exzellenten Gesundheitszielen („Sie werden wieder vieles von dem, was sie lieben, tun können."). Förderliche Gesundheitsarbeit leistet der Patient, der seine langjährigen Ressourcen und Erfahrungen nutzt und eine Krankheit nicht als einen permanenten Zustand, sondern als einen sich ständig verändernden Prozess versteht. Im Gegensatz zur Pathogenese, die nur ein „entweder – oder" kennt, lässt die Wissenschaft von der Gesundheitsentstehung mehrere Optionen des Krankheitsverlaufes zu: „sowohl – als auch". Nicht allein das Sterbefallrisiko ist ausschlaggebend. Auch die Anerkenntnis von Ausnahmen und individuell messbare Unterschiede in den Krankheitsverläufen spielen eine gleichberechtigte Rolle.

Um Gesundheit zu erlangen und zu erhalten, so der Soziologe, benötigt der Mensch einen konzeptionellen Überbau, der die körperlich-medizinischen Faktoren und ihre Wechselwirkung mit der Umwelt in einem Gesamtzusammenhang betrachtet. Diese verbindende Wechselbeziehung nannte er **Kohärenz**. Ein Kohärenzgefühl entsteht immer dann, wenn wir ein integriertes Gefühl der **Verstehbarkeit**, der **Handhabbarkeit** und der **Sinnhaftigkeit** entwickeln können. Wir finden ein neues Gleichgewicht zwischen Krankheit und Gesundheit dann am besten, wenn wir versuchen, die Zusammenhänge des Lebens zu verstehen und als stimmig im Konzert möglichst vieler Lebensumstände zu betrachten. Das können äußere soziale Bedingungen, genetische Vorbelastungen, nachteilige Umwelteinflüsse und vieles mehr sein. Wer überzeugt ist, den Gesundungsprozess proaktiv beeinflussen und die Selbstheilung voranzutreiben zu können – z. B. durch aktive Mitwirkung in Therapien, die Umstellung auf eine gesunde Ernährungsweise oder durch den achtsamen Umgang mit dem eigenen Körper –, der befindet sich auf der salutogenen Seite des Lebens. Wer es dann noch versteht, den Krankheitssymptomen eine Bedeutung zu verleihen und die Ursachen und Disharmonien hinter den Krankheitsanzeichen aufzuspüren, ist schon auf dem Weg der Besserung. (Abb. 1.1).

Wie sich das Kohärenzgefühl entwickelt

Vor welchen Diagnosen hat der Mensch im fortgeschrittenen Alter großen Respekt? Vor Gesundheitsbeeinträchtigungen, die chronifizieren und Krankheiten,

Abb. 1.1 Das Kohärenzgefühl (nach Aaron Antonovsky)

die tödlich ausgehen können. Nun erhält z. B. die 67-jährige Patientin von ihrem Hausarzt eine (noch) nicht nachvollziehbare Diagnose zu ihrer Darmstörung. Sofort denkt sie an die ungenutzt verstrichene Gelegenheit zur vorsorglichen Darmspiegelung. Dann treibt ihr die Arztmitteilung Angstschweiß auf die Stirn. Ihr katastrophierendes Gehirn entwickelt schlagartig so manch fragwürdigen Gedanken zum zukünftigen Behandlungsmarathon, zur Abkehr von geliebten Essgewohnheiten, zu möglichen Auswirkungen und Folgen einer vermuteten Krebserkrankung. Im schlimmsten Fall wartet der Tod am Ende dieser unheilvollen Gedankenkette. Was ihr in dieser Situation ganz besonders fehlt, ist ein unbefangenes Kohärenzverständnis für die Krankheit.

Ein ausbalancierter Umgang mit einer wie auch immer gearteten Krankheit gelingt erst dann, wenn wir die kausalen Zusammenhänge verstehen, durch die sie entstanden sind. Wenn uns klar wird, welche Verhaltensursachen und Lebensumstände, welche Veranlagungen und gesundheitlichen Vorgeschichten zu eben dieser Krankheitsentwicklung geführt haben. Dazu gehört auch, welche körperlichen Dispositionen und natürlichen Widerstandskräfte die Schwere der Erkrankung womöglich abmildern können. Wir sind eine überaus komplexe Spezies, die sich selbst als ganzheitlich, als Einheit aus Körper, Geist und Seele, betrachten sollte. Alle drei Elemente sind beteiligt an der Auseinandersetzung mit einer Krankheit und im Prozess der Heilung und Gesundwerdung. Wichtig ist vor allem, dass die Symptome nicht mit den eigentlichen Krankheitsursachen vermischt oder verwechselt werden. Letztere liegen meist tief versteckt in uns selbst, sind multifaktoriell und werden nicht immer von der Schulmedizin enttarnt. Es ist förderlicher, wenn wir uns nicht als Opfer der Krankheit, sondern als aktive Vermittler eines nachvollziehbaren

1 Gesundung mental fördern – Wohlbefinden

Gesundheitsausgleichs betrachten. Wir müssen **Verstehbarkeit** erzeugen, den gegenwärtigen Zustand annehmen und akzeptieren. Kurzum: Es geht darum, die eingetretenen besorgniserregenden Veränderungen als aktuelle Normalität anzuerkennen, uns Zukunftsmut zuzusprechen und aus dieser Einstellung heraus den Genesungsprozess einzuleiten und zu unterstützen.

Um das Kohärenzgefühl zu verstärken ist es angebracht, sich über die Erkrankung aus möglichst vielen vertrauensvollen Quellen einen Überblick zu verschaffen. Vor allem kommt es darauf an, sich anhand verlässlicher Informationen selbst zu ermuntern und Angstfreiheit im Umgang mit der Krankheit zu erlangen. „Ich bin der Souverän!", könnte eine kraftvolle und optimistische mentale Botschaft lauten. Eine weitere Fähigkeit, die zur Kohärenz eines Erkrankten führt, ist die Überzeugung, dass die eigenen Selbstheilungskräfte, unterstützt durch Therapien und Medikamente, einen tätigen Einfluss auf den Verlauf der Krankheit haben werden. Die belastenden Veränderungen, die die Krankheit mit sich bringt, sollten klug und geschickt in den bisherigen Lebensstil eingepasst werden. Ein positiv eingestelltes Umfeld und ein gelassen-optimistischer Zuspruch wohlmeinender Freunde und Familienmitglieder unterstützen außerdem den angeschlagenen Körper und die verletzte Seele im Prozess der Genesung. Und nicht zuletzt muss sich der Patient seiner Eigenverantwortung bewusst werden, alles zu unternehmen, was die Heilung beschleunigen kann. Die klare Positionierung zur Veränderbarkeit der unangenehmen Situation, eine optimistische Einstellung, ein unverzagtes Denken und, nicht zu vergessen, eine Prise Humor, tragen auch in körperlichen und seelischen Krisenzeiten nachhaltig zur **Handhabbarkeit** bei.

Welchen Sinn hat eigentlich eine gesundheitliche Störung? Wozu soll sie gut sein? Worauf will sie mich aufmerksam machen? Welche versteckte Weisheit des Körpers steckt hinter meiner Erkrankung? Gesundheit und Krankheit sind zwei Pole in unserer dialektischen Welt, und sie bedingen einander. Ohne Krankheit könnte es keine Gesundheit geben und umgekehrt. Diese Erkenntnis ermöglicht uns tiefe Einsichten in die Gesetze der Natur und die Programme der Schöpfung. Die **Sinnhaftigkeit** einer Gesundheitsstörung ergibt sich unter anderem aus der Endlichkeit des Lebens: Gäbe es keine Krankheiten, keinen körperlichen Verfall, keine Infektionen und Unfälle, dann würden Menschen auch nicht sterben. Krankheiten sind Hinweise auf tiefer liegende Disharmonien in uns selbst. Sie zeigen uns auf, dass es Dinge gibt, die bedeutsamer sind als wir und denen gegenüber wir uns ruhig auch einmal demütig zeigen sollten. Krankheit und Tod sind wichtige Bedingungen für den ewigwährenden Kreislauf des Lebens und deshalb für ein vollendetes Dasein sinnhaft.

Natürlich verschwindet mit dem Erreichen eines Stimmigkeitsgefühls, der Kohärenz, nicht die gesundheitliche Störung – doch sie wird begreifbarer, beeinflussbarer und schärft unser Sinnverständnis. Sie führt zur Klarheit der Gedanken, ihrer logischen Abfolge und Nachvollziehbarkeit. Menschen, die nach den Prinzipien des Kohärenzmodells von Antonovsky leben, verarbeiten gesundheitliche Veränderungen besser, weil sie sie verstehen, akzeptieren und in ihr Leben einpassen können, vor allem in den späteren Lebensjahren.

Die Praxisübung

Wir alle haben bereits mehrere gesundheitliche Tiefpunkte in unserer Biografie erlebt. Und wir haben sie sehr verschieden bewältigt. Fragen Sie sich beispielhaft: „Habe ich die eigenen Gesundungspotenziale, die mir zur Verfügung standen, damals alle ausgeschöpft? Wie bin ich mit mir in der früheren gesundheitlichen Krisensituation umgegangen, was hätte ich besser machen können? Habe ich zukunfts- und lösungsorientiert gedacht oder habe ich mich von der Krankheit steuern lassen? Wie stark war mein Glaube an die Selbstheilungskräfte meines Körpers? Konnte ich die Ursachen und Begleitumstände nachvollziehen, die zur Erkrankung geführt haben? Wie habe ich mich während der Erkrankung selbst wahrgenommen und wie bin ich mit mir umgegangen? Habe ich für mich attraktive Gesundheitsziele formuliert oder war die Krankheit für mich ein Gegner, der vernichtet werden musste? Habe ich mich an wünschenswerten Gesundheitszielen orientiert oder hingen meine Gedanken vorrangig an der Krankheit? Hatten meine gesundheitlichen Einschränkungen einen tieferen Sinn? Was hat mir am besten geholfen während des Krankheitsverlaufes?"

Sollten Sie – so sehr ich uns allen Gesundheit wünsche – erkranken: Suchen Sie nach einer kohärenten, stimmigen Antwort für die Ursachen Ihrer Erkrankung, gehen Sie angemessenen mit ihr um und versuchen Sie ihren Sinn zu ergründen. Befragen Sie dabei sowohl Ihren Verstand, Ihr Herz und Ihre Gefühle.

Im folgenden Kapitel wird das gerade besprochene Kohärenzmodell auf ein weiteres Modell treffen, von dessen universeller Anwendbarkeit in den verschiedensten Lebensbereichen ich seit langem begeistert bin. Es handelt sich um das sog. „4-MAT-Modell" von Bernice McCarthy und wir werden Zeuge einer vorteilhaften Verschmelzung zwischen den beiden.

1.2 Lebenszufriedenheit stimmig modellieren

Drei Qualitäten für das Glücksgefühl
Im Grunde geht es im Alter um etwas mehr als nur um Gesundheit. Wenn wir uns unter den Menschen im fortgeschrittenen Lebensalter umschauen, dann sind viele

bereits vorbelastet durch Erkrankungen. Aber trotz der Gebrechen und Beschwerden fühlt sich die Mehrheit nach eigener Aussage glücklich und zufrieden. Denn es gibt zwei weitere Dinge, die wir insbesondere im Altern für die wirkliche Daseinsfreude benötigen: Lebensqualität und Wohlbefinden. Lebensqualität ist eine für jedermann sichtbare, verstehbare und messbare Größe. Sie manifestiert sich in der Intensität und Qualität unseres Umgangs mit anderen und im Grad unserer Integration in das gesellschaftliche Leben. Dagegen ist das Wohlbefinden eine subjektiv spürbare Komponente, eine innere Bewegtheit, die unser individuelles Glücksgefühl bestimmt und im Ergebnis einer subjektiven Abwägung zwischen positiven und negativen Wahrnehmungen und Rückmeldungen entsteht. Erst das harmonische Zusammenspiel der drei Qualitäten Gesundheit, Lebenszufriedenheit und Wohlergehen schafft die Voraussetzungen dafür, ob wir die Welt als erfüllenden, Sinn machenden und Glück verheißenden Raum empfinden. Jede der drei Komponenten kann eine andere fehlende oder unvollkommene ganz oder teilweise kompensieren.

Unsere Zufriedenheit und unser Glücksempfinden unterliegen im Verlaufe des Lebens verschiedenen Schwankungen. So erstellten der britische Ökonom Andrew Oswald und sein US-amerikanischer Kollege David Blanchflower im Ergebnis weltweiter sozialökonomischer Untersuchungen nationale Stimmungskurven. Bei der Auswertung der Umstände, die zu Glück und Lebensfreude führten, stellten sie fest, dass die Parameter eng mit dem Lebensalter korrelierten. Die Jungen der verschiedensten Nationen waren sehr zufrieden. Während der Berufszeit ging es mit dem Glücksgefühl bis etwa zur Lebensmitte bergab, um dann im reiferen Erwachsenenalter wieder auf das Niveau der Jugendzeit anzusteigen. Die Kernbotschaft der Befundung lautete, dass sich das Lebensgefühl trotz schlechter äußerer Umstände, größerer Krankheitsanfälligkeit und zunehmender Mobilitätseinschränkungen im fortgeschrittenen Alter subjektiv verbessert. Man spricht dabei auch vom sog. „Zufriedenheitsparadoxon". Die Untersuchungen, vor allem in der westlichen Welt, zeigten, dass Stress, Ärger und Frustrationen mit den Jahren abnehmen. Der typische deutsche Miesepeter fand sich gemäß „Glücksatlas" der Deutschen Post bei etwa 55 Lebensjahren wieder, der gesamteuropäische Zufriedenheitstiefpunkt lag bei etwa 47 Jahren. Und obwohl das Thema der Alterszufriedenheit insgesamt noch wenig erforscht ist, kommen andere Forscher zu ähnlichen Erkenntnissen. So hat der deutsche Wirtschaftswissenschaftler Hannes Schwandt herausgefunden, dass Menschen mit 23 und 69 Jahren am zufriedensten sind. Nach aktuellem Stand der Forschungen ist weitgehend belegt, dass die frühen Zwanziger super sind, das Tief sich zwischen Mitte 40 und Mitte 50 befindet und der zweite Höhepunkt gegen Ende 60 und Anfang 70 zu erwarten ist. Im Draufblick ergibt diese Abfolge der Lebenszufriedenheiten ein „U" (siehe auch Abschn. 5.4). Dieser Verlauf hat viel mit der „erwarteten Zufriedenheit" zu tun. Sie besagt, dass junge Menschen mit großer Energie und viel Optimismus ins Leben starten, jedoch bald merken, dass ihre hochfliegenden Träume und Utopien über das zukünftige Leben sich nicht so verwirklichen, wie sie es sich vorstellen. Mit zunehmender Lebenszeit passt sich ihr Zukunftsdenken den realistischen Möglichkeiten der Umwelt an und die Einsicht an die Begrenztheit der Aussichten nimmt weiter zu. Mit dem Auslaufen der beruflichen Karriere und der Erkenntnis, dass das Leben begrenzt ist und jeder weitere Tag immer wertvoller wird, steigt die Zufriedenheitskurve wieder an. Die Erwartungen an das Leben werden wirklichkeitsnäher.

Materieller Wohlstand (allein) ist nicht mehr vorrangig, und unterbewusst wird den meisten Menschen klar, dass das Sein im Alter wichtiger ist als das Haben.

Nun stellt sich die große Glückseligkeit und Lebensfreude im Seniorenalter nicht immer und bei Weitem nicht bei allen Menschen von allein ein. Und sie ist zudem noch sehr unterschiedlich ausgeprägt. Insbesondere im späten Erwachsenenalter kommt es zu heftigen Schwankungen des Wohlbefindens und der Lebensfreude. Um jedoch das Gefühl der Lebenszufriedenheit über einen möglichst langen Zeitraum aufrechtzuerhalten, empfiehlt es sich, von Zeit zu Zeit sein Leben an einem allgemeingültigen Modell zu spiegeln, es aus möglichst vielen Blickwinkeln zu betrachten und auf Stimmigkeit zu überprüfen.

Das „4-MAT-Modell"
Ein äußerst vielseitiges Modell, das auf Verhaltensforschungen des Wissenschaftstheoretikers David A. Kolb beruht, hat die praxiserfahrene und preisgekrönte US-amerikanische Lehrerin Bernice McCarthy Ende der siebziger Jahre des vergangenen Jahrhunderts entwickelt: das „4-MAT-Modell". Ihr Ziel war es, eine einfache, effektive und vor allem einprägsame Methode zu schaffen, um die Lernunterschiede in den Klassenräumen zu verringern. Sie holte die Schüler dort ab, wo sie mit ihren unterschiedlichen Denkweisen standen. Ihr Modell unterschied die Typologien von Lernenden danach, wie sie im täglichen Leben Erfahrungen sammeln, verarbeiten und in tätiges Handeln umsetzen. Daran, so McCarthy, orientiere sich ihre Didaktik und die Art ihrer Informationsvermittlung. In ihrem Lehrkonzept werden alle der vier verschiedenen Denktypen angesprochen. Die Lernenden greifen mehr oder weniger bewusst auf die für sie inhaltlich passenden Anteile zu und verarbeiten typgerecht die

vermittelten Wissenshappen. Aus den ursprünglichen Verhaltenstypen eines David Kolb entstanden so bei McCarthy Lerntypen. Und das sind sie:

Der **„Warum-Typ"** möchte die Hintergründe und Ursachen eines Phänomens ergründen. Für ihn ist es interessant und spannend, wie es zum aktuellen Zustand kommen konnte und welche Voraussetzungen dafür erfüllt sein mussten. Weshalb ist ein Vorgang, ein Wissenshappen oder ein Informationsinhalt entstanden? Wie funktionieren die kausal-linearen Zusammenhänge, die Ursache-Wirkungsmechanismen einer Sache oder eines Vorgangs? Kurz: Ihn interessieren seine Herkunft und seine Wurzeln. Für diesen Typ eignen sich insbesondere Beispiele, Metaphern und Geschichten aus der Vergangenheit.

Der **„Was-Typ"** möchte mehr über die Zahlen, Daten und Fakten einer Sache wissen. Worin besteht die maßgebliche Information, welche Eigenschaften hat sie und was kann man aus ihr ableiten? Welche Gesetzmäßigkeiten und Ordnungsprinzipien liegen dem Lernstoff zugrunde? Was hält ein System am Laufen und wie greifen seine Bestandteile ineinander? Welche messbaren Größen gibt es und ist ein Muster zu erkennen? Diesem Lerntyp helfen ausführliche Erklärungen und Erläuterungen am besten weiter.

Der **„Wie-Typ"** hinterfragt den Prozessablauf und interessiert sich für die dahinterstehende Technologie. Er möchte die Sache gleich mal praktisch ausprobieren und aus dem Test für sich Schlüsse ziehen. Er fragt sich u. a., welche Ressourcen zur Verfügung stehen, und wie das Objekt, die Sache oder der Prozess das eigene Problem lösen kann. Da dieser Lerntyp praktische Anwendungserfahrungen liebt, dürfen auch Fehler passieren – sie bedeuten für diesen Typ Lernchancen.

Der **„Wozu-Typ"** (auch „Was-wäre-wenn-Typ") interessiert sich vordergründig für die zu erwartenden Zukunftsszenarien. Er möchte den Sinn und Zweck eines Phänomens in Erfahrung bringen. Dieser Lerntyp will Optionen diskutieren und Varianten durchspielen. Für ihn ist es entscheidend, welcher Nutzen aus einer Anwendung entsteht und welche Auswirkungen das Gelernte auf sein weiteres Leben haben kann. (Abb. 1.2).

Die Lerntypen, die im McCarthy-Modell nach dem „Warum?, Wieso?, Weshalb?" fragen, sind vorrangig an den Wurzeln und Ursachen der persönlichen Entwicklung interessiert. Damit arbeiten sie die **Verstehbarkeit** von Vergangenem auf, z. B. den Verlauf der eigenen Biografie, die Beweggründe für bestimmte wichtige Lebensentscheidungen oder die Ursachen für eine fundamentale persönliche Umorientierung.

Die Typen, die vordergründig nach dem „Was?" und „Wie?" fragen, wollen die aktuellen Vorgänge und Umstände klären und damit umgehen können. Sie sind

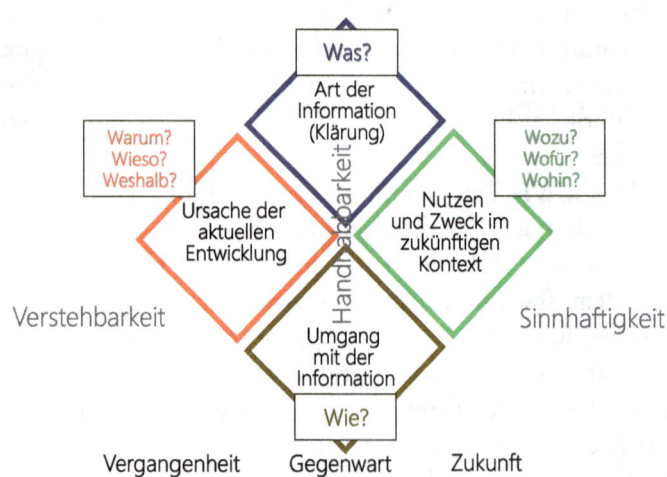

Abb. 1.2 Das „4-MAT-Modell" (nach Bernice McCarthy)

hauptsächlich damit beschäftigt, die Gegenwart begreifbar und bewältigbar zu machen – im Sinne des Kohärenzgedankens der **Handhabbarkeit**.

Die Lerntypen, die Fragen nach dem „Wozu?, Wofür?, Wohin?" stellen, sind hauptsächlich an der Offenlegung der **Sinnhaftigkeit** für die Zukunft interessiert. Damit können sie z. B. das Feld für eine selbstbestimmte und sinnorientierte neue Lebensphase vorbereiten.

Blendet man die Typen aus McCarthys Modell aus, so verbleibt ein Fragenkomplex, der eine Gesamtschau des Lebens unter Berücksichtigung verschiedener Zeitabschnitte ermöglicht und damit eine belastbare Aussage zur Lebenszufriedenheit zulässt.

Zufriedenheitsfaktoren im Alter(n)

Bevor Sie in die Lage versetzt werden, Ihren individuellen Grad der Lebensfreude zu modellieren, schauen wir uns den Stand neuester soziologischer Forschungen über die Lebenszufriedenheit und das Wohlbefinden im Alter an. Leider sind die Ergebnisse und Schlussfolgerungen darüber noch sehr lückenhaft. Eine aktuelle Publikation der Leopoldina (Buchmann-Alisch, 2021) berichtet über eine Metastudie schwedischer Wissenschaftler zum Thema der persönlichen Zufriedenheit bei Senioren im Alter von 65+. Sie untersuchten Merkmale wie das eigene Selbst, körperliche Faktoren und externe Einflüsse. Als wesentliche Kriterien für einen hohen Grad an Lebensfreude wurden die Abwesenheit depressiver Symptome, eine nur geringe Neigung zu Neurosen und die grundsätzlich positive Einstellung zu den aktuellen Lebensumständen benannt. Selbstbestimmbare Eigenaktivität und mobile Unabhängigkeit von Dritten stützen die Glücksgefühle der Senioren aus körperlicher Sicht. Als zufriedenheitsfördernd bei den externen Einflüssen wurden eine vertraute Umgebung („richtiges Zuhause"), eine gefestigte

Partnerschaft, ein hohes Bildungsniveau und eine gute finanzielle Absicherung im Alter genannt. Der Deutsche Alterssurvey (DEAS), regelmäßig herausgegeben vom Deutschen Zentrum für Altersfragen (DZA) in Berlin, stellt fest, dass soziales Engagement und zwischenmenschliche Kontakte wesentlich zur Lebensfreude beitragen. Ein 75-jähriger Senior fühle sich heute mindestens genauso wohl, wie ein Erwachsener mit 45 Jahren. Wenn Menschen den Blick auf ihre Ressourcen richten und nicht auf ihre Defizite, dann sind sie zufriedener. Sie wägen realistisch ab, was sie noch gut können und lassen die Finger von Experimenten. Zugleich selektieren sie genau, welche Menschen ihnen ein Gefühl des Wohlbefindens geben und vermeiden bewusst Konfliktsituationen. Weiterhin gelangen sie zu mehr Lebenszufriedenheit, wenn sie ihre Ziele anpassen und ihre Fähigkeiten nicht an der eigenen Vergangenheit messen, sondern sich mit Gleichaltrigen vergleichen. Gerade die Anpassungsfähigkeit der jüngeren Alten ist enorm: Es spielt kaum eine Rolle, ob sie von positiven oder negativen Ereignissen beeinflusst werden – nach etwa fünf Jahren sind sie wieder auf demselben Zufriedenheitslevel wie zuvor angelangt. Fachleute sprechen auch von einer „hedonistischen Adaption". Zu den weiteren Motivatoren für Glück und Zufriedenheit im Alter gehören laut „Internetkarrierebibel" die Weitergabemöglichkeit von Lebenserfahrungen an nachfolgende Generationen, die Akzeptanz von Veränderungen am eigenen Körper sowie die Kontinuität des persönlichen Lebensumfeldes. Glücksfördernd ist zudem die Aussicht, sich als Ruheständler nicht mehr unter Erfolgsdruck setzen zu müssen.

Und damit zurück zum „4-MAT-Modell" von McCarthy. Was alles kann unsere Zufriedenheit verbessern?

1 Gesundung mental fördern – Wohlbefinden

Beginnen wir bei den in die Vergangenheit gerichteten Fragen – nach den Auslösern und Treibern in unserem Leben. Also nach Antworten auf das „Warum?". Schon Milton H. Eriksen, der weltbekannte US-amerikanische Psychiater und Psychotherapeut, sagte, dass es nie zu spät sei, eine glückliche Kindheit gehabt zu haben. Vieles hängt davon ab, wie wir trotz einiger Tiefschläge in der Vergangenheit heute darüber denken. Wenn wir den absolvierten Lebenslauf in einer Haltung von Verständnis, Logik und Einsicht, als eine akzeptable und lehrreiche Abfolge von folgerichtigen Ereignissen betrachten, werden wir uns besser fühlen. Akzeptieren und würdigen wir also das Vergangene als unsere ganz individuelle Lebensleistung. Da die Zeit nur vorwärts fließt, ist es müßig, über die nicht realisierten Pläne B und C zu nachzugrübeln. Feiern wir uns als Held unserer Biografie und seien wir stolz auf alles Erreichte! Wertschätzen wir die durchlebten Ereignisse und feiern wir jede genommene Hürde als glückliche Überlebende unserer eigenen Vita.

Angekommen im Ruhestand, nach einer langen Phase der beruflichen Karriere, ist plötzlich alles neu: Eingefahrene Strukturen und Abläufe sind plötzlich gegenstandslos, die Achtung und Wertschätzung der Fachkenntnisse durch Vorgesetzte und Kollegen ist ersatzlos weggefallen, das soziale Netzwerk des Berufsumfeldes hat sich lautlos aufgelöst. Da hilft kein Lamentieren und Nachtrauern. Nehmen Sie die neuen Lebensumstände offen und neugierig an, erfinden Sie für sich neuartige Rollen (oder transformieren Sie die alten) und übernehmen Sie die nötige Verantwortung am neuen Lebensmittelpunkt zu Hause. Berücksichtigen Sie, dass die Partnerschaft in Zeiten grenzenloser Freiheit und Freizeit nun eine weitaus größere Bedeutung erhält als zu Berufszeiten. Beantworten Sie für sich alle handlungsbedingten Fragen, die mit einem „Was?" beginnen.

Nutzen Sie im Hier und Jetzt Ihre Lebenserfahrungen und Ihre Alterskompetenzen für die Bewältigung des Alltags, aber auch für die Integration von Krankheiten in den aktuellen Lebensrhythmus. Lassen Sie sich nicht von Ängsten treiben, sondern sehen Sie jeden Tag als eine neue Chance zur Fortentdeckung der Welt. Konzentrieren Sie sich auf das Schöne und Machbare. Fokussieren Sie sich immer nur auf *ein* lohnenswertes Altersprojekt. Setzen Sie Ihre angesammelten Lebenserfahrungen zur Auswahl der „richtigen" Kommunikationspartner ein; widmen Sie denen, die Ihnen einen deutlichen Mehrwert verschaffen, Ihr Augenmerk. Kurzum: Finden Sie Antworten auf das „Wie?" der neuen Lebensphase.

Werden Sie sich Ihrer neuen Freiheitsgrade bewusst. Erkunden Sie mit „Wozu-Fragen" Ihre Zukunft. Finden Sie einen Sinn in Ihrer dritten Lebenszeit und gestalten Sie die verbleibende Erlebensspanne so angenehm wie möglich. Nutzen Sie Ihre vorhandenen körperlichen und geistigen Kräfte für die aktive Ausgestaltung Ihrer individuellen Zukunft und schauen Sie dem Kommenden optimistisch und freudig entgegen. Leben Sie Ihre Kreativität aus, indem Sie die Talente Ihrer Jugend- und frühen Erwachsenenzeit (wieder-)entdecken und ggf. der Gemeinschaft zur Verfügung stellen.

Die Praxisübung

In der nachfolgenden Grafik sind anhand des „4-MAT-Modells" die zuvor allgemein beschriebenen Aspekte zur Erreichung der Alterszufriedenheit dargestellt. Sie können Ihnen als Blaupause für die nachfolgende Übung dienen. (Abb. 1.3).

Unter 1.2.3 finden Sie ein Arbeitsblatt, auf dem Sie für einen beliebigen Lebensbereich an der detaillierten Optimierung Ihres Wohlbefindens bzw. Ihrer Lebenszufriedenheit arbeiten können. Welche Sichtweisen auf Ihr

Leben würden den Übergangs- und Veränderungsprozess vom Beruf in den Ruhestand positiv beeinflussen? Mit welchen Aktivitäten und persönlichen Haltungen können Sie z. B. mehr Gelassenheit erreichen? Wie müssten Sie über sich und Welt denken, um die Transformation zwischen Beruf und Ruhestand harmonischer zu gestalten? Welche kreativen Ziele motivieren Sie für die Gestaltung Ihrer nachberuflichen Freiheit? Und worin läge der tiefere Sinn Ihrer Bemühungen? Vielleicht möchten Sie sich aber auch mit Ihrem aktuellen Gesundheitszustand oder der Ausgestaltung Ihrer Partnerschaft befassen. Versuchen Sie, Ihre neuen Lebensumstände mithilfe des „4-MAT-Modells" möglichst stimmig in Ihr Seniorenleben einzupassen. Ihren Übungsmöglichkeiten zur Erlangung eines Kohärenzgefühls sind keine Grenzen gesetzt ...

Abb. 1.3 Modellierung der Alterszufriedenheit

Als in den neunziger Jahren des vorigen Jahrhunderts die Arbeitsintensität stieg und die Leistungsanforderungen zunahmen, entwickelte sich die Stressforschung. Es mussten Mittel und Wege gefunden werden, um die mentale Überlastung der arbeitenden Menschen zu reduzieren und sie in die Lage zu versetzen, regulierend in die eigenen psychischen Prozesse einzugreifen und zur Selbstbeherrschung von Stress zu nutzen. Neue Modelle mussten her: Die Resilienzforschung war geboren.

1.3 Resilienz als Krisenabwehr für die Psyche

Ein einschneidendes Ereignis
Die Übergangszeit vom Beruf in den Ruhestand gehört nach Ansicht führender Psychotherapeuten zu den schwierigsten Veränderungen im Leben. In einer Studie der US-amerikanischen Psychologen Thomas Holmes und Richard Rahe gehört der Eintritt in die Rente zu den Top-Ten-Stressoren und damit zu den belastendsten Einschnitten in der menschlichen Biografie. Gerade um die Zeit des Berufsausstieges herum sind die angehenden Ruheständler einer Reihe besonderer Veränderungen ausgesetzt, die in ihrem Ausmaß und in ihrer Intensität nicht vergleichbar sind mit den Ereignissen und Vorgängen im vorangegangenen Berufsleben. So erlebt die Generation Babyboomer in weit größerem Maße das Versterben gleichaltriger Weggefährten und Todesfälle im eigenen Familienkreis. Die Kümmererfunktion für die Elterngeneration gewinnt an Bedeutung. Familiäre Umbrüche, wie die Trennung vom langjährigen Partner oder Scheidungen in den Kinderehen, nehmen tendenziell zu. Das Zuhause wird zum neuen Lebensmittelpunkt und

viele Partnerschaften müssen sich auf eine neue Dauernähe und Vertrautheit in oft begrenzten Räumlichkeiten einstellen. Für einige ist das Wegbrechen des Lebenszweckes Arbeit eine mittelschwere Katastrophe, vor allem, wenn der Abschied nicht freiwillig erfolgte. Damit einhergehen oftmals gravierende Veränderungen des gesellschaftlichen und sozialen Umfeldes, wie der Übergang in das digitale Zeitalter oder die kontaktbegrenzenden Auswirkungen der Coronapandemie. Die relative Kinderarmut der Babyboomergeneration und der hohe Anteil an Singles im Alter über 60 – in Deutschland etwa ein Drittel – begünstigen den Trend nach Einsamkeit und Isolation. Herausforderungen allerorten.

Was wäre in dieser Lebensphase wünschenswerter als eine Kombination aus alterskonformer körperlicher Gesundheit, sozialer Lebenszufriedenheit, persönlichem Wohlergehen und der Fähigkeit, den Strauß belastender Veränderungen im dritten Lebensabschnitt psychisch gesund zu verarbeiten? In der Tat gibt es eine Reihe von älteren Menschen, die über die Kompetenz einer hohen seelischen Widerstandsfähigkeit verfügen. Andere wiederum sind weitaus empfindlicher und reagieren auf Altersprobleme, Mehrfachbelastungen, persönliche Krisen oder den Alltagsstress mit pathologischen Symptomen. Im schlimmsten Fall kommt es zu affektiven Psychosen, Angst- und Anpassungsstörungen. So schlagen sich die Herausforderungen und der Druck auch in den Depressions- und Suizidstatistiken nieder. Die Anzahl der Fälle erreicht gerade in der Altersgruppe zwischen 50 und 60 Höchststände.

In der Realität treffen wir Menschen an, die seelische Verletzungen besser verarbeiten als andere. Da stellt sich doch die Frage, ob der Grad der psychischen Widerstandsfähigkeit eine angeborene Eigenschaft darstellt oder ob sie erlernbar – und damit auch steigerungsfähig ist. Darüber ist eine wissenschaftliche Diskussion in Gang gesetzt worden. Eine belastbare Antwort kann es womöglich erst dann geben, wenn man das Niveau der seelischen Widerstandskraft genau messen und über einen längeren Zeitraum vergleichen kann. Als Resilienztrainer meine ich, dass wir von der Natur eine Reihe von Fähigkeiten zur psychischen Krisenabwehr mitbekommen haben. Wir sind uns nur nicht immer bewusst, dass wir die eine oder andere Verteidigungskompetenz in früheren Krisen- und Problemsituationen bereits erfolgreich eingesetzt haben. Deshalb ist es wichtig, dass wir uns einen Überblick über unsere aktuellen mentalen Stärken verschaffen, sie dann festigen und einsatzbereit halten.

Ein Resilienzmodell
Zu den frühen Ergebnissen der Resilienzforschung gehört u. a. eine Studie der US-amerikanischen Forscherinnen Emmy Werner und Ruth Smith aus dem Jahre 1971. Darin wurden 698 Kinder der Insel Kauai (Hawaii) in ihrem Sozialverhalten beobachtet und getestet. Trotz der schwierigen sozialen Verhältnisse, unter denen sie aufwuchsen, erwiesen sich etwa ein Drittel aller Kinder später als lebenstüchtige Erwachsene. Die über einen Zeitraum von 40 Jahren durchgeführten Untersuchungen ergaben u. a., dass sich die psychische Widerstands- und Anpassungsfähigkeit im Laufe der Zeit und unter den wechselnden Umweltbedingungen veränderte, ja sogar verbesserte. Daraus zog Werner den Schluss, dass Resilienz erlernbar und beeinflussbar sei.

In den Folgejahren entstand eine Reihe von Modellen, die sich insbesondere an den Wirkmechanismen zur Verringerung der Stresslast im Arbeitsleben orientierten. Dem Einfluss innerer und äußerer Stressoren, dem unsere Psyche ausgesetzt ist, kann der Mensch mit gezielten Reaktionen, veränderten Verhaltensweisen und

1 Gesundung mental fördern – Wohlbefinden

angepassten Bewältigungsstrategien begegnen und damit seine Resilienz stärken. Was aber genau bedeutet Resilienz eigentlich? Viele Wissenschaften haben sich des Begriffes bereits bedient: die Physik, die Zahnheilkunde, die Ökologie, die Jurisprudenz, verschiedene Ingenieurwissenschaften ... Ein Vergleich aus der Materialkunde bietet sich besonders an. Dort beschreibt sie die Fähigkeit eines elastischen Stoffes, nach einer äußeren Krafteinwirkung mit anschließender kurzzeitiger Verformung wieder in seinen ursprünglichen Ausgangszustand zurückzukehren. Übertragen auf die menschliche Psyche ist Resilienz die Fähigkeit, nach einer seelischen Verletzung, einer Dauerstresssituation oder einer furchtbaren, nicht alltäglichen Erfahrung in angemessener Zeit wieder in den Alltagsrhythmus zurückzukehren. Vergleichbar mit einem Stehaufmännchen, das nach einem kräftigen Schubs wieder in seine Ausgangslage zurückschwingt und bald zur Ruhe kommt.

Resilienz ist nicht zu verwechseln mit Resistenz. Letztere steht oft als Synonym für ein dickes Fell, mit dem wir den Wechselfällen des Lebens, Dauerstress oder Schicksalsschlägen trotzen. Resistent zu sein heißt, den negativen emotionalen Ereignissen einen gleichgroßen seelischen Widerstand entgegenzusetzen und keinen Millimeter zurückzuweichen, wie ein Fels in der Brandung. Doch wie sagt ein japanisches Sprichwort: „Der Biegsame übersteht den Sturm am besten." Es geht bei der Resilienz um Eigenschaften, wie Flexibilität, Beweglichkeit, Agilität, Anpassungsfähigkeit und Elastizität. Und nicht um pure Stabilität, Starre, Unerschütterlichkeit, Standhaftigkeit oder Härte. Um im Alterskontext zu bleiben: Resistenz steht eher für Altersstarrsinn, Resilienz dagegen für Altersmilde.

Das folgende Resilienz-Modell orientiert sich an den Forschungen und Erkenntnissen von Prof. Dr. Jutta

Heller, Ella Gabriele Amman, meines Mentors und Lehrers Sebastian Mauritz und anderen. Die in deren Ursprungsmodellen aufgeführten Schlüssel, Säulen, Grundhaltungen und Praktiken habe ich an meine persönlichen Erfahrungen und Erkenntnisse angepasst. Das so entstandene Modell umfasst **sieben Resilienzfaktoren** und **drei Selbstregulatoren**. Hinter ihnen verbergen sich die wichtigsten Lebenseinstellungen und Prinzipien, die einen unschätzbaren Beitrag zu einem seelisch widerstandsfähigen Leben leisten können. (Abb. 1.4).

Der gesunde Optimismus. Das ist die unschätzbare Eigenschaft, die uns trotz Krisensituation und psychischem Druck an unsere Talente glauben und optimistisch in die Zukunft blicken lässt. Es handelt sich um die feste Überzeugung, dass die Dinge um uns herum grundsätzlich zu unserem besten Wohl und Nutzen verlaufen, dass es einen Ausgleich im Leben gibt und wir unter Zuhilfenahme eigener Erfahrungen und Kompetenzen das Beste aus einer aktuell belastenden

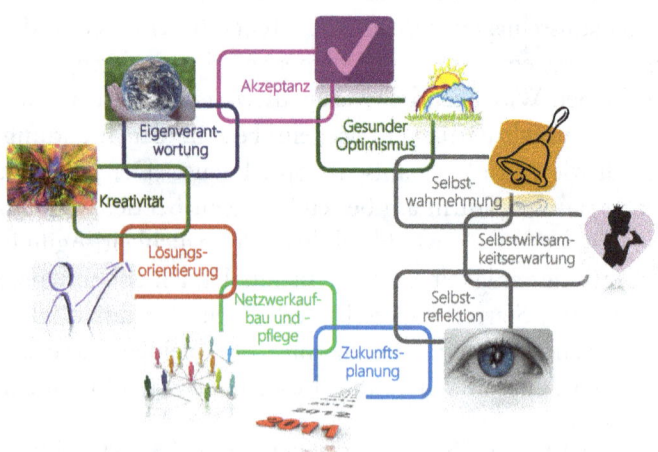

Abb. 1.4 Resilienzfaktoren und Selbstregulatoren

Situation machen werden. Diese optimistische Sicht auf die Welt wird vom gesunden Menschenverstand und vom Prinzip der grundsätzlichen Verstehbarkeit der Welt getragen.

Die Akzeptanz. Gelassen zu sein, um Dinge hinzunehmen, die nicht zu ändern sind, und den Mut zu besitzen, sich dem Unvermeidlichen zu beugen, bilden den Kern der Akzeptanz. Sie ist ein Bekenntnis an die uns umgebende reale Welt und die Abwahl unerreichbarer Sehnsuchtsziele. Was vorbei ist, ist vorbei – einem nicht gelebten Plan B nachzutrauern ist Verschwendung wertvoller Lebensenergie! Denn reale und vermeintliche Rückschläge in der zurückliegenden Biografie können noch Zukunftschancen auf einem neuen, reiferen Niveau bedeuten! Und verunglückte persönliche Lebensexperimente sind wichtige Lernerfahrungen, die uns im Vergleich zu anderen Menschen unverwechselbar machen.

Die Eigenverantwortung. Wir tragen für das, was wir tun, aber auch für das, was wir im Leben unterlassen, die alleinige Haftung. Das wusste bereits der chinesische Philosoph Laotse. Eigenverantwortung bedeutet, selbstständig ins aktive Handeln zu kommen und sich loszulösen von fremdbestimmten Vorgaben. Wenn Dinge aus dem Ruder laufen, nicht sofort nach externen Schuldigen suchen, sondern sich selbst eine klare Antwort auf die Frage: „Wir bringe ich das wieder in Ordnung?" geben. Es gibt keine wirklichen Fehler und Misserfolge im Lebenslauf – es gibt nur Reaktionen, Rückmeldungen und Resonanzen, mit denen wir uns auseinandersetzen sollten.

Die Kreativität. Sie wird uns Menschen im zukünftigen Arbeitsleben, im Zeitalter der digitalen Transformation, die Überlebensfähigkeit gegenüber den

Maschinen sichern. Der Mensch ist eine Denkmaschine, die durch das Großhirn mit einer hohen Problemlösungskompetenz ausgestattet ist. Immer wieder im Leben haben wir Neues erdenken und Unbekanntes kreieren müssen. Die Suche nach Lösungen und Bewältigungsstrategien in jeder Lebensphase war und ist engstens mit unserer Innovationsfähigkeit und mit konstruktiver Phantasie verbunden. Wir sind nicht daran gebunden, was andere uns vordenken, uns vorgeben oder uns gar überstülpen. Wir sind frei darin, durch eigenen Scharfsinn, Geistesstärke und Einfallsreichtum psychisch widerstandsfähiger zu werden.

Die Lösungsorientierung. Sie ist die Fähigkeit, sich in schwierigen Situationen, Zwickmühlen und Gewissenskonflikten weg vom Problem und hin zu einer Lösung zu bewegen. Es ist wenig hilfreich, vor der sozialen Klagemauer zu kauern, jammernde Mitleidende aufzuspüren und an der Spirale der Verzweiflung zu drehen. Suchen wir nach Auswegen, eröffnen wir uns Wahlmöglichkeiten und Handlungsspielräume. Auf der Suche nach neuen Ergebnissen steht uns ein wichtiger Resilienzfaktor hilfreich zur Seite: Es ist die Kreativität. Gehen wir immer davon aus, dass in Problemen, Stress und Krisen bereits der Ansatz zur Lösung enthalten ist. Alles gemäß dem Leitgedanken, dass Lösungen Probleme ernsthaft gefährden können …

Netzwerkaufbau und -pflege. Hier finden sich Parallelen zur überlebensnotwendigen, frühkindlichen Bindung an die Eltern auf dem Niveau des reifen Erwachsenen wieder! Wir sind – anders als die digitale Welt – als soziale Wesen auf menschliche Beziehungen zu anderen Personen und Gruppen angewiesen. Netzwerke ermöglichen uns einen intensiven zwischenmenschlichen Sozialaustausch sowie die Festigung von Beziehungen. Sie

1 Gesundung mental fördern – Wohlbefinden

eröffnen uns zudem neue Sichtweisen auf die Welt und unterstützen uns bei der Lösungsfindung in allen Fragen des Lebens. Die Netzwerkpflege als lebenslange Daueraufgabe zementiert die eigene soziale Stellung und stärkt das Zugehörigkeitsgefühl zu anderen, gedanklich identischen oder verwandten Gruppen von Menschen.

Zukunftsplanung. Sie erst gibt uns Halt und Zuversicht auf der Suche nach dem Lebenssinn. Ohne Zielsetzungen für die Zukunft wäre keine zweckbestimmte Tätigkeit denkbar. Mit der Zukunftsplanung kann gleichzeitig die Fahrtrichtung unserer eigenen Entwicklung festgelegt werden. Das Vorwegdenken der persönlichen Zukunft bewahrt uns vor groben Entwicklungsfehlern und unerfüllbaren Sehnsuchtszielen. Dabei kann sich die vorausschauende Zukunftsgestaltung mit kurz-, mittel- und langfristigen Planungen befassen und so Ziele differenzierter beschreiben. Sie ist der Trainingsplatz für das Kommende und die Spielwiese für die gedanklich vorgezogene Umsetzung von Zukunftsideen.

Komplettiert werden die Resilienzfaktoren durch die drei Selbstregulatoren. Ihnen wird im Abschn. 4.2. noch ausführlich Platz gewidmet, wenn es um Problemlösungen und Krisenprävention geht. Hier eine erste, komprimierte Begriffserläuterung:

Selbstwahrnehmung. Sie ermöglicht es uns, Signale und Botschaften des Körpers zu erkennen und zu deuten. Sie gibt uns wertvolle Hinweise über unsere körperlichen und seelischen Bedürfnisse, über die Grenzen wie auch die

Reserven unseres Körpers. Sie ist eine wichtige Voraussetzung für unsere Emotionssteuerung. Sie findet immer in der Gegenwart statt.

Selbstwirksamkeit. Sie ist ein Gradmesser für unsere Fähigkeit, Veränderungen in der Welt herbeizuführen. Die Erwartungshaltung, aufgrund eigener Kompetenzen erfolgreich zu sein, ist ein wichtiger Baustein für den Aufbau eines starken Selbstwertgefühles. Der Grad der Erwartungserfüllung ist messbar in der Zukunft.

Selbstreflexion. Über uns selbst und unsere Handlungen nachdenken zu können, unterscheidet uns von allen anderen Lebewesen. Die Fähigkeit, unser Denken, Fühlen und Handeln zu reflektieren und zu analysieren, versetzt uns in die Lage, neue Lösungen zu finden, wenn die alten nicht mehr wirksam, vorteilhaft oder zielführend sind. Sie vollzieht sich aufgrund der Geschehnisse in der Vergangenheit.

Vom Wert früherer Bewältigungsstrategien im Alter

Von Zeit zu Zeit geschehen Dinge, die nicht alltäglich sind und uns seelisch tief erschüttern. Vor solchen Geschehnissen sind wir auch im fortgeschrittenen Alter oder im Ruhestand nicht gefeit. Im Fachjargon nennt man sie auch „Signifikante Emotionale Ereignisse" (SEE). In aller Regel erleiden wir einen Schock und versuchen, mit spontanen Schutzreaktionen dagegen anzukämpfen. Die einen reagieren mit Wut und Ärger auf sich selbst, andere machen das Schicksal für ein ungünstiges Ereignis verantwortlich. Eine dritte Gruppe quittiert das Trauma mit Leugnung, Scham oder auch Schuldzuweisung. Wieder andere nehmen eine Art Trauerhaltung ein. Wie schön wäre es, wenn wir es machen könnten, wie die Prinzessin, die stolpert, hinfällt, das Krönchen verliert und sich das Kleidchen beschmutzt. Aufstehen, Staub ausklopfen, Krönchen wieder aufsetzen und weitergehen, als ob gar nichts geschehen wäre. Das wäre es doch! Leider ist das im wirklichen Leben nur selten so kopierbar …

Um uns in einer krisenbewehrten Situation wieder aufzurichten und im Alltag weiter zu funktionieren, müssen wir uns mit dem belastenden Ereignis aktiv auseinandersetzen. Das kann in extremen Fällen zu einer Depression oder posttraumatischen Belastungsstörung (PTBS) führen und verlangt dann nach professioneller therapeutischer Hilfe. Es ist aber auch möglich, dass wir aus unserer langen Lebenserfahrung heraus auf unbewusste oder vergessene Fähigkeiten und Kompetenzen zurückgreifen, die zur Meisterung von Problemen, Stress und Krisen beitragen können. Wir müssen sie, diese Anpassungshilfen und Bewältigungsstrategien der Vergangenheit, nur aufspüren und reaktivieren. An den folgenden Beispielen können Sie gedanklich überprüfen, ob Situationen der Vergangenheit bereits den Schlüssel für brauchbare Lösungen in der Gegenwart in sich tragen:

Denken Sie darüber nach, wie Sie in kritischen Momenten, die Ihnen fast unlösbar erschienen, besonders besonnen, effektiv und erfolgreich reagiert haben. Im Nachhinein schien Ihnen die Situation dann gar nicht mehr so brisant und kompliziert, weil die Lösung praktisch auf der Hand lag. Sie geriet deshalb auch schnell wieder in Vergessenheit *(gesunder Optimismus)*.

In Ihrem Leben tauchten gelegentlich Menschen auf, von denen Sie weder überzeugt noch begeistert waren, weil sie nicht in Ihr Weltmodell passten und damit eigentlich keine Existenzberechtigung genossen. Trotzdem gelang es Ihnen, sie zu tolerieren, zu akzeptieren, achtsam mit ihnen umzugehen oder gar zu Freunden zu gewinnen *(Akzeptanz)*.

Nicht nur einmal mussten Sie für Fehlschläge und Niederlagen im beruflichen Kontext Verantwortung übernehmen. Sie haben sich jedoch nicht dadurch beirren lassen, dass es kritische und manchmal auch bedrohliche Stimmen gab, die Ihnen keine guten Karrierechancen vorhersagten. Sie konnten Ihre Kritiker damit überzeugen, dass Sie für die vermeintlichen Fehler einstanden und diese angemessen korrigierten oder ausglichen *(Eigenverantwortung)*.

Manch knifflige Aufgabe, um die andere Menschen voller Respekt einen großen Bogen machten, zog Sie magisch an. Auch wenn Sie im ersten Moment noch keine Lösung parat hatten, glaubten Sie an Ihre Innovationsfähigkeit. Sie waren offen für neue Gedankenwege, schauten gern auch über den eigenen Tellerrand und überschritten mutig die Grenzen Ihrer geliebten Komfortzone. Ihre progressiven Ideen erwiesen sich zumeist als zielführend und nützlich *(Kreativität)*.

Auch Ihr Privatleben hielt eine nicht geringe Anzahl an Überraschungen bereit. Mal gab es Engpässe bei der Finanzierung großer Vorhaben, mal drohte ein handfester Familienstreit im Chaos zu enden. Doch immer wieder suchten Sie nach Auswegen und Lösungen, ohne die Schuld für die Miseren an anderen festzumachen. Auch wenn das Ergebnis eines Konfliktes nicht immer optimal war, so fanden Sie doch alltagstaugliche und tragbare Kompromisse *(Lösungsorientierung)*.

In Ihrem Leben gab es viele Tätigkeits- und Teamwechsel, die Sie aus betrieblichen Zwängen heraus vollziehen mussten. Ihre Anpassungsfähigkeit und Flexibilität halfen Ihnen dabei, schon nach kurzer Zeit wieder eine hohe Arbeitszufriedenheit zu erreichen. Ihre Offenheit und Kontaktbereitschaft waren der Garant für eine schnelle Integration in neue Teams und den Aufbau manch nachhaltiger Freundschaft *(Netzwerkorientierung)*.

Ziele und Richtung der eigenen Entwicklung (mit-)bestimmen – das haben Sie sich bei jedem Jobwechsel vorgenommen und auch recht passabel beeinflussen können.

Während Ihres beruflichen Werdegangs haben Sie immer Ihr Augenmerk darauf gelegt, dass die Tätigkeit, der Sie gerade nachgingen, auch einen nachvollziehbaren Sinn machte und mit Ihren Werten in Übereinstimmung stand *(Zukunftsgestaltung).*

Die Praxisübung
Ganz besonders wertvoll ist eine psychische Krisenabwehr, auf die man sich präventiv vorbereiten kann. Das vorausschauende Hineinversetzen in eine krisenhafte „Als-ob-Situation", um dann im Eintrittsfall situationsgerecht und geschmeidig reagieren zu können. Um dafür die benötigten Resilienzfaktoren zu aktivieren, sollten wir uns neben unseren offensichtlichen auch der verdeckten Fähigkeiten bewusstwerden. Gönnen Sie sich dazu eine „Ressourcendusche" (Amann und Egger, 2017)! Finden Sie zu jedem Resilienzschlüssel mindestens drei frühere Situationen aus Ihrem Alltag und Beruf, die Sie aufgrund Ihres bereits vorhandenen, aber vielleicht nicht bewusst wahrgenommenen Resilienzgrades gemeistert haben. Nutzen Sie dafür das Arbeitsblatt „Geben Sie sich die Ressourcendusche" unter 1.3.2

1. *Gesunder Optimismus* – kritische Situationen, die Sie besonders gut oder sogar spielerisch bewältigt haben;
2. *Akzeptanz* – Zwickmühlen und Schlamassel, in denen Sie mit Gefühl, Herz und Verstand realistische Entscheidungen gefällt haben;
3. *Eigenverantwortung* – Niederlagen und Fehlschläge, die Sie besonders gut weggesteckt haben (und die Sie womöglich sogar psychisch gestärkt haben);
4. *Kreativität* – Ideen, Bedürfnisse und Vorhaben, die Sie schon lange umsetzen wollten;

5. *Lösungsorientierung* – belastende Umstände, die Sie ohne langes Klagen und Schuldzuweisung gemeistert haben;
6. *Netzwerkorientierung* – Menschen und Gruppen von Menschen, auf die Sie offen zugegangen sind und denen Sie vertrauen;
7. *Zukunftsgestaltung* – Ziele, die Sie im Einklang mit Ihren Werten noch erreichen wollen.

Faktoren, zu denen Sie spontan mehr als drei Begebenheiten oder biografische Ereignisse finden, die Sie erfolgreich gemeistert haben, sind bereits hervorragend entwickelte, Resilienz fördernde Stärken. Hüten und pflegen Sie sie und bauen Sie sie nach Möglichkeit immer weiter aus. Nutzen Sie diese Fähigkeiten und Resilienzen für die Bewältigung Ihres dritten Lebensabschnitts. Und sollte es noch Lücken geben – wir stehen ganz am Anfang. Vielleicht erhalten Sie ja schon im nächsten Kapitel weitere wertvolle Anregungen und Ideen für eine noch schlagkräftigere Krisenabwehr.

1.4 Die psychische Immunität stärken

Das katastrophierende Gehirn
„Wir sind, was wir denken. Alles, was wir sind, entsteht aus unseren Gedanken. Mit unseren Gedanken formen wir die Welt." Soweit eine überlieferte Botschaft Buddhas. Wenn das so zutrifft, dann könnten wir unsere Welt ja in einen Garten Eden verwandeln, und das Glück der Welt läge uns zu Füßen.

Allerdings ist es so, dass in den westlichen Zivilisationen regelmäßig die negativen Denkweisen und skeptischen Überlegungen überwiegen. Es ist wie bei den Nachrichten: Die schlechten wirken sofort nach, die guten brauchen ihre Einwirk- und Verarbeitungszeit. Das hat seine Ursache in der menschlichen Evolution, wo es ums nackte Überleben ging und die Angst eine existenzsichernde Emotion war. Und obwohl es heute zumeist nicht um Überlebensfragen geht und Angst oftmals fehl am Platze ist, gleicht unser Gehirn immer noch einem katastrophierenden Gebilde, das lieber ein schlechtes Ende herbeidenkt als das Beste anzunehmen. Wir trauen uns Dinge nicht zu, weil wir vom Scheitern überzeugt sind; wir gehen Risiken nicht ein, weil wir nicht an unseren Erfolg glauben. Wir erfüllen uns einen Herzenswunsch nicht, weil wir andere dadurch benachteiligen könnten. Wir schrecken vor Entscheidungen zurück, weil sie sich zukünftig als falsch erweisen könnten. Die Ursachen finden sich meist in der Vergangenheit. Was wir als Kinder gehört haben, wie: „Bummle nicht so rum, wir sind in Eile!", „Dafür bist du noch zu klein, das überlasse bitte den Erwachsenen!" oder „Du wirst nie was auf die Reihe bekommen, wenn du so weitermachst!", hat sich tief in unsere Seele eingebrannt. Diese Botschaften gehören auch im späten Erwachsenenalter noch zu den Geboten und Verboten unseres Lebens, die wir mitbekommen haben und nach denen wir heute oftmals unbewusst leben. Das kann zu ernsthaften Handlungsblockaden führen. Wir sind dann nicht in der Lage, auf unsere Fähigkeiten und Kompetenzen zurückzugreifen, um Probleme zu lösen oder in Krisen besonnen zu reagieren. Einige dieser Einredungen sind regelrecht toxisch und behindern unser Handeln nachhaltig, wie z. B.: „Es geht nicht", „Ich kann das nicht" und „Ich habe das nicht verdient". Die daraus resultierenden Defizitgefühle wirken in alle zeitlichen Richtungen: Sie können uns einen destruktiven Lebensrückblick bescheren (verpasste Gelegenheiten, falsche Entscheidungen), zu einer negativen Gegenwartseinstellung führen (jedes Handeln ist sinnlos; alles, was ich anpacke, misslingt) oder eine pessimistische Zukunftserwartung begründen (das Kommende ist öde, leer und unattraktiv).

Doch gerade in außergewöhnlichen Belastungssituationen, wie in einer Pandemie, bräuchten wir eine weitgehend angstfreie und positive Einstellung zu uns selbst. Sie sollte sich in Gedanken niederschlagen, die unsere Psyche unterstützen, sie nicht schwächen oder gar blockieren. Die „zentrale Anlaufstelle" für eine kraftvolle und zielführende Haltungsveränderung ist unser **Selbstwert**. Und da viele Angehörige der älteren Generation aufgrund von Vorerkrankungen wie Diabetes, Bluthochdruck bzw. Übergewicht zu den vulnerableren Personengruppen gehören, ist gerade für sie eine Analyse und Stärkung des Selbstwertes besonders wichtig.

Ein „Selbstwertmodell"
Wir sind ständig auf der Suche nach unserem Platz und unserem Wert in der Welt. Wir tasten uns ständig gedanklich ab. Und nicht nur das: Wir versuchen permanent unser Selbstbild zu bewerten. Wir möchten wissen, wie wir uns im Vergleich zu einem früheren Zeitpunkt im Leben entwickelt haben (zeitlicher Abgleich), wie wertig wir im Vergleich mit anderen Personen sind (sozialer Vergleich) und für wie wichtig und wertvoll uns die anderen erachten (personelles Feedback). Das alles zusammen macht unseren **Selbstwert** aus: Was bin ich mir *selbst* und anderen *wert*.

Je nach Kontext und Zeitpunkt schwankt der Selbstwert. Menschen mit einem sehr hohen Selbstwert suchen nach immerwährender Bestätigung. Das führt bei ihnen in der Regel zu Wachstumsblockaden und ungesunder Selbstüberschätzung. Diese Menschen sind uns gemeinhin als Egozentriker oder Narzissten bekannt. Auf der anderen Seite gibt es Menschen, deren Selbstwert stark unterentwickelt ist. Diese Menschen neigen zu Vermeidungsverhalten, um dem weiteren Absinken des Selbstwertes entgegenzuwirken. Infolge fehlender sozialer Bestätigung sind sie vom persönlichen Versagen in dieser Welt überzeugt, neigen zu übertriebener Selbstkritik und entwerten sich ständig. Sie denken von sich nur noch in negativen Begriffen und werden zum Risikofall für Depressionen.

Die psychologische Forschung kennt eine Vielzahl von Selbstwertmodellen, wie z. B. das „Sechs-Säulen-Modell des Selbstwertgefühls" von Nathaniel Branden oder das „Drei-Säulen-Modell des Selbstwertes" von Stavros Mentzos. Mein Modell geht auf die drei wichtigsten Quellen des Selbstwertes ein. (Abb. 1.5).

Da ist als erstes die **Selbstwertschätzung,** die von der Achtung vor sich selbst lebt. Sie beinhaltet eine wohlwollende Einschätzung der eigenen Lebensleistung und die uneingeschränkte Würdigung lebenslang erworbener Fähigkeiten und gemachter Erfahrungen. Sie ist die emotionale Komponente des Selbstbildes. Das **Selbstkonzept** beschreibt die Position des Ich im Verhältnis zu einem Ideal, das man anstrebt, oder zu einem Vorbild, dem man nacheifert. Hier spielen die Standortbestimmung der eigenen Person und die Maßstäbe,

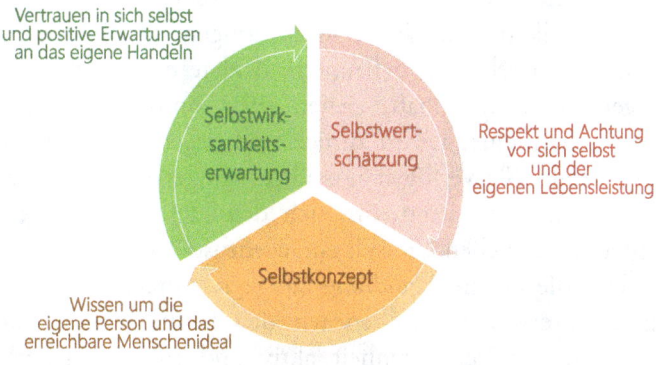

Abb. 1.5 Der Selbstwert

die man an sich legt, eine entscheidende Rolle. Das Selbstkonzept stellt die kognitive Komponente des Selbstwertes dar. Hinzugesellt sich die **Selbstwirksamkeitserwartung.** Das ist die Überzeugung, Dinge beeinflussen und Umstände verändern zu können. Es ist das Vertrauen in sich selbst, aus eigener Kraft und im eigenen Interesse etwas zu bewirken. Die Selbstwirksamkeit ist die handlungstreibende Komponente. Ein gesundes Selbstwertniveau haben wir dann erreicht, wenn wir unsere Möglichkeiten erkennen, sie uns mit allen Sinnen bewusst machen und zu unserem Vorteil nutzen. Oder anders gesagt: „Ja!" zu sich, zum eigenen Selbst sagen, und sich so zu akzeptieren, zu wertschätzen und zu lieben, wie man ist!

Die Macht selbstwertstärkender Zusprechungen
Menschen mit unterentwickeltem Selbstwert haben es in Krisenzeiten besonders schwer. Während der Coronapandemie ist ein niedriger Selbstwert kontraproduktiv, weil der Mensch nicht nur seine psychische Widerstandskraft herabsetzt, sondern damit auch die Abwehrkräfte des Körpers schwächt. Manche der Selbstwertgeschwächten schlagen sich auf die Seite der Esoteriker und unterwerfen sich zweifelhaften Gurus, weil sie allein nicht die Kraft aufbringen, sich in Krisensituationen selbst zu behaupten. Andere erleben ihr Versagen als schicksalhaft, ziehen sich komplett aus dem gesellschaftlichen Leben zurück und begeben sich in die Opferrolle. Sie verfügen nur über wenige oder gar keine Selbstschutzressourcen, um sich den Herausforderungen einer bedrohlichen Umwelt entgegenzustellen.

Um die eigene Handlungsfähigkeit aufrechtzuerhalten und zu erweitern, sollten wir den behindernden Botschaften der Vergangenheit aktiv und situationsgerecht mit motivierenden Einredungen und selbstversichernden

Kräftigungssätzen entgegentreten. Damit stärken wir gleichzeitig das Immunsystem, das in Krisenzeiten Unterstützung von allen Seiten braucht – auch von der Psyche. Es ist wissenschaftlich gut belegt, dass positive Gedanken, optimistische Geisteshaltungen und eine zuversichtliche Einstellung zum Leben den Gesundungs- und Heilungsprozess unterstützen. Nutzen wir die bejahenden, bestätigenden Botschaften an unser Selbst zum Vorteil für unseren Körper. Sie stellen für uns eine weitere unterstützende Bewältigungsstrategie dar, die das Wohlbefinden fördert. Lesen Sie sich die folgenden Sätze in Ruhe durch und achten Sie dabei auf Ihre Körperreaktionen. Stellen Sie fest, welchen Aussagen Sie von ganzem Herzen zustimmen können und bei welchen sich in Ihrem Innern Widerstand regt.

- Ich verstehe, dass Gesundheit und Krankheit zwei Seiten einer Medaille sind. Ohne Krankheiten gäbe es auch keine Gesundheit. Symptome sind der Ausdruck eines fehlenden inneren Gleichgewichts, das es durch eine gesunde Lebensweise wieder herzustellen gilt.
- Meine Erfahrungen als reifer erwachsener Mensch helfen mir, Krankheiten besser abzuwehren und den Heilungsprozess zu beschleunigen.
- Ich in meinem reifen Erwachsenenalter weiß sehr genau, was mit guttut. Das verkürzt im Ernstfall die Krankheitsdauer und wirkt sich positiv auf die Schwere der Störung aus.
- Ich habe vollstes Vertrauen in die Selbstheilungskräfte meines Körpers. Ich bin überzeugt davon, dass ich auch mein Immunsystem mit positiven Gedanken selbstwirksam stärken kann.
- Ich habe in der Vergangenheit alle Möglichkeiten wahrgenommen, um mein Immunsystem zu unterstützen: empfohlene Impfungen, viel Bewegung an der frischen

Luft, wunderbare Gespräche mit Freunden und eine ausgewogene Ernährung.
- Als Kind habe ich verschiedene Infektionen gut überstanden. Mein Körper konnte Abwehrstoffe bilden und Bewältigungsstrategien entwickeln, die meiner Gesundheit jetzt sehr förderlich sind.
- Ich achte aufmerksam auf die Botschaften und Signale meines Körpers und kann sehr gut einschätzen, ob ich ernsthaft erkrankt bin oder ob ich eine körperliche Missstimmung kurzfristig und aus eigener Kraft überwinden werde.
- Ich vertraue meinem Immunsystem: Es hat ein Leben lang erfolgreich trainiert und kann gesundheitliche Störungen gut identifizieren.
- Auch wenn sich mein alternder Körper neuen Herausforderungen stellen muss, so reagiert er zwar langsamer, aber nachhaltiger gegen mögliche Eindringlinge.
- Ich vertraue den Abwehrkräften meines Körpers. Er hat es in den vielen verstrichenen Lebensjahren gelernt, nicht blindlings gegen Krankheiten vorzugehen, sondern deren Wirkmechanismen zu verstehen und kluge Genesungsstrategien zu entwickeln.
- Ich habe es mit den Jahren gelernt in mich hineinzuspüren und punktgenau zu beschreiben, was mir fehlt oder mich beunruhigt. Das erleichtert es anderen Menschen und Fachspezialisten, mir gut und schnell zu helfen, um die Krankheit baldmöglichst zu überwinden.
- Möglicherweise ist mein Immunsystem gerade jetzt in diesen beispiellosen Zeiten sehr wachsam und wirkungsvoll, und wehrt Krankheiten effektiv und schlagkräftig ab.
- Je älter, erwachsener und reifer ich werde, desto lieber lasse ich mich anstecken vom Lachen, vom erfüllenden Erleben dieser Welt und von den schönen Dingen des Lebens.

1 Gesundung mental fördern – Wohlbefinden

All diese Botschaften haben eines gemeinsam: Sie wirken erst dann richtig, wenn sie möglichst oft wiederholt werden und Körper und Geist bedingungslos „Ja!" zu ihnen sagen. Sie sollten in Ihnen eine feine Resonanz auslösen. Spüren Sie sich durch das laute Vorlesen der Sätze mit allen Sinnen in die Aussagen und Bedeutungen hinein. Wenn etwas nicht passt, versuchen Sie die Sätze umzustellen, abzuändern, zu kürzen oder zu ergänzen. Oder völlig neu zu formulieren. Sie werden erst dann zu einer kraftvollen geistigen und körperlichen Unterstützung, wenn Sie sich voll und ganz mit ihnen identifizieren und ein gutes Gefühl dabei haben.

Bitte beachten Sie, dass diese Ich-Botschaften nicht den Besuch beim Arzt ersetzen. Sie ergänzen immer nur mögliche Therapien und Medikationen im Sinne eines ständig verfügbaren Selbstmanagements und dienen der Flankierung der Selbstheilungskräfte unseres Körpers.

Die Praxisübung

Diese Übung ist zweigeteilt. Mit dem ersten Teil können Sie sofort beginnen: Bestimmen Sie den Grad Ihres aktuellen Wohlbefindens. Dafür ist unter 1.4.2 ein Arbeitsblatt vorbereitet. Der Wert 1 bedeutet einen miserablen, nicht zu unterbietenden körperlichen, seelischen oder geistigen Zustand. Der Wert 10 am gegenüberliegenden Ende ist das Paradies auf Erden, ein Halleluja der Glückseligkeit. Machen Sie eine Momentaufnahme Ihres Wohlbefindens und markieren Sie die Stelle auf dem Zahlenstrahl. Fragen Sie sich dann, wie Sie sich gern fühlen möchten und markieren Sie auch diese Stelle. Stimmen Ist- und Wunschzustand überein, ist die Übung bereits beendet. Ist dies nicht der Fall, dann versuchen Sie Ihren Zustand mit den weitergehenden Fragen zu verändern. Diese Übung können Sie in allen Situationen durchführen, in denen Sie sich nicht gut fühlen.

Für den zweiten Teil beschaffen Sie sich ein kleines Büchlein. Es hat sich bewährt, ein hübsches Notizbuch mit wertigem Einband, in das Sie immer wieder gern etwas hineinschreiben möchten, auszuwählen. Es soll Ihr „Erfolgstagebuch der Selbstwertsteigerung" sein. Tragen Sie von vorn für jeden Tag mindestens drei Dinge ein, die Ihnen bei der Verbesserung Ihres körperlichen Wohlbefindens und Ihrer mentalen Zufriedenheit hilfreich und nützlich waren. All das, wofür Sie trotz suboptimaler Gesundheit dankbar waren und was das „Geheimnis" Ihrer Gesundheitsvorsorge und Ihrer Genesungsstrategien ausmacht. Von hinten, in umgekehrter Schreibrichtung, notieren Sie die für Sie wertvollsten Kraftsätze, die Sie bisher beim Umgang mit einer Krankheit oder einem Gebrechen am besten unterstützt haben. So gehen sie nicht verloren. Konstruieren Sie neue Zuschreibungen, wenn Ihnen die oben genannten nicht zusagen. Verfeinern Sie sie mit der Zeit, sodass sie immer zielgenauer zu Ihnen passen. Wenn es Ihnen schlecht geht, können Sie sich jederzeit Rat und Tat und zuversichtliche Anregungen für die Stärkung Ihrer psychischen und physischen Immunität holen. So sollte sich die Beschaffung eines etwas teureren Notizbuches lohnen.

Der Einfluss negativer Gedanken erhöht die Wahrscheinlichkeit von Krankheiten und führt zur Verschlechterung unserer Lebensqualität. Hingegen steigert positives Gedankengut die Wahrscheinlichkeit für ein gelasseneres und erfüllteres Leben, führt vermehrt zu Entspannungszuständen und kräftigt unser Immunsystem. Positive Einredungen führen zu mehr Lebenszufriedenheit und Optimismus. Und letztlich können sie auch die Lebenserwartung erhöhen. Wenn diese steigt, bleibt uns viel Zeit für immer mehr postberufliche Alternativen. Welche es gibt und welche Bedeutung sie für unsere Gesundheit, unser Glück und unsere Zufriedenheit haben, erfahren Sie im nächsten Kapitel.

1.5 Nachberufliche Alternativen mit Zufriedenheitswert

Identitätsverlust durch den Berufsausstieg
Viele Menschen gewinnen ihren Selbstwert und ihre persönliche Bedeutung aus der beruflichen Tätigkeit. Das ist insofern nicht verwunderlich, da wir dem Beruf fast die Hälfte eines Wochentages gewidmet haben und dabei in ein vielschichtiges soziales Umfeld eingebettet waren. Wenn wir die Arbeitswelt verlassen, dann kommt uns eine wichtige Quelle für Anerkennung und Wertschätzung abhanden. Zugleich verlieren wir die Zugehörigkeit zu einer großen Gruppe von Menschen, mit denen wir gemeinsame Aufgaben gelöst und Ziele verfolgt haben. Der Abschied vom Arbeitsleben erfolgt grundsätzlich über zwei Wege: Den geplanten und einvernehmlichen Abgang in den Ruhestand oder den mehr oder weniger unfreiwilligen Abschied im Ergebnis betrieblicher Erfordernisse, rentenrechtlicher Vorgaben oder gesetzlicher Regelungen. Beim Zurücklassen der Arbeit im gegenseitigen Einvernehmen und zu kalkulierbaren Konditionen fühlen wir uns meist besser, weil wir uns bereits auf die Zeit nach der Trennung geistig vorbereiten konnten. Ein für uns inakzeptabler Abschied hingegen löst in uns negative Gedanken aus. „Ich werde nicht mehr gebraucht." Oder: „Ich bin zu alt und unproduktiv." Oder auch: „Die wollten mich als Kostenfaktor loswerden." Man fühlt sich dann ausgegrenzt, überflüssig, ausgestoßen und untauglich.

Nach meiner Erfahrung ist weit mehr als die Hälfte aller Menschen mit ihrem Übergang in den Ruhestand zum gesetzlich vorgesehenen oder sogar zum frühestmöglichen Zeitpunkt zufrieden oder gar sehr zufrieden. Das heißt allerdings nicht, dass die Glücksgefühle darüber auch zukünftig von Dauer sein werden. Ein Viertel der Rentner ist unsicher und trauert den Zeiten beruflicher Karriere und fachlicher Unabkömmlichkeit schon dann nach, wenn der Renteneintrittstermin gerade erst bekannt gegeben wird. Zu vieles haben sie schon über Menschen gehört, die in das berüchtigte tiefe, schwarze Loch gefallen und psychisch erkrankt sind. Ein weiterer Teil der angehenden Ruheständler fühlt sich geistig und körperlich fit genug, um noch weitere Jahre im angestammten Beruf zu arbeiten oder eine Tätigkeit aufzunehmen, die ihren Interessen und Fähigkeiten entspricht. Warum tun sie das, wo sie doch regelmäßig eine auskömmliche Rente oder Pension beziehen?

Sie haben sich Zeit Ihres beruflichen Lebens über ihre Arbeit definiert und darin eine sinnvolle Bestimmung für sich gesehen. Die Vorstellung, als Alteisen auf dem Schrottplatz des Lebens zu landen und untätig der Demontage ihres beruflichen Selbstbildes zuzuschauen, ist für sie unerträglich. Der Verlust der Identität wirkt wie ein mächtiger Stressor und nagt an ihrem Selbstwertgefühl. Wie wir wissen, ist der Selbstwert ein wesentlicher Faktor für die Lebenszufriedenheit und kann, wenn er schwerwiegend verletzt wird, sowohl seelisch als auch körperlich krankmachen. Mit der Trennung vom Beruf treten zudem starke Bindungsverluste ein. Als entberuflichte Rentner sind sie plötzlich nicht mehr verwachsene Mitglieder einer sozialen Gruppe, sondern fühlen sich isoliert von Gleichen. Während der Berufsausübung hatten sie – egal, ob als Facharbeiter, Referent, Busfahrer, Führungs- oder Pflegekraft – für andere eine Bedeutung. Ihre fachliche Expertise, ihre Erfahrungen und ihr Charisma waren nachgefragt. Mit dem Ausscheiden aus dem angestammten Beruf entfallen das Interesse und das Verlangen des bisherigen Umfeldes nach ihnen. An ihren Eigenschaften, Vorzügen und Stärken besteht nun kein Bedarf mehr.

Häufig werden sie nicht einmal mehr aufgefordert, vor dem Abschied das komplexe Wissen und die umfassenden Erfahrungen an die nachfolgenden Generationen weiterzugeben. Ihre Selbstbedeutung geht verloren, die fachliche Identität und das gewachsene Selbstverständnis tendieren gegen Null. Wenn die Betroffenen keine Kompensation zum beruflichen Bedeutungsverlust finden, kann die Lebenszufriedenheit extrem leiden und es können sogar Zweifel am Sinn des Lebens aufkommen.

Für all diejenigen, die über den Beruf hinaus ein hochwertiges Lebensgefühl anstreben und ihr Wohlbefinden auch im Ruhestand steigern wollen, ist es sinnvoll an der eigenen Bedeutsamkeit zu arbeiten. Das klingt erst einmal ziemlich hochtrabend und überspitzt, ist es aber nicht. Sie müssen dafür keine Weiterbeschäftigung bei Ihrem aktuellen Arbeitgeber durchsetzen, keinen zweifelhaften Job auf dem Arbeitsmarkt annehmen oder zum Minijobber werden. Das Schlüsselwort heißt: **Freitätigkeit.** Diesen ungewöhnlichen Titel hat der österreichische Personalentwickler Prof. Leopold Stieger seinem 2017 erschienenen Buch gegeben. Darunter versteht er eine freie, selbstgewählte, sinnvolle und erfüllende Betätigung nach dem Ausscheiden aus dem primären Berufsleben. Sie ist dann besonders wertvoll, wenn sie von der Gesellschaft ähnlich oder genauso beachtet, wertgeschätzt und gewürdigt wird, wie die Tätigkeit zu Berufszeiten. Sie muss auch gar nicht erwerbsmäßig sein. Sie kann im Ehrenamt erfolgen oder gemeinnützig ausgeübt werden. Sie darf gern auch das beinhalten, was manche als „Berufung nach dem Beruf" bezeichnen: Eine Tätigkeit, die auf den frühen Sehnsüchten und Herzenswünschen der Kindheit oder Jugendzeit basiert und bisher nicht ausgeübt werden konnte oder durfte. Selbst ein ausgefallenes und gesellschaftlich beachtetes Hobby kann eine allgemein geschätzte, freitätige Beschäftigung sein.

Das "Modell der Freitätigkeit"

Viele Menschen tun sich schwer, eine Betätigung im Alter zu finden, die zu ihnen passt, die sie über einen längeren Zeitraum ausführen können und die sie natürlich auch nachhaltig zufrieden macht. Um die passgenaue Berufung zu finden, habe ich ein **Freitätigkeitsmodell** entwickelt, an dessen Qualitäten man sich orientieren kann. Die Indikatoren zur Auswahl und Entscheidung für eine beglückende und sinnvolle Betätigung nach dem primären Berufsleben zeigt die nachfolgende Grafik. (Abb. 1.6).

Kompetenzen und **Fähigkeiten:** Für eine Freitätigkeit – gleich welcher Art – bedarf es einer Reihe spezifischer Fähigkeiten. Notieren Sie all die Erkenntnisse, Erfahrungen und Fertigkeiten, die Sie sich in Ihrem gesamten Leben – auch außerhalb Ihrer Berufsausübung – angeeignet haben. Vielleicht verfügen Sie über Kernkompetenzen, die Sie in abgewandelter Form in Ihre postberufliche Zeit transformieren möchten. Welche Stärken zeichnen Sie aus? Was können Sie am besten? Und was sollten Sie wegen fehlender Qualifikationen oder Fertigkeiten in jedem Fall

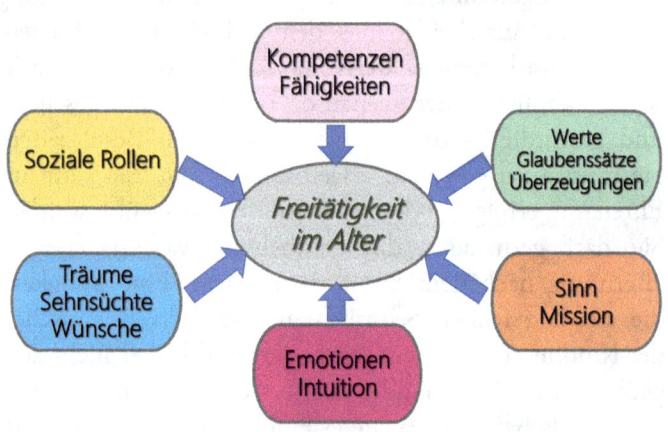

Abb. 1.6 Fokus Freitätigkeit (nach Leopold Stieger)

ausschließen? Was würde Sie überfordern? Wo müssten Sie hinzulernen oder fremden Rat einholen? Überlegen Sie auch, ob Ihr zu erwartender psychischer und physischer Gesundheitszustand eine mittelfristige oder langjährige Ausübung Ihrer Freitätigkeit beeinträchtigen könnte.

Werte, Glaubenssätze und **Überzeugungen:** Stellen Sie sich die Frage, was Ihnen im Leben noch wirklich wichtig ist. Lassen Sie sich mit der endgültigen Antwort ein wenig Zeit. Überprüfen Sie, ob die Inhalte Ihrer zukünftigen Freitätigkeit mit Ihrer inneren und äußeren Wertewelt im Einklang stehen werden. Wählen Sie keine Beschäftigung aus, für die Sie nicht auch im tiefsten Innersten schwärmen. Nur wenn Sie ganz fest von deren positiver Wirkung auf Ihre Lebenszufriedenheit und Ihr Wohlbefinden überzeugt sind, lohnt sich ein ernsthafter Versuch.

Sinn und **Mission:** Es kann sein, dass Sie der Welt noch etwas Wichtiges sagen oder hinterlassen wollen – eine Botschaft, ein Werk oder ein Vermächtnis. Versetzen Sie sich in die Welt Ihrer Nachkommen: Gibt es dort noch offene Erwartungen an Sie? Was möchten Sie, dass die Menschen nach Ihrem Tod über Sie denken? Was aus Ihrem Nachlass sollen Ihre Nachfahren ehren und bewahren? Wenn Sie noch wichtige Spuren für Ihre Nachwelt hinterlassen wollen, dann ist jetzt, mit dem Start in Ihre dritte Lebensphase, genau der richtige Zeitpunkt dafür. Und wenn Sie sich keiner Mission im Leben verpflichtet fühlen – auch gut!

Emotionen und **Intuition:** Vertrauen Sie bei der Entscheidung für eine erfüllte und glückliche Freitätigkeit in jedem Fall auf Ihr Bauchgefühl. Es hat Sie bei vielen Entscheidungen im Leben gut und richtig beraten. Folgen Sie ihm also auch jetzt! Ihre Intuition nährt sich aus Ihrem geballten Erfahrungswissen und Ihrem Instinkt unter Umgehung Ihrer vernunftgesteuerten Algorithmen.

Sie hat Sie in Extremsituationen unbewusst vor existenzbedrohenden Schäden bewahrt und wird Sie auch jetzt nicht im Stich lassen.

Träume, Sehnsüchte und **Wünsche:** Öffnen Sie die „Schatztruhe Ihrer Kindheit"! In ihr könnten noch unerfüllte oder veruntreute Kostbarkeiten schlummern, die es wert sind, im reifen Erwachsenenalter entdeckt, entstaubt und umgesetzt zu werden. Das, was Ihnen aus mannigfaltigen Gründen heraus verwehrt oder untersagt wurde, harrt seiner Auferstehung und späten Vollendung. Die Verwirklichung der Träume der Vergangenheit kann zu einem wertvollen Baustein für Ihr Glücklichsein im Alter werden.

Soziale Rollen: Bestimmen Sie möglichst frühzeitig, durch welche sozialen Rollen sich ihre Freitätigkeit auszeichnen soll. Wollen Sie aktiv teilhaben am gesellschaftlichen Leben und in der öffentlichen Wahrnehmung einen besonderen Platz einnehmen? Oder wollen Sie Ihre Lebenszufriedenheit und Ihr spätes Glück im kleinen Kreis ausleben? Wo wollen Sie die Grenzen Ihres Einflusses und Ihrer Wirksamkeit setzen? Welche Bedeutsamkeit wollen Sie noch erlangen? Welche Rollen legen Sie ab, welche nehmen Sie an? Wollen Sie Zauderer oder Entscheider, Genießer oder Beobachter der Welt sein? Möchten Sie für andere Menschen als Anführer oder als Teamplayer mit konkreten Aufgaben da sein?

Jeder ist seines Glückes Schmied. Modellieren Sie Ihre Freitätigkeit im Konzert der verschiedenen Kriterien und Umfeldbedingungen, Ihres Verstandes und Ihrer Intuition. Nehmen Sie sich ausreichend Zeit, damit Sie nicht nach kurzer Zeit wieder von vorn anfangen und sich unglücklich verzetteln.

1 Gesundung mental fördern – Wohlbefinden

Immer mehr Rentner jobben; aber warum eigentlich?
Die Zahl der selbständig erwerbstätigen Rentner, die die Regelaltersgrenze erreicht haben, nimmt weiter zu. Waren es im Jahre 2001 etwa 760.000, so stieg ihre Anzahl bis 2019 auf fast 1,3 Mio. an. 2009 arbeiteten die 65- bis 69-Jährigen noch zu 8 % in einem Rentennebenjob. Im Jahre 2019 lag ihr Anteil bereits bei 18 %. Nach eigenen Aussagen sind die Erwerbstätigen gegenüber den nicht im Erwerbsprozess stehenden Ruheständlern um 10 % zufriedener. Der „Deutsche Alterssurvey 2014" befragte sowohl Selbstständige als auch abhängig Beschäftigte nach ihren Arbeitsmotiven im Rentenalter. Die Freude an der Arbeit rangierte mit fast 75 % an der Spitze, gefolgt von der Zufriedenheit, eine Aufgabe zu haben. Sie lag bei durchschnittlich etwas über 60 %. Die Wichtigkeit einer sozialen Anbindung folgte knapp dahinter. Im Vergleich dazu kam das Motiv des existenzsichernden Zuverdienstes nicht an die 40 %-Marke heran.

Wenn Sie sich hinreichend fit und gesund fühlen, dann lohnt sich auf jeden Fall die Suche nach einer Freitätigkeit im Ruhestand. Es ist wissenschaftlich belegt, dass ältere Menschen, die aktiv in Netzwerken tätig sind und sich dort alterskonformen Herausforderungen stellen, eine höhere Lebenserwartung haben. So viel ist durch die Altersforschung bereits gesichert: Wir sind auch im hohen Alter noch in der Lage, als Problemlöser zu wirken. Unser Gehirn ist trainierbar wie ein Muskel – allerdings nicht mit ständig wiederkehrenden Beschäftigungen, wie das Lösen von Sudokuaufgaben oder Kreuzworträtseln, sondern im Umgang mit neuen, bis dahin unbekannten Aufgaben. Dadurch kommt es zur komplexeren Vernetzung unserer Neuronen und zur Verbesserung unserer Denk- und Lernfähigkeit in der dritten Lebensphase. Die Hirnforscher nennen dieses Phänomen **Neuroplastizität.** Es macht stolz, im fortgeschrittenen Alter noch etwas Neues dazuzulernen.

Das steigert die Lebenszufriedenheit, zumal alles freiwillig und ohne äußeren Druck geschehen kann. Die Suche nach einer frei gewählten, beglückenden und befriedigenden Tätigkeit schützt uns im Übrigen davor, von anderen „verplant" und im Extremfall „verbrannt" zu werden; nur, weil wir über freie Kapazitäten verfügen, derer sich Dritte gern bemächtigen. Bleiben Sie unabhängig und verwirklichen Sie Ihre ureigenen Ideen und Herzenswünsche. Ersetzen Sie die zerfallenen beruflichen Netzwerke frühzeitig durch die Anbahnung neuer Kontakte, die Ihre Freitätigkeit möglichst unterstützen. Schaffen Sie sich ein personelles Umfeld, das sich gegenseitig befruchtet und einen geistigen oder auch materiellen Mehrwert erbringt. Werden Sie zum Gestalter Ihrer frei gewählten und selbstbestimmten Unruhestandszukunft. Die späten Erfolge, Glücksgefühle und Anerkennungen im Alter, die Sie mit Ihrer nachberuflichen Freitätigkeit erleben werden, tragen erheblich zur Verbesserung Ihrer psychischen Gesundheit bei und können sie zur erfüllendsten und engagiertesten Phase Ihres Lebens machen.

Die Praxisübung

Hinter den Prüfkriterien des „Freitätigkeitsmodells" verstecken sich eine Reihe von Fragen, mit denen Sie sich schrittweise an Ihre ganz spezielle Beschäftigung im Alter herantasten können. Sie sind – auszugsweise – auf dem Arbeitsblatt 1.5.2 zu finden.

Orte, Menschen und Termine

„Wo werde ich gebraucht und wer genau wartet dort auf mich?"

„Mit wem will ich gemeinsam im Ruhestand zusammenarbeiten?"

„Für welchen Zeitraum soll meine Freitätigkeit angelegt sein?"

Träume und Wünsche
„Woher kommen die Sehnsüchte und woher nehme ich die Ideen?"

„Was genau habe ich in der Vergangenheit liegengelassen?"

„Welcher frühere Wunsch würde mich nach seiner Umsetzung jetzt glücklich machen?"

Kompetenzen und Fähigkeiten
„Was alles kann ich sehr gut, wo liegen eher meine Schwächen?"

„Über welche sozialen Kompetenzen verfüge ich?"

„Wovon sollte ich mich abgrenzen und was müsste ich ggf. noch dazulernen?"

Werte und Glaubenssätze
„Was ist mir noch wichtig im Leben, was möchte ich noch erreichen?"

„Welche Bedürfnisse und Sehnsüchte möchte ich noch befriedigen?"

„Wovon bin ich zutiefst überzeugt und was passt so gar nicht in meine Wertewelt?"

Soziale Rollen und Zugehörigkeiten
„Wem würde ich mich verbunden oder sogar verpflichtet fühlen?"

„Zu welchen Gruppen von Menschen möchte ich unbedingt dazugehören; zu welchen unter gar keinen Umständen?"

Sinn und Mission
„Wozu ist das alles für mich gut?"

„Worin liegt der tiefere Sinn, meine Mission im Alter?"

„Welche Spuren möchte ich für die Nachwelt noch hinterlassen?"

All diese Fragen sind nur ein Auszug aus dem vielseitigen Fragenkatalog für die Gestaltung einer engagierten und erfüllten (Un-)Ruhestandszeit. Finden Sie selbst weitere Fragen, deren Beantwortung Ihre Zufriedenheit steigern und Ihren Glückslevel anheben kann. Und lassen Sie sich ausreichend Zeit für Ihre Entscheidung. Sie sollte vom Herzen kommen, durch den Bauch geprüft und vom Verstand geleitet sein.

Weiterführende Literatur

Amann, E. A., & Egger, A. (2017). *Micro-Inputs Resilienz*. managerSeminare.

Antonovsky, A. (1997). *Salutogenese – Zur Entmystifizierung der Gesundheit*. Deutsche Gesellschaft für Verhaltenstherapie.

Ärzteblatt. https://www.aerzteblatt.de/archiv/202470/Resilienz-Ein-Konzept-im-Wandel. Zugegriffen: 12. März 2021

Brüning, L. (2014). Resilienz-Coaching – Impulsgeber für Persönlichkeit, Karriere und Unternehmen. 72. ECA-Fachartikel

Buchmann-Alisch, M. (2021). Leopoldina, Nationale Akademie der Wissenschaften. www.altern-in-deutschland.de/schwedische-studie-untersucht-faktoren-für-lebenszufriedenheit-im-alter. Zugegriffen: 15. Febr. 2021

Deutsche Post Group. Glücksatlas 2020. https://www.dpdhl.com/de/presse/specials/gluecksatlas.html. Zugegriffen: 24. Febr. 2021

Deutsches Zentrum für Altersfragen. (2014). Deutscher Alterssurvey 2014. Arbeitsmotive der Erwerbstätigen ab 64 mit Rentenbezug

Heller, J. (2013). *Resilienz – 7 Schlüssel für mehr innere Stärke*. Gräfe und Unzer.

Integrierte Grafiken: Pixabay. Foto: Wolfgang Schiele

Karrierebibel. https://karrierebibel.de/affirmationen. Zugegriffen: 24. Febr. 2021

Karrierebibel. https://karrierebibel.de/glueckskurve/. Zugegriffen: 15. Febr. 2021

Mauritz, S. (2019). *Immun gegen Probleme, Stress und Krisen*. GABAL.

McCarthy, B., & Gray Hudson, M. (2000). *About teaching: 4MAT in the classroom*. About Learning Inc.

Novotny, R. (28. Februar 2021). Das Beste kommt noch. DIE ZEIT N° 5 vom

Robert-Koch-Institut. (2013). Depressionen in den letzten 12 Monaten. Studie DEGS1, Erhebung 2008–2012

Statista. (2021). Anzahl der Sterbefälle durch vorsätzliche Selbstbeschädigung (Suizid) in Deutschland in den Jahren 1980 bis 2018

Statistisches Bundesamt. https://www.destatis.de/DE/Querschnitt/Demografischer%20Wandel/Aeltere-Menschen/Erwerbstaetigkeit.html

Stieger, L. (2018). *Freitätigkeit – Zwischen Beruf und Ruhestand*. New Academic Press.

Wettstein, M., & Spuling, S. M. (2019). Lebenszufriedenheit und depressive Symptome bei Männern und Frauen im Verlauf der zweiten Lebenshälfte. In C. Vogel, M. Wettstein, & C. Tesch-Römer (Hrsg.), *Frauen und Männer in der zweiten Lebenshälfte* (S. 53–70). Springer VS.

Wikipedia. https://de.wikipedia.org/wiki/Selbstwert. Zugegriffen: 25. Febr. 2021

Quellenverzeichnis

Integrierte Grafiken: Pixabay, Fotos: Wolfgang Schiele

2

Kommunikation nachhaltig verbessern – Verhalten konsequent anpassen

„Sei du selbst die Veränderung, die du dir wünschst für diese Welt."
(Mohandas Karamchand Gandhi)

2.1 Im Fadenkreuz der Charaktertypen

Ein neuer Lebensmittelpunkt
Gehören Sie zu denjenigen, die sich bereits im partnerschaftlichen Ruhestand befinden? Wie kommen Sie miteinander zurecht, wo Sie doch die meiste Zeit Ihres dritten Lebensabschnittes einen gemeinsamen Daseinsmittelpunkt teilen? Läuft im Zusammensein immer alles glatt und harmonisch ab, oder kommt es von Zeit zu Zeit zu

---

Ergänzende Information Die elektronische Version dieses Kapitels enthält Zusatzmaterial, auf das über folgenden Link zugegriffen werden kann https://doi.org/10.1007/978-3-658-36149-5_2.

© Der/die Autor(en), exklusiv lizenziert durch Springer
Fachmedien Wiesbaden GmbH, ein Teil von Springer Nature 2022
W. Schiele, *Selbstmanagement im Ruhestand,*
https://doi.org/10.1007/978-3-658-36149-5_2

Reibungen oder gar ernsthaften Auseinandersetzungen, die die Basis Ihrer Beziehung zerstören könnten? Oder sind Sie sich als Ruhestandsanwärter noch nicht sicher, wie einträchtig das neue Zusammenleben mit dem Lebenspartner funktionieren wird? Vielleicht haben Sie aber auch Manschetten vor der Zeit, die da auf Sie zukommt: 24 Stunden am Tag, 30 Tage im Monat und 12 Monate im Jahr verhältnismäßig eng neben- und miteinander zu leben. Denn das alles ist ja weitgehend ungewohnt, weil Sie bisher 10 und mehr Stunden am Tag an die sachlichen Zwänge des Berufes gebunden waren. Im häuslichen Bereich gab es früher noch die üblichen Tagesaufgaben zu lösen – und schon war der Tag vorbei. Möglich auch, dass Sie im Pflegeheim leben und einen Mitbewohner haben. Wie klappt das gemeinschaftliche Miteinander verschiedener Menschen, die sich einander in der Regel nicht ausgesucht haben? Nach einem mit Handlungsorten und Beziehungspartnern reichen Berufsleben reduziert sich der überwiegende „Personenverkehr" in der Rentenzeit auf ein Gesicht, auf einen Menschen, dem wir fortwährend begegnen. Vermutlich wird dieser Zustand um die 20 Jahre lang andauern – das sagt die Statistik über die verbleibende Lebenserwartung nach dem Renteneintritt aus. Wer Haus und Hof und Garten sein Eigen nennen darf, ist wohl jetzt ein wenig günstiger dran – hier verleihen Rückzugsräume im Freien und Spiel-Räume im Eigenheim mehr Flexibilität; auch, um sich vor oder in Krisen ein wenig voneinander zu lösen oder auch ganz zurückzuziehen. Doch selbst Eigenheimbesitzer wird die ungemütliche und kalte Jahreszeit irgendwann aus dem Freien in die Enge des Hauses zurücktreiben. Wenn dann noch unerwartete Ausnahmesituationen wie Pandemien mit einhergehenden Kontaktbeschränkungen hinzukommen, dann kann der Beziehungsstress ungekannte Ausmaße annehmen.

Mit dem Start in den Ruhestand beginnt zweifellos eine Zeit der strukturellen und inhaltlichen Unschärfen. Die neue Situation bedarf in vielen Beziehungen und Gemeinschaften dringend einer gegenseitigen kommunikativen Anpassung und einer neuen Umgangskultur. Es kann sein, dass uns im beruflichen Leben emotionale Nuancen entgangen ist. Weil wir weniger auf die Empfindungen fixiert waren als vielmehr auf die rationalen Resonanzen des anderen. Jetzt, im berufsfreien Raum, kann bereits ein kleines unscheinbares Ereignis der Auslöser für eine handfeste Auseinandersetzung sein. Was sollten wir wissen und was könnten wir tun, um solche Situationen zu vermeiden oder wieder aus ihnen herauszufinden? Ich denke, wir sollten mehr über die Bedürfnisse und Sehnsüchte, aber auch die Sorgen und Ängste unserer Mitbewohner und Gefährten in Erfahrung bringen, um zu verstehen, warum das so ist. Das Wissen um den emotionalen Kern der Persönlichkeit des anderen ist häufig der Schlüssel dafür, nach dem Sturm oder der Flaute wieder in normales Fahrwasser zurückzukehren.

Das „Riemann-Thomann-Modell"

In seinem Psychiatrieklassiker „Grundformen der Angst" (1961) analysiert und beschreibt der deutsche Psychologe und Psychotherapeut Fritz Riemann unterschiedliche Persönlichkeitstypen. Die vier Typen seiner Charakterkunde macht er fest an den verschiedenen Basisängsten, mit denen wir Menschen durch die Welt gehen und auf unsere Umgebung reagieren. Riemann unterscheidet nach

1. der Angst vor Bindung und Abhängigkeit, vor dem Ich-Verlust,
2. der Angst vor Eigenständigkeit und Liebesentzug, vor der Isolation,

3. der Angst vor Veränderung und Vergänglichkeit, vor der Unsicherheit im Leben und
4. der Angst vor Endgültigem und Notwendigem, vor der Unfreiheit der Person.

Aus den unterschiedlichen Bedrohungen entstehen für Riemann die vier grundsätzlichen **Charaktertypen:** der **schizoide,** der **depressive,** der **zwanghafte** und der **hysterische** (heute besser: der **histrionische**). Schauen wir uns die einzelnen Charaktertypen etwas näher an.

Die Grundangst des *schizoiden Typs* besteht darin, dass er sich vor der Selbsthingabe fürchtet, die er als Persönlichkeitsverlust betrachtet und als unerträgliche Abhängigkeit erlebt. Seine Ichbezogenheit wirkt kalt und unpersönlich. Im Extremfall macht sich der Schizoide zum Maß aller Dinge, neigt zur Selbstvergötterung und zum Einzelgängertum. Er ist streng vernunftgeleitet, hat wenig Zugang zu seinen Gefühlen und meidet menschliche Bindungen. Er liebt die Distanz und wertet eine ungenehmigte Annäherung als Tabu- und Vertrauensbruch. Der schizoide Typ liebt seine persönliche Freiheit über alles und benötigt ausreichende Rückzugsmöglichkeiten. Vorteilhaft ist z. B. sein klares Urteilsvermögen und seine rationale, ergebnisorientierte Arbeitsweise.

Sein Gegenspieler, der Depressive, fürchtet sich vor der eigenen Selbstwerdung. Ein Verlassenwerden, die emotionale Trennung von anderen Menschen, bedeuten für ihn den psychologischen Tod. Ohne Zuwendung und Vertrauen Dritter, ohne Sympathie und Bindung zu anderen, neigt er zu Opfermentalität und Selbstbestrafung. Der *depressive Charaktertyp* macht sich abhängig und bleibt dadurch oft unter seinen intellektuellen Fähigkeiten. Er unterdrückt Kritik, um geliebt zu werden und klagt und jammert bei Liebesentzug. Seine fehlende Ichstärke ist das Ergebnis eines

2 Kommunikation nachhaltig verbessern ...

klammernden Nähebedürfnisses. Die Begierde nach Anerkennung macht ihn allerdings auch kontaktfreudig und teamfähig.

Der *zwanghafte Typ* ist konservativ, traditionsbetont und möchte eine Welt ohne Veränderungen. Wenn Kontinuität, Regeln, Vorsicht und Kontrolle beschädigt werden, dann entwickelt er eine aggressive Intoleranz gegenüber Andersdenkenden und neigt im Extremfall zu Dogmatismus oder gar Fanatismus. Konstanz heißt die Wertewelt des Zwanghaften. Alles Neue ist ihm ein Wagnis, Planen ins Ungewisse ein Gräuel. Andererseits sind ihm seine Prinzipientreue und Verlässlichkeit zugutezuhalten.

Der *histrionische Persönlichkeitstyp* liebt hingegen den Wandel, die Veränderung. Freiheitsbeschränkungen, Regeln und insbesondere Verbote akzeptiert er nicht. Das Neue und Unbekannte zieht ihn unwiderstehlich an. Seine Eigenliebe bedarf immerwährender Bestätigung. Selbst oft treulos, fordert er von anderen Menschen Stetigkeit ein. Aggressionen lebt der Histrioniker als Intrigen aus. Seine Grundangst besteht im Stillstand und in der Tristesse. Daher lebt er seine Leidenschaften aus, liebt den Genuss und ergibt sich dem Rausch des Wandels. Zu seinen Stärken gehören allerdings Kreativität, Spontaneität und Ideenreichtum.

Diese Polarisierungen sind in ihrer Reinform in der Realität kaum anzutreffen; wir sind in der Regel eine Durchmischung der vier Typen mit einer bestimmten Tendenz. Dem Schweizer Psychologen Christoph Thomann gebührt der Verdienst, die Typologie von Riemann in ein für die therapeutische Praxis handhabbares Modell umgewandelt zu haben. Er entschärfte das eskalierende Beziehungsverhalten zwischen den verschiedenen Polarisierungen und ersetzte die o. g. pathologisch-psychiatrischen Begriffe durch die vier menschlichen Grundstrebungen **Distanz** und **Nähe** sowie **Dauer** und **Wechsel**. Für die beiden letzteren bevorzuge ich gern die Termini **Konstanz** und **Wandel**. Das Modell nimmt keine Wertungen vor. Das heißt, alle Ausprägungen sind gleichberechtigt und jede Grundstrebung besitzt Vor- und Nachteile, die sich sehr differenziert in den verschiedenen Lebensumgebungen manifestieren können. Also ist Näheorientierung nicht a priori besser als Distanzstreben, und die Freude an Veränderungen nicht höher einzuschätzen als das Festhalten am Althergebrachten. Jeder von uns befindet sich irgendwo zwischen diesen Polen auf den Koordinatenachsen der Veränderungsfähigkeit und der Bindungskompetenz. Jeder füllt sein „Heimatfeld" zwischen den vier charakterlichen Strebungen aus. Das „Vier-Quadranten-Modell", das zu Ehren der beiden Entwickler auch als **„Riemann-Thomann-Kreuz"** bezeichnet wird, veranschaulicht die möglichen Konstellationen zwischen den Partnern in Form von Beziehungsfeldern. (Abb. 2.1)

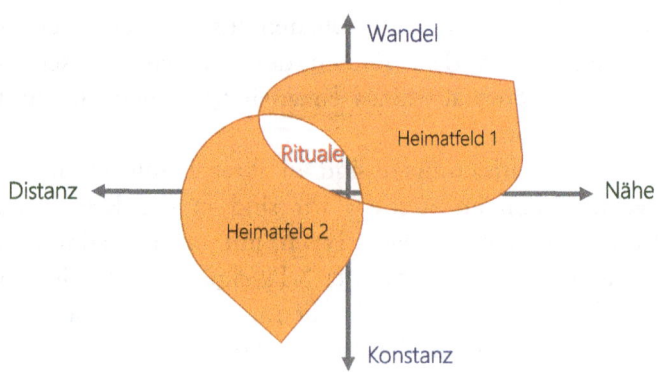

Abb. 2.1 Das „Riemann-Thomann-Kreuz" (nach Fritz Riemann und Christoph Thomann)

2 Kommunikation nachhaltig verbessern …

Schnittmengen zwischen den Heimatfeldern finden

Es ist sicher nachvollziehbar, dass Menschen, die ähnliche Wünsche, Bedürfnisse, Befürchtungen und Sehnsüchte haben, gut miteinander auskommen. Und im Umkehrschluss kann es schwierig sein, diametral gegenüberliegende Strebungen unter einen Hut zu bekommen. Allerdings spielen der Zeitpunkt und der Ort des Zusammentreffens zwischen zwei oder mehr Menschen eine entscheidende Rolle. In Zeiten der Berufstätigkeit war es möglich, bestimmte Grundbedürfnisse im Arbeitsumfeld auszuleben, wie z. B. die Entwicklung und Durchsetzung von neuen Ideen, die Variation der Tätigkeit durch Events oder Dienstreisen oder ein intensives Engagement in der Teamarbeit mit den unterschiedlichsten Personengruppen. Im Ruhestandsumfeld ändert sich das. Die Wahlmöglichkeiten in der neuen Lebenssituation sind beschränkt, der Aktionsraum für soziales Engagement wird kleiner und die Funktionen und Positionen wandeln sich komplett. Die Anzahl der Protagonisten schrumpft auf ein Minimum. So besteht die Gefahr von Spannungen und Auseinandersetzungen, wenn der Ruheständler zu Hause eher die sachlichen Töne aus seiner bisherigen Vorgesetztenrolle anschlägt und wenig Verständnis für die Eigenheiten seines Beziehungspartners zeigt. Es macht daher Sinn herauszufinden, welche Bedürfnisse und Grundstrebungen der Partner im Alter ausbaut oder neu entwickelt, und welche er weniger oder nicht mehr befriedigen will oder verfolgt. Dabei spielen charakterlich festverwurzelte Werte und Lebensphilosophien ebenso eine Rolle wie die Variationsbreite im Veränderungswillen und in der Beziehungstiefe.

Stellen Sie fest, ob es zwischen dem „Heimatfeld" Ihrer Persönlichkeitsstruktur und dem des Beziehungspartners Schnittmengen gibt. Falls ja, dann fixieren Sie Ihre Kräfte auf Vorhaben und Pläne, die Ihnen beiden zusagen und

Ihren Charakterprägungen so weit wie möglich nahekommen. Dem tendenziell schizoiden Partner sollte man mehr Distanz zugestehen und Rückzugsräume für die Gestaltung seiner Freitätigkeiten und Hobbies anbieten. Verfügt der Partner eher über hohe depressive Persönlichkeitsanteile, so bedarf es seiner engeren Einbeziehung in die gemeinsame Vorhabenplanung und einer verstärkten emotionalen Zuwendung bei deren Durchführung. Für Menschen, die eher auf Dauer und Konstanz fixiert sind, empfehlen sich besser konservative Ruhestandsprojekte, da sie auf Überraschungen und Abweichungen vom Gewohnten womöglich ablehnend oder gar aggressiv reagieren. Für den vorwiegend histrionischen Typ eignen sich Vorhaben, denen ein verführerischer Reiz anhaftet und bei denen er seine Leidenschaften so richtig ausleben kann.

Experimentieren Sie am besten einmal mit den Verhaltensweisen und Grundstrebungen. Wenn Sie z. B. ein auf Nähe orientierter Mensch sind, dann testen Sie doch einmal, wie es sich anfühlt, wenn Sie sich eine Zeitlang von allen Vereinsaktivitäten zurückziehen. Oder unternehmen Sie vermehrt Ausflüge und Reisen, wenn Sie bisher kein abwechslungsorientierter Zeitgenosse, sondern eher ein Einsiedlertyp waren. Das verbessert das Einfühlungsvermögen und das Verständnis für den gegenpolig ausgerichteten Beziehungspartner enorm. Auch der Umgang mit Missstimmungen und Krisen kann sehr unterschiedlich ausfallen. Was der eine durch seine schnelle Anpassungsfähigkeit beherrscht, fällt dem anderen wegen seines Wunsches nach Konstanz und Stabilität sehr viel schwerer.

Die Praxisübung
Im Ruhestand wird es regelmäßig so sein, dass sich die Interessen, Ängste und Bedürfnisse zweier Menschen mehr

oder weniger unterscheiden. Jeder verfügt im „Riemann-Thomann-Kreuz" über sein ganz individuelles Heimatfeld. Im Wissen darüber sollten Sie sich wechselseitig die Freiräume überlassen, die zur Bedürfniserfüllung und Persönlichkeitsentfaltung im Altern erforderlich sind. Versuchen Sie sich im Schwingen zwischen den verschiedenen Polen der Veränderungs- und Bindungsfähigkeit. Verlassen Sie Ihren neuen Lebensmittelpunkt und verlagern Sie einen Teil Ihrer Tätigkeiten in die Natur. Pflegen Sie einen externen Freundeskreis oder treten Sie einem Verein bei. Gehen Sie von Zeit zu Zeit eigene Wege und auf behutsamen Abstand zueinander. Nehmen Sie sich Raum zum Atmen und wechseln Sie an neue, ganz persönliche Erlebnisplätze. Tolerieren Sie zugleich das Anrecht des anderen auf dieselben Freiheiten. Kehren Sie dann wieder zurück, suchen Sie die Nähe und Geborgenheit des vertrauten gemeinsamen Ortes. Er ermöglicht es Ihnen, sich nach den Momenten des Rückzuges mit Ihrem Partner über die neuen Erlebnisse, Bekanntschaften und Erkenntnisse auszutauschen und die Sichtweisen auf die Welt zu erweitern. Sorgen Sie danach wieder für gemeinsame Erkundungen und Abenteuer, für Augenblicke der Zweisamkeit und den gegenseitigen emotionalen Austausch. Pendeln Sie zwischen dem Festhalten an Bekanntem und der Lust zur Veränderung. Bleiben Sie neugierig und offen für den Wandel. Unterbrechen Sie den eintönigen Alltagsverlauf durch den Aufbruch zu kleinen Wagnissen und die Teilnahme an außergewöhnlichen Unternehmungen. Kehren Sie danach wieder zurück an einen Ort fester Regeln und Zwänge. Verspüren Sie dort erneut die Sicherheit eines vertrauten Ortes und dessen Konstanz. Machen Sie eine Generalinventur der Dinge, die Sie noch verändern möchten – renovieren Sie beispielsweise aufwendig die Wohnung und freuen Sie sich dann viele Jahre darüber, wieder in geordneten Verhältnissen zu leben.

Kalibrieren Sie sich immer wieder auf die Sichtweisen und Sehnsüchte des Mitruheständlers. Das soll nicht heißen, dass Sie dessen Verhaltensmuster übernehmen sollen. Diskutieren und kritisieren Sie die Bedürfnisse und Sehnsüchte des anderen, aber respektieren und akzeptieren Sie sich als reife Persönlichkeiten mit einer gefestigten Altersidentität. Entwickeln Sie untereinander eine qualifizierte Ruhestandskultur. Und kreieren Sie **Rituale**: sowohl einzigartige und bedeutsame Höhepunkte als auch kleine und unauffällige Episoden für den Alltagsgebrauch. Die kostbarsten von ihnen liegen meist im Überschneidungsbereich der beiden individuellen Heimatfelder. Begehen Sie zu wiederkehrenden Anlässen emotional bewegende Handlungen. Verleihen Sie den Ritualen einen hohen Erinnerungswert. Lassen Sie Ihre gemeinsamen Zeremonielle zu Leuchttürmen im Alter werden. Damit verbessern Sie Ihre Kommunikation im Ruhestand beträchtlich und leisten einen wichtigen Beitrag für eine harmonische dritte Lebenszeit.

Suchen Sie sich aus dem Internet einen „Riemann-Thomann-Test" und bestimmen Sie, welchem Persönlichkeitstyp Sie selbst und der Beziehungspartner am nächsten kommen. Vielleicht sagt Ihnen bereits der kurze und schnelle Test der Plakos GmbH aus Lübeck zu: https://asset.plakos.de/test-interactive.html?a=riemann-thomann-modell (Stand: März 2021). Für die Auswertung in Diagrammform finden Sie dazu ein Arbeitsblatt unter 2.1.2.

Trotz aller Bemühungen um ein hohes Verständnis für die persönlichen Prägungen des Beziehungspartner ist es völlig normal, dass es auch in den liebevollsten Partnerschaften zu kommunikativen Fehlinterpretationen kommt. Hierfür hat der bekannte Psychologe und Kommunikationswissenschaftler Friedemann Schulz von Thun ein vielschichtiges Modell entwickelt, das das

Wissen und Verstehen verbaler Botschaften vertiefen und den gegenseitigen Austausch verbessern kann.

2.2 Besser verstehen im Ruhestand

Vom Sprechen und Zuhören auf derselben Wellenlänge
Wenn das Berufsleben zu Ende ist und damit der Kontakt zu den Kollegen im Unternehmen unterbrochen wird, dann reduziert sich sowohl die Anzahl der Kommunikationspartner als auch die Kommunikationsdichte. Oder anders gesagt: Vieles, was jetzt gesprochen und gehört wird, geschieht vorrangig zwischen den beiden Personen am neuen Lebensmittelpunkt. Und nicht nur die ausgetauschte Informationsmenge kann sich erheblich verringern; auch inhaltlich verschieben sich die Schwerpunkte der Kommunikation. Fachdiskussionen sind weitgehend obsolet und an die Stelle von sachlichen Inhalten treten die persönlichen Beziehungsthemen des Ruhestandes. Darauf sind viele Ruheständler, vor allem die Männer, nicht immer vorbereitet. Sie verstehen und verarbeiten zwar die Zahlen, Daten und Fakten, aber sie interpretieren die darin versteckten Botschaften nicht immer. Und wenn doch, dann oftmals falsch. Beide Seiten, der Sender und der Empfänger einer Botschaft, sollten daher ein paar Grundregeln einhalten, um Missverständnisse in der Kommunikation zu vermeiden.

Grundsätzlich ist der **Sender** einer Nachricht dafür verantwortlich, dass der Empfänger die Information richtig decodiert und versteht. Dafür ist eine möglichst präzise und eindeutige Sprache unerlässlich. Der Nachrichtengeber sollte ein Verständnis dafür entwickeln, in welcher Begriffswelt der Nachrichtenempfänger lebt und wie er Begrifflichkeiten und Terminologien bisher im Alltag gedeutet hat. Das sollte bei langjährig Zusammenlebenden normalerweise kein Problem darstellen. Äußert der Sender einen Wunsch oder eine Bitte, dann muss dies auch klar verständlich für den Empfänger erfolgen. Wenn man einen kulturvollen und wertschätzenden Austausch führen möchte, verbietet sich jegliche Art von Sarkasmus und Ironie seitens des Sprechers. Unterschwellige Vorwürfe und Vorhaltungen sind ein wahrer Kommunikationskiller, wenn sie bemerkt werden. Ebenso sind versteckte Hinweise und provozierende Andeutungen kein gutes Mittel für einen harmonischen Verbalaustausch untereinander.

Für den **Empfänger** einer Nachricht ist das richtige Zuhören wichtig. Viele Menschen hören sich lieber selbst reden, als dass sie anderen zuhören. Aber für eine vertrauensvolle und ergebnisorientierte Kommunikation ist das aktive Zuhören mindestens genauso wichtig wie eine genaue Wortwahl und eine einfühlsame Ausdrucksweise des Senders. Aktives Zuhören bedeutet zuerst einmal, sich auf sein Gegenüber zu konzentrieren und ergebnisoffen einzulassen. Der Empfänger sollte mit einer Haltung der Unvoreingenommenheit, Offenheit und Wertschätzung in ein Gespräch gehen. Zum Sender sollte er Blickkontakt halten und ihm durch kurze verbale und nonverbale Zeichen bekunden, dass er der Botschaft interessiert folgt. Ein aktiver Zuhörer kann Pausen aushalten und hält sich mit der eigenen Meinung erst einmal zurück. Er lässt dem Überbringer der Botschaft Zeit zum Ausreden und nimmt dessen Gemütsregungen – und idealerweise auch die eigenen – beim Sprechen wahr. Kommt ihm etwas unklar vor, so fragt er nach. „Fortgeschrittene" Aktivzuhörer vermögen es, sich in die Person des Sprechers hineinzuversetzen. All dies bedeutet allerdings nicht, dass man den Standpunkt des anderen kritiklos akzeptieren muss.

Erfolgreiche Kommunikation besteht also aus klarer Ausdrucksweise und aktivem Zuhören. Und dennoch: Trotz vermeintlich präziser Formulierung und exakter

Sprache kommt es im täglichen Leben immer wieder zu Missverständnissen und Verwerfungen in der verbalen Kommunikation. Das liegt einerseits an der hohen Komplexität von Sprache an sich, andererseits an den kognitiven Fähigkeiten des Empfängers. So kann es sein, dass wir mit zunehmendem Alter bestimmte Trend- oder Technikbegriffe nicht richtig zuordnen können, weil uns die Bilder und Erfahrungen dazu fehlen. Das kann zu Falschinterpretationen oder Unverständnis führen. Neben einer schwankenden Tagesform treten oftmals auch Inkongruenzen zwischen der verbalen Aussage und dem äußeren Auftreten auf – das gesprochene Wort steht im Widerspruch zur körperlichen Haltung der Person und löst ein Störgefühl in uns aus. Die Vielfalt der interpretatorischen Möglichkeiten einer gesendeten Botschaft und wie sie bei einem Empfänger ankommt hat der Hamburger Psychologe und Kommunikationswissenschaftler Friedemann Schulz von Thun mit einem sinnhaften Quadrat beschrieben und visualisiert.

Das „Nachrichtenquadrat"
Das **Nachrichtenquadrat**, auch „Vierseitenmodell" genannt, ordnet dem Sender einer Nachricht vier „Schnäbel" zu; den Empfänger stattet es mit vier „Ohren" aus. Eine Nachricht kann auf vier verschiedenen Kanälen ausgesprochen und auf ebenso vielen Kanälen gehört werden. Das heißt, der Sender setzt eine Information in seinem Verständnis ab und der Empfänger interpretiert dieselbe in unterschiedlicher Art und Weise. Es macht also einen großen Unterschied aus, was der Sender meint, und was beim Empfänger ankommt. Schulz von Thun unterscheidet vier Codierungsebenen, über die die verschiedenen inhaltlichen Bedeutungen transportiert werden: den **Sachinhalt,** die **Selbstkundgabe**

(oder Selbstoffenbarung), die **Beziehungsebene** und den **Appell.** (Abb. 2.2)

Ein Beispiel soll die verschiedenen Seiten einer Information erläutern: Ein älteres Ehepaar fährt durch die Stadt, am Lenkrad sitzt die Frau. An einer Kreuzung muss sie an einer roten Ampel anhalten. Als dann die Ampel von Gelb auf Grün springt, zögert die Frau einen Moment und der Mann sagt: „Es ist grün." Doch was könnte der Mann als Sender der Botschaft noch gemeint haben?

Sachinhalt: „Die Ampel hat auf Grün geschaltet." Selbstkundgabe: „Ich möchte hier nicht ewig stehen bleiben." Beziehung: „Ich bin doch der bessere Autofahrer." Appell: „Mach endlich hin und fahre!"

Und was könnte bei der Frau angekommen sein?

Sachinhalt: „Ich habe jetzt Grün." Selbstkundgabe: „Ich bin zu langsam." Beziehung: „Ich kann nicht wirklich

Abb. 2.2 Das „Nachrichtenquadrat" oder „Vierseitenmodell" (nach Friedemann Schulz von Thun)

2 Kommunikation nachhaltig verbessern ...

Auto fahren." Appell: „Das nächste Mal soll er wieder fahren."

All das wurde nicht wirklich ausgesprochen, hinterlässt jedoch bei den beiden sehr unterschiedliche Wahrnehmungsspuren. Aufgrund der verschiedenen Persönlichkeitsstrukturen können sehr schnell Missverständnisse, Ärger und Streit zwischen den Partnern entstehen. Die Botschaften werden je nachdem, welche Überzeugungen beide haben, mit welchen Bedürfnissen und Ängsten sie durch die Welt gehen und welchen Ratschlägen und Vorgaben sie im Leben folgen, unterschiedlich gedeutet und interpretiert. Betrachten wir die verschiedenen Nachrichteninhalte im Einzelnen:

Die *Sachebene* liefert die Zahlen, Daten und Fakten; das, worüber inhaltlich gesprochen wird. Die Aussagen können korrekt oder fehlerhaft sein, wahr oder unwahr, ausreichend oder mangelhaft, wichtig oder irrelevant. Die Informationsinhalte folgen rational-logischen Mustern und sind vergleichbar mit denen, die in der sogenannten „Transaktionsanalyse" des amerikanischen Psychiaters Eric Berne (siehe u. a. Abschn. 4.1) vom „Zustand des Erwachsenen-Ichs" ausgehen.

In der *Selbstkundgabe* (oder auch Selbstoffenbarung) spiegeln sich unsere Werte, Glaubenssätze, Ansichten und Überzeugungen wider, die die Botschaft transportiert. Es ist im Grunde das, was der jeweilige Kommunikationspartner von sich selbst glaubt und was er – oftmals unbewusst – von sich preisgibt. Die Selbstoffenbarung kann allerdings auch gewollt sein, um durch Wortwahl, Tonfall, Lautstärke, Gestik und Mimik bestimmte Wirkungen zu erzielen.

Auf der *Beziehungsebene* manifestiert sich das persönliche Verhältnis zum Kommunikationspartner. Oder anders gesagt: das, was man vom ihm hält. Das kann sich in Sympathiebekundungen äußern, z. B. durch ein nettes Lächeln oder einen sanften Augenaufschlag. Oder in Missfallensmimiken, wie einem kritischen Stirnrunzeln oder einem mehr oder weniger deutlichen Kopfschütteln. Meist bemerkt man an der Körpersprache, ob der Empfänger der Nachricht angegriffen oder gewertschätzt wird. Auf diesem Kanal werden gefestigte Emotionen abgerufen und individuelle Bedürfnisse eingefordert. Vieles erinnert an den Zustand des „Kindheits-Ich" aus der Transaktionsanalyse.

Der *Appell* beinhaltet die Wünsche, Ratschläge, Anweisungen – und sogar Befehle. Es sind die Handlungserwartungen, die der Sender an den Empfänger hat. In vielen Fällen will der sendende Kommunikationspartner Einfluss auf den Empfänger der Botschaft nehmen und ihn dazu bringen, etwas zu unterlassen oder etwas zu unternehmen. Das Pendant in der Transaktionsanalyse ist hier das kritische, weniger das fürsorgliche „Eltern-ich".

Mit den Lebensjahren wächst natürlicherweise das Gespür für die transportierten Nachrichtengehalte in Zweierbeziehungen. Ergänzt um das Wissen über die Vielfalt der Deutungsoptionen einer Botschaft, hat man jetzt die Möglichkeit, Gespräche, die aus dem Ruder laufen würden, oder Diskussionen, die sich zu verlieren drohen, bewusst und gezielt wieder auf Kurs zu bringen. Allerdings sollte man nicht in den Fehler verfallen, jeden Satz, jede Aussage und jede Körperreaktion nach versteckten Fallstricken abzusuchen. Das torpediert die Kommunikation und macht sie im Extremfall völlig unmöglich. Fingerspitzengefühl bei der Wortwahl, ein gewisses Feeling für den Takt und die Achtsamkeit im Umgang mit dem Partner hilft, weitgehend Missverständnisse und unerwünschte Auseinandersetzungen zu vermeiden. Dann gelingt die hohe Kunst des besseren Verstehens auch im Alter.

2 Kommunikation nachhaltig verbessern ...

Eine versteckte Einladung
Zum Nachrichtenquadrat fällt mir eine Episode aus meinen Anfangszeiten als Trainer ein. Meine ersten Erfahrungen zum Thema Ruhestand habe ich in verschiedenen Volkshochschulen (VHS) gemacht. Besonders auffällig an den Kursabenden war immer wieder die Geschlechterzusammensetzung des Publikums: Es waren fast nur Frauen anwesend. Männer waren die absolute Ausnahme. Irgendwann begann ich in die Frauenrunde zu fragen, wo sie denn ihre Angetrauten gelassen hätten. „Für die ist Ruhestand ein Abend am Fernseher, am liebsten mit Fußball", bekam ich seufzend und augenrollend zu hören und zu sehen. Warum interessieren sich fast ausnahmslos Frauen für eine öffentliche Diskussion zum Thema Ruhestand? Ist es Desinteresse, Bequemlichkeit, Überheblichkeit oder die Befürchtung der Männer, sich mit unbequemen Themen auseinandersetzen zu müssen? Fürchten sie die frauliche Sehnsuchtsexpertise in der dritten Lebensphase, der sie sich nicht gewachsen fühlen könnten? Oder halten sie es für ein Zeichen von Schwäche, sich als gestandene Zeitgenossen im öffentlichen Gespräch den Herausforderungen der späten Freiheit zu stellen? So nach dem Motto: „Was kann mir ein dahergelaufener Dozent schon Neues zum Ruhestand sagen? Da ist doch alles klar ...!" Mir kam da noch ein weiterer Gedanke: Vielleicht stimmte ja die interne Kommunikation zwischen den Partnern nicht. Möglich, dass es Beziehungskonflikte waren oder die Befürchtung, seine wirklichen Gefühle offenbaren zu müssen. Und ich stellte mir vor, wie ein vorangegangenes Gespräch zwischen den Partnern vor dem angedachten Besuch der VHS nach den Regeln des Nachrichtenquadrates wohl abgelaufen sein könnte. Vielleicht klang der auslösende Satz etwa so: „Ich gehe heute Abend zu einem Vorbereitungskurs für den Ruhestand in die Volkshochschule." Die verschiedenen Botschaften könnten sich daraufhin wie folgt angehört haben:

Auf der Sachebene: „Ich gehe heute Abend in die VHS zum Ruhestandskurs."

Als Selbstoffenbarung: „Ich möchte nicht unvorbereitet in die Rente gehen."

Auf der Beziehungsebene: „Ich würde mich sehr freuen, wenn du mitkommst."

Und als abschließender Appell: „Es ist für uns beide von Vorteil, wenn wir Impulse für die aktive Gestaltung unserer gemeinsamen Ruhestandszeit erhalten."

Der zuhörende Mann als Empfänger hingegen könnte die Aussage wie folgt decodiert haben:

Auf der Sachebene: „Sie geht heute Abend weg."

Selbstoffenbarung: „Das mit dem Ruhestand schaffe ich ganz ohne Beistand und die Empfehlungen fremder Leute."

Auf der Beziehungsebene: „Ich lasse mir meinen Fernsehabend nicht durch Vorträge verderben."

Und als Appell: „Es heißt doch Ruhestand, weil ich meine Ruhe haben will!"

All diese Worte wurden nicht gesagt, hinterlassen aber ihre Wahrnehmungsspuren. Im Ergebnis kam der Mann nicht zu meinem Kurs. Womöglich hätte anstelle der reinen Sachinformation der Frau eine codierte Botschaft geholfen, um den Partner zum Abendseminar zu bewegen. Wie z. B.: „Ich würde mich sehr freuen, wenn du mich heute zu einem spannenden Vortrag über unsere gemeinsame Ruhestandszeit begleiten würdest." Die tatsächliche Reaktion können wir natürlich nicht immer voraussehen. Als grundsätzliche Empfehlung gilt jedoch: Wählen Sie Ihre Worte bedachtsam und sorgfältig. Überlegen Sie, auf welchem Nachrichtenkanal Sie die größten Chancen hätten, den anderen in Ihre Welt mitzunehmen. Erinnern Sie sich an frühere Situationen, wo Ihnen das gelungen ist; rein intuitiv und ohne Kenntnis dieses

Modells. Vielleicht sind ja dann beim Partner genau die „Ohren" aktiv, die Ihr „Schnabel" ansprechen will.

Die Praxisübung
Analysieren Sie im täglichen Gespräch miteinander, welche Bedeutungen die Botschaften wohl hinsichtlich ihres Sachinhaltes, ihrer Selbstoffenbarung, ihrer Beziehungsebene und ihres Appells beinhalten könnten. Was wollte der Sender außer dem Gesprochenen noch mitteilen? Was sollte bewusst verborgen bleiben, was durch die Hintertür übermittelt werden? Unterhalten Sie sich im Idealfall beide darüber. Wechseln Sie von der Sender- in die Empfängerrolle und umgekehrt und tauschen Sie sich darüber aus, welche Gedanken, Gefühle und Assoziationen Sie jeweils auf der Ohren- und Schnabelseite hatten. Was würde die Kommunikation in der Partnerschaft nachhaltig verbessern und wie können Fehlinterpretationen vermieden werden? Und: Welche verbalen Spielchen sollten zukünftig unterbleiben?

Das Arbeitsblatt (2.2.2) gibt Ihnen die Möglichkeit, eine beliebige Alltagsaussage auf ihre verschiedenen Nachrichtenanteile hin zu testen. Drucken Sie es einmal für die Sender- und ein zweites Mal für die Empfängerseite aus. Testen Sie z. B. die folgende Ankündigung im Nachrichtenquadrat: „Ich gehe heute mit Freunden zum Fußball." Der Mann als Fußballfan könnte seine vier gesendeten Nachrichtenanteile notieren und die vom Fußball genervte Frau ihre vier empfangenen. Gleichen Sie danach die unterschiedlichen Interpretationen, die die vier Kanäle hergeben, miteinander ab. Viel Spaß dabei!

Vieles im sprachlichen Austausch stützt sich auf die Werte und Überzeugungen, die wir im Laufe unseres Lebens angenommen und entwickelt haben. Doch manchmal finden wir in unserer Haltung zum Leben im

Alter nicht das rechte Maß. Dann müssen wir zwischen unseren polarisierenden Tugenden vermitteln, die auf den ersten Blick so gar nicht zusammenpassen wollen. Dafür hat Friedemann Schulz von Thun ein weiteres Quadrat entwickelt ...

2.3 Die Tugenden des Alters ausbalancieren

Kassensturz der Werte
Werte sind in unserem Leben essenziell wichtig. Sie flankieren wie Begrenzungsleuchten die Ränder unserer Startbahn ins Leben und werden zu Leuchtfeuern im Auf und Ab von Beruf und Alltag. Sie bestimmen in vielen Situationen die Ausrichtung unserer persönlichen Entwicklung, sind einmal Warnbaken, ein anderes Mal Hinweisschilder, die uns sicher durch die Straßen des Lebens begleiten. Wir können uns an ihnen eine Zeit lang orientieren, weil wir sie nicht ständig wechseln wie ein Hemd. Erst an den wichtigen Abzweigungen, auf die unser Spaziergang durch das Leben trifft, trennen wir uns von einigen Werten und legen uns wieder neue zu. Der Moment des Eintritts in den Ruhestand ist eine solche Abzweigung. Wir lassen die Berufswelt hinter uns, kehren der gut ausgebauten Straße den Rücken und betreten eine grüne Wiese. Wir suchen nach neuen Landmarken, an denen wir Orientierung finden können und stellen uns gleichsam Fragen wie: „Was wollen wir noch erreichen, erlangen, erschaffen oder vollenden?", „Was erscheint uns noch erstrebenswert?" oder „Was ist uns noch wichtig im Leben?"

Im Übergang vom Beruf in den Ruhestand sollten wir einen Kassensturz unserer Werte machen. Werte sind Ideen und Ideale, Güter und Objekte, Verhaltensweisen oder Handlungsmuster, an denen wir uns messen und mittels derer wir uns mit anderen vergleichen. Es sind all die Dinge, die uns motivieren und die uns im Leben vorrangig erscheinen. Wir sollten insbesondere überprüfen, ob es zukünftig noch dieselben Qualitäten sein sollen, denen wir folgen möchten. Gibt es für uns im fortgeschrittenen Alter attraktivere und bedeutendere Maßstäbe, an denen wir uns in dieser neuen Lebensphase messen lassen wollen? Was wird weniger wichtig sein im Vergleich zu Berufszeiten? Was wird immer „Wert-voller" für den Ruhestand? Nehmen Sie ein Blatt Papier zur Hand und teilen Sie die Seite mit einem Stift in zwei gleich große Teile. Notieren Sie auf der linken Hälfte alle Werte, die Ihnen bedeutsam und wesentlich im beruflichen Kontext waren, wie vielleicht Karriere, Durchsetzungsfähigkeit oder ein hoher Verdienst. Auf der rechten Hälfte schreiben sie nun all das auf, was Ihnen im Ruhestand willkommen, begehrenswert und liebenswert erscheint. Das könnten Qualitäten wie Gesundheit, Harmonie und Gelassenheit sein. Dabei stoßen Sie naturgemäß auf Werte, die Sie aus dem beruflichen Kontext gern in die dritte Lebensphase mitnehmen würden. Und dann wiederum auf solche, die Sie liebend gern zurücklassen möchten. Ziehen Sie an dieser Stelle einen klaren Schlussstrich: Trennen Sie sich von hinderlichen und nachteiligen Werten, den sogenannten Aversionswerten, die Ihnen im Ruhestand keinen Zugewinn an Lebensqualität bieten. Bekennen Sie sich nachdrücklich zu den Appetenzwerten, zu den anziehenden Qualitäten, die Ihre Lebenszufriedenheit im Alter aller Voraussicht nach positiv beeinflussen werden. Passen Sie Ihre innere und äußere Wertewelt konsequent an die neuen Bedingungen an und richten Sie Ihre späten Ziele darauf aus. Das wäre eine sehr kluge und klare Art, Vorentscheidungen für die wirklich wichtigen Dinge im Alter zu treffen. Im Leben gibt es vielfach aber auch Situationen, in denen wir uns in einem paradoxen Spannungsfeld zwischen unseren Wertvorstellungen bewegen:

Wir fühlen uns noch immer stark und mächtig in der sozialen Position als Fachspezialist oder Führungskraft, obwohl wir doch unsere Wissens- und Machtinstrumente im Unternehmen zurücklassen mussten.

Wir würden gern unseren geistigen oder körperlichen Zustand verbessern, sind aber nicht ausreichend motiviert für den ersten Schritt in Richtung gesundes Altern.

Wir sind uns bewusst, dass wir uns im Alltag immer noch überfordern, können uns aber nicht trennen von Gewohnheiten, denen wir physisch nicht mehr gewachsen sind.

Wir lieben einerseits das unbekümmerte und beglückende Reisen im Ruhestand, verfallen andererseits aber sofort in Panik bei dem Gedanken an eine Virusinfektion auf einem Kreuzfahrtschiff.

Wir möchten so gern am gesellschaftlichen Leben nach dem Beruf teilhaben, sind aber nicht in der Lage, uns unbekannten Gruppen anzuschließen, die dieses Mittun ermöglichen.

In vielen Lebenssituationen stecken wir in einer schmerzlichen Zwickmühle, aus der es keinen Ausweg zu geben scheint. Neues Verhalten wird potenziell unmöglich, weil es uns nicht gelingt, zwischen den widerstrebenden Werten und Bewertungen in uns einen Mittelweg, einen akzeptablen Kompromiss zu finden, der die Polarisierungen versöhnt. Immer wieder schwanken wir zwischen einem Ja und einem Nein, zwischen Gut und Böse hin und her. Wir befinden uns im Widerstreit mit den Extremen: zwischen Übertreibung und Verharmlosung, zwischen Überfluss und Mangel. Doch es gibt eine ausgleichende Methode, die eine Balance zwischen unseren widersprüchlichen Werten herstellen kann. Ein solches Balancemodell hat Friedemann

Schulz von Thun entwickelt. Es eröffnet uns einen alternativen und sanften Ansatz im Umgang mit unserer zerstrittenen, inneren Wertewelt.

Das „Werte- und Entwicklungsquadrat"
Bereits Aristoteles wusste um die Bedeutung menschlicher Werte, die er Tugenden nannte. In seiner „Nikomachischen Ethik" treffen positive und negative Werte auf der Suche nach möglichen Entwicklungsoptionen, hin zum Guten, aufeinander. So finden wir z. B. die Tugend der Freigiebigkeit zwischen den Extremwerten Verschwendung (Übermaß) und Geiz (Mangel) wieder. Nicolai Hartmann, ein deutscher Philosophieprofessor, entwickelt die These, dass menschliche Qualitäten nur dann ihre konstruktive Wirkung entfalten können, wenn sie sich in einem ausgehaltenen Spannungsverhältnis zu Gegenwerten, den sogenannten Schwesterntugenden, befinden. Hartmann ist ein Wertequadrat zu verdanken, in dem sich das menschliche Verhalten in einem Raum zwischen verschiedenen negativ und positiv besetzten Grenzwerten bewegt. Matthias Varga von Kibéd, ein deutscher Logiker und Wissenschaftstheoretiker, stellte fest, dass sich auf der negativen Seite, in den Mängelwerten, auch gute Anteile wiederfinden, die als Ausgangspunkt für die Entwicklungsbestrebungen in Richtung „positiver" Werte dienen können. Im Schnittpunkt dieser Strebungen kann nun im besten Fall eine ausbalancierte Tugend, ein neuer ausgeglichener und als optimal empfundener Verhaltens-Zielwert bestimmt werden. Friedemann Schulz von Thun ersetzt die Tugenden eines Aristoteles durch die modernen Werte unserer Zeit und nutzt die Ideen seiner Vorgänger sowohl als Modell zur Verbesserung zwischenmenschlicher Kommunikation als auch für die Persönlichkeitsentwicklung. Im Ergebnis entsteht ein **„Werte- und Entwicklungsquadrat"**, mit dem

man Wertevorstellungen und persönliche Maßstäbe in ein dynamisches Gleichgewicht überleiten kann. (Abb. 2.3)

Veranschaulichen wir uns das Modell an einem Beispiel aus dem Berufsleben. Ein langjährig angestellter Fachspezialist ist stolz darauf, sich endlich selbstständig gemacht zu haben. Nun will er sich nicht durch Dritte in sein Unternehmen hineinreden lassen und beharrt auf der Korrektheit und Richtigkeit seiner Alleinentscheidungen. Der positive Ausgangswert sei hier also die *Autonomie.* Damit sein Unternehmen florieren kann, bedarf es neben der unternehmerischen Unabhängigkeit jedoch auch einer gewissen *Kooperationsfähigkeit* im Umgang mit Kunden, Lieferanten und Mitarbeitern. Das ist der zweite positive Wert, mit dem die Autonomie in einem gegensätzlichen, aber dennoch positiven Spannungsverhältnis steht. Da dieser Wert oftmals nicht auf den ersten Blick erkannt wird, bezeichnet man ihn auch als „übersehenen zweiten Wert". Übertreibt der Unternehmer sein Verständnis von *Selbstständigkeit,* dann verhält er sich eigensinnig und egoistisch und verstößt womöglich gegen den guten Ton, im schlimmsten Fall gegen Regeln und Gesetze. Dieser

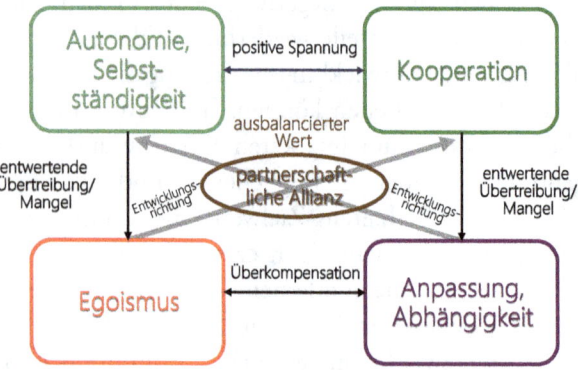

Abb. 2.3 Das „Werte- und Entwicklungsquadrat" (nach Friedemann Schulz von Thun)

Egoismus steht für den ersten Mangelwert. Im Verhältnis zum positiven Ausgangswert, der Autonomie, sprechen wir hier auch von einer „entwertenden Übertreibung". Begibt sich der Unternehmer auf der anderen Seite nur noch in Kooperationen mit Dritten, so steht er bald in einem eklatanten Abhängigkeitsverhältnis und verliert in hohem Grad seine unternehmerische Freiheit. Die entwertende Übertreibung zur Kooperationsbereitschaft ist hier die Bindung an Dritte, die *Angepasstheit* und die *Abhängigkeit* von fremden Interessen. Als zweiter Mangelwert ist diese Anpassung gleichzeitig auch eine über das Ziel hinausschießende Überkompensation des ersten Mangelwertes, des unternehmerischen Egoismus. Erst die Erforschung der guten Seiten in den beiden Mangelwerten führt zu neuartigen Entwicklungstendenzen. Dafür müssen wir das „Gute" in den entwertenden Übertreibungen finden. Das ist auf der einen Seite der im Egoismus schlummernde Wunsch nach Vorteilserlangung ohne Aufgabe der unternehmerischen Selbstständigkeit – und sei es durch intensive Zusammenarbeit. Auf der anderen Seite könnte es die in der gegenseitigen Abhängigkeit liegende Reduzierung des wirtschaftlichen Risikos für den Unternehmer sein – zur Absicherung der weiteren *Selbstständigkeit*. Beide Strebungen führen zu einem optimalen und ausbalancierten Verhaltenswert: hier beispielhaft zu einer *partnerschaftlichen Allianz.*

Raus aus der Isolation!
Immer mehr Menschen auf der Welt vereinsamen. Sei es durch die Überalterung der Gesellschaft und die fehlenden gesellschaftlichen Gegenangebote, die fortschreitende Digitalisierung aller Lebensbereiche oder die schmerzlichen Kontakteinschränkungen in Pandemiezeiten. Lebenszufriedenheit und Wohlergehen leiden beträchtlich unter den Auswirkungen fehlender sozialer Kontakte oder

ihrer schwindenden Qualität. Psychologen sehen die Einsamkeit als die zukünftige Volkskrankheit Nummer eins, die sich u. a. negativ auf die Lebenserwartung auswirkt. Großbritannien hält bereits seit einigen Jahren mit einem Ministerium für Einsamkeit dagegen. Deshalb möchte ich hier ein Wertequadrat entwickeln, das sich mit der Einsamkeit im Alter befasst. (Abb. 2.4)

Ausgangspunkt in unserem altersbezogenen Beispiel ist die *Einsamkeit* als Mangel oder erste entwertende Übertreibung. Ihr steht als Sehnsuchtsziel, als erste positive und aufwertende Qualität, die persönliche *Geborgenheit* gegenüber. Das ist das Bedürfnis, gerade im Alter die Nähe und Wärme anderer Menschen zu spüren. Und nicht nur das: Mit Geborgenheit verbindet sich auch das Bedürfnis nach Sicherheit, Schutz und Unverletzlichkeit. Geborgenheit ist eine wesentliche Bedingung für Lebenszufriedenheit und Wohlbefinden – für einen Weg hin zur Gelassenheit in der dritten Lebensphase. Doch ohne die Kontaktaufnahme zu anderen Menschen, die ähnlich oder genauso denken und fühlen, bleibt man in der Isolation gefangen. Die Suche nach einem ausgleichenden Verhalten führt

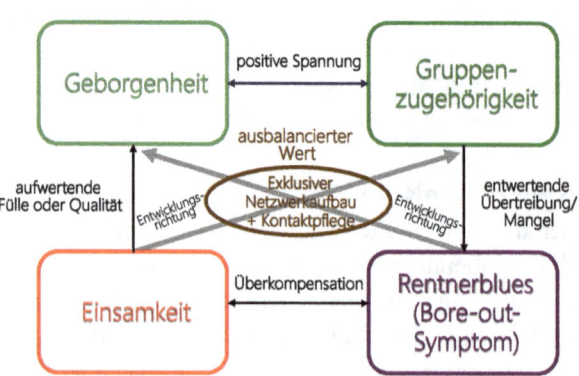

Abb. 2.4 Beispiel eines Wertequadrates für Ruheständler: Einsamkeit

über den „übersehenen zweiten Wert", hier die *Gruppenzugehörigkeit*, die mit der Geborgenheit in positiver Spannung steht. Verstärkt sich die Einsamkeit, hält sie längere Zeit an oder kommen gesundheitliche Störungen hinzu, dann besteht die Gefahr einer Verschlechterung des Allgemeinbefindens. Es kommt zur Überkompensation, zu *„Bore-out-Symptomen"*, zu einem Zustand krankhafter Langeweile, Frustration und seelischer Erschöpfung; im Volksmund auch als *Rentnerblues* bekannt. Nun gilt es, in den beiden Mangelwerten *Einsamkeit* und *Rentnerblues* die für die Persönlichkeitsentwicklung positiven, treibenden Inhalte zu finden. Aus einer einsamen Umgebung heraus kann sich beispielsweise über das Internet ein neuer Kontakt anbahnen. Warum nicht auf der Plattform „50PLUS" oder als Gruppenmitglied der Singlebörse „LemonSwan" einen Partner suchen und finden? Die *„Bore-out-Symptome"* in einem frühen Stadium wiederum können Anlass sein, mit dem autogenen Training zu beginnen, eine Atemtherapie zu starten oder sich durch einen externen Coach begleiten zu lassen. All das könnte als ausgewogene Schnittmenge zu einem exklusiven Netzwerkaufbau und zu digitaler Kontaktpflege führen. Und damit auch zu einer neuen Qualität von Beschäftigung, gesellschaftlicher Teilhabe und Reintegration heranwachsen.

Das Werte- und Entwicklungsquadrat kann an den verschiedenen Ecken gestartet werden. Typisch ist zum einen der Ausgangspunkt im ersten „Hauptmangel", um nach dem Formulieren seines Sehnsuchtszieles (erster positiver Wert) die machbare zweitbeste und ausgewogene Verhaltenslösung im Schnittpunkt der Entwicklungslinien zu finden. Oder der Start im ersten positiven Wert, der im Widerstreit mit seiner entwertenden Übertreibung liegt. Aber auch der übersehene zweite Wert bietet sich als Beginn für die Suche nach der „optimalen Tugend" an.

Die Praxisübung

Für die Übung zum Werte- und Entwicklungsquadrat finden Sie ein Arbeitsblatt (2.3.3). Sie können entweder dem nachfolgend an der Corona-Pandemie orientierten Beispiel folgen oder aber ein eigenes Beispiel kreieren, indem Sie ein aktuelles persönliches Wertedilemma genauer unter die Lupe nehmen. Vielleicht Ihren Aktionismus, der mit dem Eintritt in den Ruhestand plötzlich ein konzentriertes Arbeiten und strukturiertes Vorgehen durchkreuzt hat oder Ihre Angst vor Altersarmut in der Zukunft. Sie haben die Wahl!

Vielleicht folgen Sie zuerst meinem Beispiel. Mein „Wertequadrat für beispiellose Zeiten" geht von einer schwer kalkulierbaren (pandemischen) *Bedrohung* aus (Mangelwert 1). Dem gegenüber steht die aufwertende Qualität (auch progressive Wertschätzung genannt) der allgemeinen *Sicherheit,* in der wir uns bis vor Kurzem wähnten. Doch Sicherheit kann weder verordnet werden noch kommt sie von allein. Dafür bedarf es in einer Demokratie der Unterstützung vieler Menschen, die davon überzeugt sind, dass persönliches Engagement Veränderungen bewirken kann. Diese anteilige Selbstwirksamkeit des Einzelnen (siehe auch Abschn. 1.3) steht hier als übersehener zweiter Positivwert im Spannungsverhältnis zur Sicherheit. Der zweite entwertende Mangel dazu ist die *Hilflosigkeit,* die viele Menschen in die Passivität treibt. Diese Hilflosigkeit entsteht als Überkompensation zur dominierenden Bedrohung. Jetzt gilt es, die guten Anteile in den beiden Mangelwerten zu erkennen. Die *Bedrohung* löst in uns vielleicht rationale Überlegungen darüber aus, wie wir unser Leben unter den gegebenen Bedingungen verändern sollten – indem wir unsere bisherige Lebensweise überdenken oder uns aktiv für die Rettung des Planeten einsetzen. Hilflos fühlen wir uns deshalb, weil wir bisher davon ausgegangen sind, dass der Staat seinen

Fürsorge- und Schutzfunktionen nicht mehr nachkommt und wir ab jetzt unseren eigenen Beitrag für eine sicherere Zukunft erbringen müssen. Als mögliche ausbalancierte Verhaltensweise könnte beispielhaft die aktive *ehrenamtliche Tätigkeit* in einer Umweltschutzorganisation stehen.

Auch wenn es uns gelingt, unsere Wertewelt in Krisenzeiten und Problemsituationen wieder ins Gleichgewicht zu bringen, bleiben wir auch im Ruhestand nicht von Frustrationen verschont. Weshalb das so ist und wo die Ursachen für unsere individuell sehr unterschiedlichen Frustrations- und Ambiguitätstoleranzen im Alter liegen, und vor allem, was das für die Qualität unserer Kommunikation bedeutet, beleuchten die beiden folgenden Kapitel.

2.4 Vom Wert einer hohen Frustrationstoleranz im Alter

Frühe Frustrationserlebnisse prägen unser Leben
Gehörten Sie in Ihrer Kindheit zu den Menschenkindern, denen ihre Eltern alle Wünsche sofort erfüllten? Oder mussten Sie Strategien entwickeln, um Ihr kindliches Begehren durchzusetzen? Blieben Ihre Erzieher eher hart und unerbittlich, weil das Geld fehlte, der Zeitpunkt ungünstig oder der Sehnsuchtswunsch unpassend war? Oder ließen sich Ihre Eltern widerstandslos auf Ihr Kindesverlangen ein, weil sie dadurch ihren sozialen Status zeigen konnten oder einfach nur ihre Ruhe haben wollten? Wie haben Sie den Umgang mit Frustrationen erlernt, den unfreiwilligen Verzicht auf die Erfüllung von Erwartungen und Wünschen?

Wenn Eltern jedes Begehren ohne Belohnungsaufschub erfüllen, dann sollten sie sich darüber im Klaren sein, dass die Kids später immer wieder mit einer sofortigen

Einlassung und der unverzüglichen Wunscherfüllung rechnen. Funktioniert das im späteren Leben nicht, dann sind sie maßlos enttäuscht, können aggressiv werden und sich ihren Verweigerern widersetzen. Im Berufsleben äußert sich diese Einstellung gern in Machtstreben und in Ungerechtigkeit gegenüber Schwächeren. Bleiben die Erzieher ihren Kindern gegenüber jedoch streng, dann üben sie im späteren Leben vielleicht eher Zurückhaltung, wollen nicht im Vordergrund stehen, weil sie meinen, ein Platz weit vorn im Leben stehe ihnen nicht zu. Im Zweifel lehnen sie Angebote und Zuwendungen aus einer Art Schuld- oder Schamgefühl ab und bleiben weit unter ihren persönlichen Möglichkeiten zurück. Im Extremfall, wenn kindliche Erwartungen regelmäßig enttäuscht oder gar abgestraft werden, kann es zu einem Gefühl der Wertlosigkeit und der sozialen Zurücksetzung kommen. Haben Kinder jedoch schrittweise gelernt, dass sie nicht sofort alles erhalten können und Geduld üben müssen, dann lernen sie mit Frustrationen umzugehen. Ihr Verständnis für unbefriedigte Triebwünsche, für Belohnungsreduktionen und ihre Toleranz zu den vermeintlichen Sehnsuchtsverweigerern wird wachsen.

Das bekannteste Experiment zur Bestimmung der Frustrationstoleranz ist das sogenannte „Marshmallow-Projekt", das in den 60er Jahren mit Kindern durchgeführt wurde. Vierjährige bekamen eine Süßigkeit angeboten. Danach wurde ihnen in Aussicht gestellt, eine zweite zu bekommen, wenn sie die erste nicht sofort essen und ein paar Minuten warten würden. Wer den Belohnungsaufschub aushielt – so die später durchgeführten Untersuchungen – soll auch im weiteren Leben die größeren Karrierechancen gehabt haben.

Ein gesundes Maß an Frustrationstoleranz entfaltet in vielen Lebensbereichen eine positive Resonanz. Sportler, die einem vergebenen Sieg nicht lange nachtrauern, verwinden die Niederlage schneller, setzen sich neue Leistungsziele und versuchen noch härter zu trainieren. Politiker, denen eine erforderliche Stimmenmehrheit nicht zuteilwird, akzeptieren ihr Scheitern und suchen in der Opposition ein Korrektiv zur Politik der Regierenden. Sie bauen Ärger und Frust in fairen Debatten ab und können sogar visionärer sein, als die Wahlgewinner, die ihren Wählern Zugeständnisse machen müssen. Ein Angestellter, der sich durch Kritik und Bedenken seines Vorgesetzten nicht persönlich auf den Schlips getreten fühlt und weiterhin von seinen fachlichen Qualitäten überzeugt ist, geht gelassener durchs Leben und kann seinen Feierabend auch nach einer Konfrontation noch genießen. Partnerschaften, in denen sich ein Gefährte mit seinen Wünschen zugunsten des anderen zurücknimmt, werden insgesamt gestärkt und festigen die gegenseitige Wertschätzung.

Frustrationsmuster im Verlauf der Lebensphasen
Ein markantes Erklärungsmodell für die Entstehung und den Umgang mit Frustrationen ist mir nicht bekannt. Eine Möglichkeit zur Beschreibung enttäuschter Erwartungen und Triebwünsche besteht jedoch in der Beschäftigung mit Frusterlebnissen über die verschiedenen Lebensphasen. Über die Lebenszeit hinweg können sich die Ursachen und Auslöser für Frustrationen verändern, ergänzen oder aber auch verschwinden. (Abb. 2.5)

Ein Baby hat noch keine Frustrationstoleranz ausgebildet. Kinder erlernen sie im Prozess ihrer Sozialisierung. Die Trigger für ihre Entstehung sind fast immer äußere Faktoren. Am häufigsten wird Frust durch Erzieher und erziehungsnahe Personen ausgelöst. Erwachsene hingegen sammeln ihre Frustrationserlebnisse vornehmlich während ihrer beruflichen Tätigkeit und weniger im Alltag ein. Auch hier werden die

Abb. 2.5 Ursachen und Auslöser für Frustrationen in den Lebensphasen

Umweltbedingungen, insbesondere die beteiligten Personen, zu Auslösern von Ernüchterung und Desillusionierung. Zunehmend gesellen sich zu den externen Faktoren interne Ursachen hinzu. Das können persönliche Selbstverweigerungen sein, die unser innerer Zensor steuert. Etwa, wenn unser Gefühl vom Verstand unterdrückt wird und wir im Dilemma zwischen der persönlichen Triebbefriedigung eines Herzenswunsches A und der Entscheidung für eine Familieninvestition B stecken. Menschen im Übergang vom Beruf in den Ruhestand wiederum machen ihren Frust auch schon mal an der eigenen Person fest; ihr Aggressionspotenzial richtet sich dann mehr nach innen als nach außen.

Die Basis für die Frustrationstoleranz wird in der Kindheit gelegt. Hier spielen unerfüllte Wünsche eine wichtige Rolle. Die infantile Rebellion, das Sondieren und Austesten der eigenen Macht gegenüber den Eltern, der Versuch, den eigenen Willen durchzusetzen, führt zu Reaktionen, die die spätere Erwartungshaltung prägen. Dazu kommen die als unangemessen empfundenen Verbote und Gebote der Kindheit und Adoleszenz, die spätere Verhaltensweisen prägen, aber auch den Grad des Widerstandes und die Stärke der Aggression beeinflussen können. Zudem können eine gestörte Elternbindung und ein möglicher Liebesentzug fruststeigernd wirken. Mit dem Beginn der Berufszeit treten weitere, vor allem externe Frustrationsfaktoren auf den Plan. Da sind z. B. die übertriebenen Ziele und Erwartungen, die man an die Karriere stellt oder die überhöhten Selbstansprüche, die sich später als schwer erfüllbar erweisen. Auch falsche Erwartungen gegenüber anderen verstärken oftmals das Gefühl von Hilflosigkeit und Ohnmacht. Es kann sein, dass obendrein private Sehnsüchte unerfüllt bleiben und triebhaftes Verlangen in einer sozialisierten Gesellschaft unterdrückt werden muss. All diese Frustrationsquellen können Mitauslöser für Störungen von Krankheitswert sein, wie das Burn-out-Syndrom, Depressionen, Essstörungen und Süchte. Mit dem Eintritt in den Ruhestand stellen sich neue, vor allem von innen wirkende Frustrationsauslöser ein. Eine nachlassende und einschränkende Gesundheit kann eine tief greifende Demotivation zur Folge haben, weil geliebte Gewohnheiten aufgegeben werden müssen. Jede Art von Ortswechsel, z. B. das altersbedingte Verlassen einer langjährig vertrauten Wohnstätte, meist gepaart mit dem Umzug in ein Pflegeheim, ist eine signifikante Wunschverweigerung. Gedanken an nunmehr unerfüllbare Lebensträume, der Jammer über ein falsches Lebenskonzept und die Reue über verpasste Gelegenheiten können den Frustrationslevel weiter steigern. Manche Senioren, die mit dem Ruhestand ihren geliebten Beruf aufgeben mussten, fühlen sich abgestellt, entehrt und geächtet. Ihr Frust entspringt der Wertlosigkeit und Nutzlosigkeit im Ruhestand; zumal es vielen Arbeitsbereiten nicht vergönnt ist, als Mensch im fortgeschrittenen Lebensalter eine neue Anstellung zu bekommen. Krankheitsbedingte Ereignisse, die zur Einschränkung von

Kontaktmöglichkeiten oder zur Trennung von den Liebsten führen, hinterlassen Frust und Verbitterung. Die Auseinandersetzung mit den ablaufenden letzten Lebensjahren, die zunehmenden Gebrechen und Erkrankungen sowie letztlich der Gedanke an den Tod können ursächlich für eine niedrige Frustrationstoleranz sein. Oftmals wird die Altersfrustration zudem begleitet durch pathologische Komplikationen, wie das Bore-out-Syndrom, Depressionen, Angststörungen und Süchte.

Unterdrückte Sehnsüchte
Wenn wir uns dem Ruhestand nähern, dann entstehen Wunschbilder darüber, was man noch alles mit der scheinbar unendlich großen Freiheit und langen Freizeit alles anfangen könnte. Ganz weit vorn im Katalog der Sehnsüchte steht bei vielen die intensive Späterkundung der Welt. Was bisher nicht mit den Zwängen des Berufs- und Familienlebens vereinbar war, soll mit dem Start in den Ruhestand exzessiv ausgelebt werden. So der Plan. Die lange Ideenliste beginnt bei monatlichen Ausflügen in die nähere Umgebung, setzt sich fort im Bereisen unbekannter deutscher Landstriche und führt weiter zu Exkursionen in die Nah- und Fernländer dieser Welt. Für einen kleinen Teil der Senioren gipfelt die Reiselust sogar in einer Weltreise. Aufgeregt und erwartungsvoll schweift der Blick durch die Ferienkataloge und folgt buntbebilderten Reiseberichten. Wenn es doch erst so weit wäre … Endlich, in den Startlöchern zu den Reiseabenteuern, dann das: eine Viruspandemie. Sie macht alle Pläne zunichte. Die Ziele der Begierde werden unerreichbar. Kreuzfahrtflotten liegen verlassen in den Heimathäfen, Ferienflieger harren auf Wüstenfriedhöfen einer ungewissen Zukunft entgegen. Und es gibt keinen annähernd gleichwertigen Plan B! Wie sollte da nicht ein krasses Gefühl der Ohnmacht, der Frustration, ja der Verzweiflung aufkommen? Ein

trotziges Aufstampfen mit dem Fuß und der Vorwurf an die Chinesen, Verursacher des Schlamassels zu sein, helfen nicht weiter. Und je länger die Situation anhält, desto mehr steigern wir uns in einen Zustand hinein, den wir aus der Kindheit kennen: Wir reagieren gegenüber unserer Umwelt ungehalten, aufmüpfig und oft auch aggressiv. Die späte Rebellion der Inakzeptanz nimmt ihren Lauf ....

Die Praxisübung
Echte menschliche Reife sollte sich im Alter durch eine zunehmende Frustrationstoleranz zeigen. Und es gibt Mittel und Wege, die Schwelle der eigenen Frustrationstoleranz anzuheben. Wir können also lernen, mit Wunschverweigerungen und Enttäuschungen umzugehen. Einige der Schlüssel finden wir in den Resilienzkriterien aus dem Abschn. 1.3. Da ist beispielhaft der wohltemperierte Optimismus. Es ist meist nur eine Frage der Zeit, bis sich unsere Wünsche erfüllen oder der Zorn über enttäuschte Erwartungen verraucht. Anfänglich als Ausgrenzung, Übervorteilung oder Ungerechtigkeit empfundene Handlungen Dritter haben wir in der Rückschau schon nach kurzer Zeit verwunden. Oftmals helfen uns der gesunde Menschenverstand und die intellektuelle Einsicht zu verstehen, was geht und was nicht geht. Wenn wir die eigenen Kompetenzgrenzen erkennen und diese akzeptieren, fallen uns Verzicht und Versagung leichter. Indem wir zwischen einem Frustrationsreiz und unserer Reaktion darauf einen Moment innehalten, können wir viel freier und unaufgeregter darüber entscheiden, wie wir uns fühlen wollen. Wir behalten die Kontrolle über die Situation.

Das Arbeitsblatt (2.4.2) enthält einen Strauß von Angeboten zum Selbstcoaching für die Babyboomergeneration – und natürlich alle anderen Interessierten! Beginnen Sie im Kopf und nehmen Sie einen Perspektivwechsel vor, denn Ihre Haltung und Ihr Denken bestimmen Ihre Verletzlichkeit durch Frustrationen. Vermeiden Sie „Kriegsmetaphern" wie „furchtbares Alter", „elende Krankheit" oder „entsetzliche Zustände". Setzen Sie sich mit fortschreitendem Alter realistische Ziele und erwarten Sie nicht zu viel von Ihren Vorhaben und Aktivitäten. Das vermeidet so manche Enttäuschung. Fühlen Sie sich frustriert, dann lenken Sie sich durch Hobbies, Ortswechsel und kreative Herausforderungen ab. Auch ein Spaziergang an der frischen Luft, idealerweise im Wald, ist ein hilfreiches Mittel zur Frustbewältigung. Betätigen Sie sich sportlich – altersgerecht und unter Beachtung ihrer aktuellen physischen Konstitution. Suchen Sie sich einen Gesprächspartner, hilfsweise auch im Internet, wenn es die aktuelle Situation live nicht zulässt. Nutzen Sie das Schreiben als Frustabbauhilfe – Sie haben sich ja längst ein Büchlein beschafft, in dem bereits ihre täglichen kleinen Erfolge notiert sind … Befreien Sie sich durch energiespendende Zusprechungen (siehe auch Abschn. 1.4) von Spannungen und seelischen Verletzungen. Suchen Sie nach den Lernchancen in den Frustrationsauslösern. Gehen Sie in die Eigenverantwortung für Ihr Leben. Akzeptieren Sie die momentane Situation im Hier und Jetzt so, wie sie ist, und verzichten Sie auf Vorwürfe anderen Menschen gegenüber – egal wie vermeintlich ungerecht Sie behandelt wurden. Ja, setzen Sie sich freiwillig unangenehmen Situationen aus, um Ihre Reaktion zu testen und aus der Eigenbeobachtung Schlüsse für persönliche Verhaltensänderungen zu ziehen. Üben Sie praktische Bescheidenheit und schieben Sie Belohnungen zeitlich auf. Halten Sie z. B. kurz vor dem Genuss eines leckeren Stücks Schokolade, eines teuren Rotweins oder eines edel belegten Canapés inne und zählen Sie langsam von 20, 50 oder gar 100 rückwärts bis 0. Geben Sie sich erst dann dem Genuss hin! Merken Sie etwas? Vergnügen und Lebensfreude lassen sich sogar steigern, wenn man nicht sofort alles erhält und die Wartezeit steigert! Oder reduzieren Sie die Menge der Köstlichkeit auf die Hälfte. Und freuen Sie sich darauf, dass Sie am kommenden Tag noch die andere Hälfte der Leckerei genießen können. Das Aushalten von Spannungen ist eine gute Übung zum Erlernen von Durchhaltestrategien. Die können Sie im Alter gut gebrauchen, weil Ungeduld in der dritten Lebensphase oft kein guter Ratgeber ist. Daran krankt die hochentwickelte Welt: am Verlangen nach sofortiger Triebbefriedigung. Diese bleibt jedoch immer öfter aus, wenn sie just in time erfolgt. Die immer kürzer werdenden Zeitspannen zwischen dem Wunsch und seiner Erfüllung stumpfen uns ab und fördern Frustrationen bis hin zu krankhaften psychischen Störungen. Last, but not least, sollten wir uns in Dankbarkeit und Demut dafür üben, dass uns ein verhältnismäßig langes Leben beschieden ist und die meisten Dinge in unserer Welt immer noch gut funktionieren.

Gehen Sie das Arbeitsblatt durch und schätzen Sie ein, wie gut Sie die vorgeschlagenen Mittel und Maßnahmen bereits beherrschen und auch beherzigen können. Üben Sie andere Methoden ein, die Sie bisher noch nicht ausprobiert haben, die aber zukünftig der Erhöhung Ihrer Frustrationstoleranz dienen können.

2.5 Ambiguitätstoleranz – mit Mehrdeutigkeiten souverän umgehen

Unschärfen, wohin man schaut
Kommt Ihnen diese Situation bekannt vor: Sie sitzen gemütlich in einem Café und neben Ihnen unterhalten sich fremde Menschen ungezügelt über den Schwachsinn des Lockdowns, die Harmlosigkeit der Coronamutationen und

die Notwendigkeit, die Regierung dafür abzustrafen. Das Wort Verschwörungstheorie macht die Runde und eine heiße Debatte zur Impfpflicht beginnt. Und warum man nicht bereit ist, weitere freiheitliche Einschränkungen hinzunehmen. Ihre Gesichtszüge verhärten sich allmählich immer mehr. Die Herren am Nachbartisch drehen provokativ ihre Köpfe in Ihre Richtung. Sie bemerken das abschätzige Grinsen und die verächtlich nach unten gezogenen Mundwinkel der Gegenübersitzenden. Ihr Adrenalinspiegel steigt, Ihre Gesichtsmuskeln spannen sich an, Sie möchten am liebsten dazwischengehen und die Diskussion verstummen lassen …

Wir leben in einer Welt voller Widersprüche und Spannungen. Nach dem Ende des Kalten Krieges zwischen den Gesellschaftssystemen standen sich plötzlich nicht mehr Gut und Böse gegenüber, war ein Feind als solcher nicht mehr klar auszumachen. Nicht nur in der Politik kam es zu immer turbulenteren Veränderungen: Die rasante Entwicklung der Mikroelektronik und des Internets, neue und schnellere Kommunikationsmöglichkeiten und der exponentielle Anstieg der Daten- und Wissensmenge trieben Menschen, Wirtschaft und Gesellschaft erbarmungslos an. Es entstand die sogenannte „**VUCA-Welt**". Dieses Kunstwort setzt sich aus den Anfangsbuchstaben der englischen Worte **volatility, uncertainty, complexity** und **ambiguity** zusammen. Im Deutschen bedeuten sie Flüchtigkeit, Ungewissheit, Komplexität und Mehrdeutigkeit. In dieser Welt wird es immer schwerer, die Richtung und Dynamik gesellschaftlicher, wirtschaftlicher und sozialer Veränderungen vorherzusagen oder sie zu beeinflussen. Die soliden Regeln der Vergangenheit taugen nichts mehr und altbekannte Erfolgsmethoden sind das Papier nicht wert, auf dem sie geschrieben stehen. Mit zunehmender Komplexität sind Entwicklungsursachen kaum noch zurückzuverfolgen. Alltägliche

Probleme werden vielschichtiger und undurchdringlicher. Aktion und Reaktion sind nicht mehr voneinander zu trennen. Richtige Entscheidungen zu treffen wird zu einer Lotterie. Nichts ist mehr eindeutig und exakt bestimmbar. Wir können nicht mehr unterscheiden zwischen Original und Fälschung. Uns bleibt weder ausreichend Zeit zur Analyse, noch gibt es eine Instanz, die Informationen zuverlässig auf ihren Wahrheitsgehalt prüft. Die Welt liefert uns ständig Doppelbödiges und Vielsinniges an. Das verunsichert uns. Die Ungewissheit über den Ausgang unserer nächsten Handlung lähmt uns oder führt zu fatalen Fehlentscheidungen. Wir leben in einer ambigen Welt, auf die wir in der Schule und im Beruf, in der Familie und durch die Gesellschaft nicht vorbereitet wurden. Wir haben gelernt, dass Dinge und Vorgänge eindeutig sind. Dass ein „Ja" auch ein „Ja" bedeutet. Dass Deutschland ein sicherer Ort ist und es eine Zukunft mit klaren Gewissheiten gibt. Doch nun stellt sich heraus, dass wir eine mehrdeutige und unsichere Welt wohl oder übel dulden, aushalten und hinnehmen müssen. So wie die Situation im oben erwähnten Café. Wir fühlen uns angegriffen, weil wir eine zementierte und klare Vorstellung von Wissenschaft haben und meinen, alle anderen müssten das auch. Weil wir unsere Werte verletzt sehen, die festgefügt und solide sind, denn sie haben sich in der Vergangenheit hundertfach bewährt. Weil wir nur ein „entweder … oder …" kennen und ein „sowohl … als auch …" nicht wirklich in unser Weltbild passt. Unser Streben nach Eindeutigkeit lässt – wenn überhaupt – nur schwer andere Sichtweisen zu. Deshalb bauen wir in vielen Situationen mit unseren besten Argumenten, langjährigen Überzeugungen und unserem geschulten Verstand Gegenpositionen in der Gewissheit auf, Andersdenkende in unserem Sinn missionieren zu müssen. Die Überzeugung, eine siegreiche Redeschlacht zu führen, macht uns selbstfokussiert und immun gegen Toleranz jeglicher Art. Diese Haltung ignoriert den Standpunkt anderer und schließt Annäherung und Zugeständnisse kategorisch aus. Aber ist ein gewisser Grad an Ambiguitätstoleranz nicht bereits in uns verwurzelt? Haben wir nicht einmal unsere Eltern geliebt und dann wieder gehasst? Haben wir nicht am eigenen Leibe Ambiguitäten ausgehalten, wie z. B. die Beklommenheit vor einem kurzfristig angekündigten Gespräch mit dem Chef? Oder nach der vieldeutigen Ansage unseres Hausarztes: „Wenn wir Glück haben, kriegen wir das mit Tabletten hin"?

Ein Modell der Ambiguitätstoleranz

Ambiguitätstoleranz ist die Fähigkeit, widersprüchliche und mehrdeutige Situationen auszuhalten und produktiv zu bewältigen. Es ist unser Vermögen, Umstände und Handlungsweisen zu ertragen, die uns wegen unserer politischen, religiösen oder kulturellen Überzeugungen schwer nachvollziehbar erscheinen oder für uns sogar völlig inakzeptabel sind. Es ist die Kompetenz, in widersprüchlichen Momenten gelassen zu reagieren und uns auch nicht ungeprüft und aus einer falschen Loyalität heraus mit den Aussagen oder Verhaltensweisen anderer zu solidarisieren. Ambiguitätstoleranz bedeutet nicht die Anpassung an das Verhalten und Handeln anderer. Sie ist ein Persönlichkeitsmerkmal, das die Schattierungen und Zwischentöne dieser Welt zur Kenntnis nimmt und sie als komplettierende Bereicherung des eigenen Erfahrungsschatzes quittiert. Die österreichisch-US-amerikanische Psychoanalytikerin und Psychologin Else Frenkel-Brunswik stellte im Ergebnis von Forschungen an Kindern im Jahre 1949 fest, dass es eine Koexistenz zwischen positiv und negativ empfundenen Eigenschaften gibt, die unvoreingenommen und widerspruchsfrei verarbeitet werden können. So waren viele

Kinder durchaus in der Lage, zwischen Gefühlen wie Hass und Liebe gegenüber ihren Eltern umzugehen, ohne dabei in schwere Konfliktsituationen zu geraten. Die Ambiguitätstoleranz ist ein Persönlichkeitskennzeichen, das unterschiedliche Informationslagen, Widersprüchlichkeiten, Dualismen und Unvereinbarkeiten wahrnimmt und in der Abwägung als maßvoll, ausgeglichen oder neutral betrachtet. Eine gut entwickelte Ambiguitätstoleranz versetzt uns in die Lage, in unübersichtlichen und vielschichtigen Situationen duldsam, aber zugleich auch handlungsfähig zu bleiben. Sie ist sowohl im Beruf als auch im Alltag von großem Vorteil. Sie ermöglicht es uns, die extreme Komplexität der Welt, die Unlösbarkeit von Problemen und Konflikten, die unendlich große Menge von ambivalenten Informationen, Trends und Wandlungen aufzunehmen, um sie dann weitgehend ohne Entrüstung, Zorn oder Aggression zu verarbeiten. Hier einige Beispiele:

Nichtwähler lehnen beispielsweise *jede* Partei ab, weil es keine gibt, die punktgenau ihre Werte vertritt und exakt die Ziele verfolgt, wie sie selbst. Es bedarf einer gewissen Ambiguitätstoleranz, um trotzdem ein Kreuz auf dem Wahlzettel zu machen sowie die Unwägbarkeiten der politischen Ausrichtung und die Unzulänglichkeiten des Kandidaten in Kauf zu nehmen.

Vertreter der Babyboomergeneration in intergenerativen Arbeitsteams, die mit den Auffassungen der Generation Z nicht übereinstimmen und deren unstrukturierten Arbeitsstil nicht gutheißen, können ungeachtet dessen hervorragende Arbeitsleistungen vollbringen. Sie nehmen das Risiko eines Projektscheiterns zwar zur Kenntnis, erbringen aber trotzdem hervorragende Arbeitsleistungen.

Die Fremdartigkeit einer unverstandenen Sprache mag im ersten Moment stutzig machen. Sie verärgert uns jedoch nicht, sondern regt uns dazu an, mehr über sie und ihren kulturellen Hintergrund zu erfahren, einzelne Worte zu verstehen oder sogar die komplette Sprache zu erlernen.

Bei einer Auslandsreise werden uns unbekannte Gerichte serviert, zu denen wir eine distanzierte Einstellung und Erwartungshaltung haben. Wir verhalten ins jedoch nicht reserviert und ablehnend, sondern lassen uns auf das Erlebnis eines neuen Geschmacks und einer weiteren Erfahrung ein, auch wenn wir es zu Hause nicht nachkochen werden.

Der Fernsehauftritt eines Männerpaares auf einem Tanzwettbewerb mag erst einmal ungewohnt und etwas befremdlich erscheinen. Sind jedoch die dargebotene Rhythmik, Harmonie und Technik in sich stimmig, dann empfinden wir das seltsame Paar als Bereicherung und wir voten sogar dafür per SMS.

Ein Gespräch mit einer Person, deren Auffassungen wir nicht teilen, kann für einen Gesprächspartner mit einer reifen Ambiguitätstoleranz zu einer integrativen und bereichernden Erkenntnis führen, ohne dass die Inhalte seine Wertewelt verändern oder er dafür Partei ergreift. Für einen Menschen mit einer geringen Ambiguitätstoleranz wird das Gespräch eher zu Ablehnung, Verurteilung oder Aggression führen und die Sicht auf die Welt (weiter) einengen. Die Übergänge von der Intoleranz gegenüber Mehrdeutigkeiten hin zu einer Akzeptanz der Vielsinnigkeit vollzieht sich fließend. Je nach Situation erreichen wir und unser Gegenüber einen bestimmten Grad an Ambiguitätstoleranz. Im optimalen Fall fühlen wir uns respektiert und integriert; schlimmstenfalls hingegen gezeichnet, verurteilt und bekämpft. (Abb. 2.6)

Menschen, die über eine fortgeschrittene Ambiguitätstoleranz verfügen, sind weniger anfällig für Populisten. Polarisierer vom Schlage Marine Le Pen oder Donald Trump sind daran interessiert, die Welt zu vereinfachen und komplizierte Zusammenhänge in schlichter

2 Kommunikation nachhaltig verbessern …

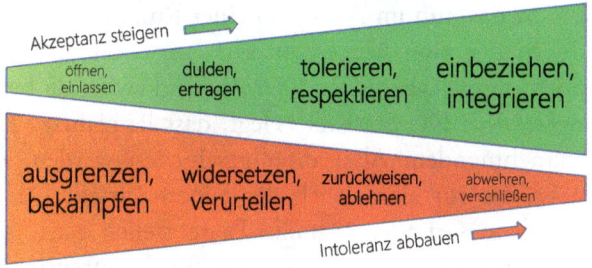

Abb. 2.6 Von der Ambiguitätsintoleranz zur Ambiguitätsakzeptanz

und trivialer Weise darzustellen, weil sie dann keine erklärungsbedürftigen und belegbaren Detailaussagen treffen müssen. Denn Schwarz-Weiß-Denken ist für den Populisten und seine Anhänger energiesparender und trivialer, als nach den Grautönen zwischen den Extremen zu suchen. Populismus ist der Deckmantel, unter dem sich Ambiguität sehr gut verstecken kann. Damit verschwindet allerdings auch ein Teil der multiplen und interkulturellen Kompetenz, die uns zu einer reifen Persönlichkeit macht.

Gegensätze auch im Alter aushalten können
Wir Menschen sind von Natur aus ambige Geschöpfe. Wir können sowohl Schöpfer als auch Zerstörer sein. Wir verhalten uns in dem einen Kontext einmal friedlich und kompromissbereit, in einem anderen Lebenszusammenhang wieder aggressiv und starrsinnig. Der polnische Philosoph und Soziologe Zygmunt Bauman hat sich zu den Begriffen Freund, Feind und Fremder sinngemäß so geäußert: Ein Freund steht auf meiner Seite – und ist ganz klar zuordenbar. Ein Feind ist eindeutig ein Gegner und steht für entgegengesetzte Werte. Doch der Fremde ist keines von beiden – er ist eine unberechenbare, nicht kalkulierbare Kategorie. Oder anders ausgedrückt: etwas Ambiges.

Wie ist das nun im Alter – in einer Ruhestandsgemeinschaft, in der zwei Menschen sehr lange Zeit auf einen fixen Ort festgelegt sind und der Abstand zwischen beiden geringer wird? Die Statistik belegt, dass langjährige Ehen mit zunehmendem Alter öfter geschieden werden. Auffällig ist das vor allem nach der Silberhochzeit. Das hat verschiedene Gründe: Manche Paare stellen nach einer langen Berufszeit fest, dass sie nicht für die intensive und anhaltende Nähe am neuen Lebensmittelpunkt zu Hause geschaffen sind. Da treffen plötzlich zwei Menschen aufeinander, die den emotionalen Ansprüchen an eine Partnerschaft im Alter – im Gegensatz zu den rationalen Erfordernissen des Berufes – nicht gewachsen sind. Einige fühlen sich voneinander entfremdet, weil sich ihre Neigungen, Interessen und Werte nach vielen Jahren verändert haben, die Kommunikation nicht mehr stimmt und ein vertrauensvoller Gedankenaustausch dadurch unmöglich ist. Wieder andere stellen mit 50 oder 60 plus fest, dass noch ein langes Stück Zeit vor ihnen liegt, die sie für einen Neuanfang, eine neue Liebe oder ein komplett verändertes Lebenskonzept nutzen können. Auch die Erfahrungen aus der Midlife-Crisis und eine durch veränderte Bedürfnisse und Weltanschauungen hervorgerufene Inkompatibilität zwischen den Partnern tragen das Ihre dazu bei, dass sich Paare voneinander trennen. Die übergroße Mehrzahl der Paare bleibt allerdings zusammen. Auch dann, wenn es zu Reibungen und Streitigkeiten in der Gemeinschaft kommt. Schließen wir diejenigen aus, die aus Angst vor einer teuren Trennung, einem verlustreichen Versorgungs- und Zugewinnausgleich und späteren Rentenminderungen konfliktbeladen trotzdem zusammenbleiben. Dann könnten wir es doch mit Menschen zu tun haben, die im späten Zusammenleben ein respektables Maß an Ambiguitätstoleranz aufbringen! „In guten wie in schlechten Zeiten" heißt doch nichts anderes, als auch Enttäuschungen, Ärger oder Streitereien als erduldungswürdige Episoden eines natürlichen Lebenslaufes hinzunehmen und nicht gleich eine Scheidungsklage einzureichen. Nicht sofort zu Kurzschlussreaktionen neigen, sondern sich auch mal in Gleichmut üben, wenn der langjährige Partner seine Marotten auslebt, ein neues ausgefallenes Hobby beginnt oder sich einen neuen, fremdartigen Freundeskreis zulegt. Man kann ja stillschweigend kontern und seine persönlichen Macken ausleben. Die eigenen Unzulänglichkeiten erkennen und die des anderen aushalten – das ist eine gute Voraussetzung für die Ambiguitätstoleranz als normative Eigenschaft im Ruhestand. Allerdings sollte man dort die Grenzen ziehen, wo Moral, Sitte und Gesetz überschritten werden: bei tätlichen Übergriffen und psychischen Grausamkeiten. Dann nämlich wird der oder die „Fremde" zum Feind.

Die Praxisübung
Schön wäre es, wenn wir mit der Gelassenheit des Alters, einer ausgeglichenen inneren Balance und der Duldsamkeit eines Dickhäuters reagieren könnten. Das würde von einem hohen Maß an Ambiguitätstoleranz zeugen. Deshalb hier die erste von zwei Übungen. Öffnen Sie das Arbeitsblatt „Altersqualitäten im Widerstreit", das Sie unter (2.5.2) finden. Führen Sie eine Bestandsaufnahme Ihrer charakterlichen Eigenschaften durch. Vergeben Sie in beide Richtungen bis zu fünf Punkte für die neun ambivalenten Begriffe. Wovon bräuchten Sie mehr, wo müssten Sie sich zurücknehmen, um ein hohes Maß an Ambiguitätstoleranz zu erreichen? Welche Ihrer Eigenschaften und Verhaltensweisen sollten Sie ggf. anpassen, um im Ruhestand widersprüchliche und mehrdeutige Situationen aushalten zu können? Drucken Sie den Bogen

ein zweites Mal aus und bitten Sie Ihren Partner um seine Bestandsaufnahme. Wo passen im Vergleich die Eigenschaften gut zusammen, wo gibt es Diskrepanzen?

Die zweite Übung findet in der Öffentlichkeit statt. Nutzen Sie eine Situation, in der Sie sich angegriffen, verletzt oder entwertet vorkommen. Ähnlich wie zu Anfang des Kapitels beschrieben. Versuchen Sie nach einer ersten Empörung und Verärgerung Ihre Emotionen zu zügeln und einen Moment des Innehaltens einzuschieben. Suchen Sie gleichzeitig nach einer verbalen Erwiderung, die schlagfertig genug ist, um der Provokation oder dem Angriff auf die eigenen Werte entgegenzutreten. Johannes Kemser, Professor für Pädagogik und Gerontologie, schlägt z. B. den kurzen Satz „Wenn Sie meinen!" vor. Ruhig und besonnen ausgesprochen wirkt er neutralisierend, weitgehend deeskalierend und entmachtend. Er verzichtet auf eine Gegenprovokation und lässt die Argumentation des Gegenübers ins Leere laufen. Er ist respektvoll und wertschätzend und stellt dennoch kein Zugeständnis oder Anerkenntnis der Meinung des anderen dar. Finden Sie für sich noch weitere passende Entgegnungen.

Übrigens sind wir Europäer ein sehr duldsamer Menschenschlag und seit den siebziger Jahren im höchsten Maße ambig: Jedes Jahr ertragen wir zwei Mal die lästige Umstellung unserer Uhren auf die Sommer- oder Winterzeit. Wir sind daran gewöhnt, uns immer wieder von Neuem eine andere Zeit zu geben. Wir haben uns angepasst – auch das ist eine Eigenschaft, die in unruhigem Fahrwasser zur Stabilität und Gelassenheit im Ruhestand beitragen kann. Und um die Anpassungsfähigkeit, unsere Adaptabilität, geht es im nächsten Kapitel …

2.6 Die Kunst der Anpassung im Ruhestand

Anpassung ist jederzeit gefragt
Wer sich in den verschiedenen Lebensphasen nicht an die Gegebenheiten und Anforderungen der Umwelt anpasst, hat schlechte Karten. Darwins Erkenntnis, dass nicht die Stärksten überleben werden, sondern die Anpassungsfähigsten, hat sich immer wieder in der Menschheitsgeschichte bewahrheitet. **Adaptabilität** bedeutet nicht mehr und nicht weniger, als nachgiebig, dynamisch und geschickt mit den Veränderungen um uns herum (Umwelt, Beruf, Freundeskreis …) und in uns selbst (Gesundheit, Existenzsinn, Lebenszufriedenheit …) umzugehen. Wie Sie bereits gesehen haben, ist es für das persönliches Wohlbefinden, für die Lebensfreude sowie für die geistige und körperliche Balance existenziell wichtig, sich der Schnelllebigkeit, der Unsicherheit, der Unvorhersehbarkeit und der Vieldeutigkeit der VUCA-Welt anzugleichen. Dieser Prozess endet auch dann nicht, wenn wir uns auf das Altenteil zurückziehen. Es ist ein Irrtum zu glauben, dass uns die gewonnene Freiheit von beruflichen Restriktionen im Ruhestand vor den Geschehnissen um uns herum abschottet und uns vor ihnen schützt. Wenn eine gute Anpassungsfähigkeit und ein hoher **Adaptabilitätsquotient** in Unternehmen einen Wettbewerbsvorteil darstellen, so erschließt sich dies für einen Privatier und Ruheständler zwar nicht auf den ersten Blick. Doch wenn man die Faktoren und Kriterien der Anpassungsfähigkeit kennt und sich mit ihnen intensiver auseinandersetzt, dann kann man sie in Problemsituationen und Krisenzeiten gut zu seinem Vorteil nutzen. Und möglichst selbst Teil der Veränderung sein, die uns umgibt.

Das „Modell der Adaptabilität"

Ein avantgardistisches Herleitungs- und Erklärungsmodell für die menschliche Anpassungsfähigkeit findet man bei der Melbourner Autorin Penny Locaso, einer selbsternannten „Happiness-Hackerin". Sie hat insgesamt drei Schlüsselkomponenten und vier Faktoren für die Eigenstärkung der Adaptabilität gefunden: einerseits die *Neugierde,* den *Fokus,* den *Mut* sowie andererseits die *Eigenverantwortung,* die *Bindung,* die *Reflexion* sowie das übergreifende *Experimentieren.* Das Modell startet aus unserem Wohlfühlbereich heraus (Abb. 2.7).

Die **Komfortzone** – das ist der Lebensbereich, in dem wir uns sicher und geborgen fühlen. Hier, in unserer Wohlfühloase, leben wir unsere Routinen aus und haben die permanente Kontrolle über all unsere Handlungen. Ein Überschreiten ihrer Grenzen ist mit einem gewissen Risiko verbunden, und wir finden gern Ausflüchte und Rechtfertigungen, warum wir unsere Lieblingszone nicht verlassen wollen. Denn neben den neuen Möglichkeiten und Chancen lauern dahinter, in der sogenannten **Angstzone,** Zwänge und Gefahren. Wir müssen alte Bindungen aufgeben und betreten ungewisses Neuland. Haben wir jedoch den ersten Schritt mutig getan, dann steht uns die

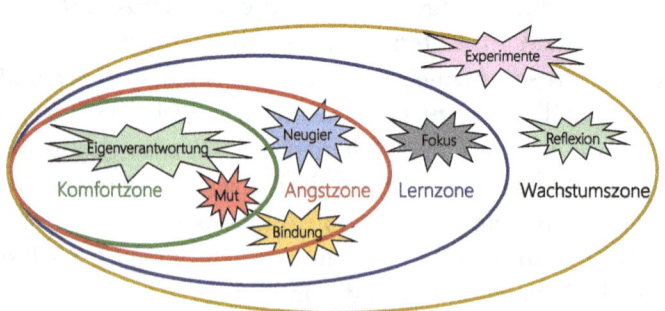

Abb. 2.7 Ein Adaptabilitätsmodell

Tür zur **Lernzone** weit offen. Hier beginnt unser Weg in einen Bereich, der uns neues Wissen vermittelt und unsere bisherigen Erfahrungen vermehrt. Wir können uns auf lohnenswerte Ziele fokussieren. Mit zunehmendem Erkenntnisgewinn steigt auch unser Selbstwertgefühl und wir erreichen bald die Schwelle zu persönlichem Wachstum. In der **Wachstumszone** angelangt, erschließt sich uns der Sinn unserer Bestrebungen: Zufriedenheit und Lebensfreude können sich einstellen. Wir werden ermutigt, Experimente zu wagen und deren Ergebnisse zu reflektieren. Beim ausführlichen Durchwandern der verschiedenen Zonen unterstützen uns die Adaptabilitätsfaktoren von Locaso. Der Zweckmäßigkeit halber sind in der nachfolgenden Beschreibung des **Adaptabilitätsmodells** bereits einige alterstypische Inhalte eingeflochten:

Die Eigenverantwortung – bleiben Sie Herrscher über sich selbst und Ihre Zeit! Nehmen Sie das Heft des Handelns in die eigene Hand und behalten Sie die Kontrolle über das Wichtigste, was Sie haben: Ihre Zeit. Strukturieren Sie Ihre dritte Lebensphase proaktiv selbst und richten Sie Ihr ganz persönliches Zeitmanagement ein. Umgehen Sie stressauslösende Situationen und verwirklichen Sie sich in Ihrer Freitätigkeit! „Vergeuden" Sie Ihre Lebenszeit viel besser mit all den Dingen, die für Sie authentisch sind und die Sie stets von Neuem in einen guten und erfüllenden Zustand versetzen.

Der Mut – Überschreiten Sie Grenzen! Wenn Sie im gemütlichen und komfortablen Schneckenhaus bleiben, haben Sie keine Chance, sich den veränderten Bedingungen anzupassen. Um Ihren Wohlfühlbereich zu verlassen, in dem alles perfekt organisiert war und Überraschungen ausgeschlossen schienen, bedarf es vieler kleiner und großer Mutproben. Das können im Ruhestand z. B. Versuche sein, mit fremden Menschen und Gruppierungen in Kontakt zu treten, Unterstützung bei

Organisationen und Selbsthilfevereinen zu erbitten oder in sozialen Netzwerken über seine Wünsche, Ängste und Hoffnungen zu schreiben oder zu sprechen.

Die Bindung – trauen Sie sich, anderen zu trauen! Begegnen Sie unbekannten Menschen mit einem Vertrauensvorschuss. Gehen Sie mit Offenheit und Empathie auf andere Menschen zu und schaffen Sie eine Atmosphäre gegenseitiger Resonanz. Wie Sie wissen, gehören soziale Bindungen zu den Schlüsselfaktoren der Resilienz. Mit den Jahren sollten Sie die verlorengegangenen beruflichen Kontakte und die rückläufigen familiären Beziehungen daher durch neue Netzwerke ersetzen. Letztere sind ein wichtiger Schutzfaktor, Anker und Ruhepunkt im tosenden Veränderungsprozess der Welt.

Die Neugier – leben Sie Ihre Sehnsüchte! „Nicht weil es schwer ist, wagen wir es nicht. Sondern weil wir es nicht wagen, ist es schwer", sagte einst der römische Politiker und Philosoph Lucius Annaeus Seneca. Wagen Sie etwas komplett Neues, testen Sie eine völlig verrückte Idee aus und lassen Sie sich vom Gefühl der Genugtuung über Erreichtes überraschen. Wenn Sie sich an Unbekanntem ausprobieren und daraus neue Erkenntnisse schöpfen, dann bleiben Sie im Seniorenalter handlungsfähig, beweglich und flexibel. Die beste Vorbereitung ist immer noch das vorherige Üben, eine Simulation nach dem Motto „Tu mal so, als ob". Wenn Sie diese Vorgehensweise beherzigen, dann sind auch unangenehme Überraschungen lösbare Herausforderungen für Sie.

Der Fokus – konzentrieren Sie sich auf das Wesentliche! Trotz der durchschnittlichen 20 Jahre, die Sie statistisch gesehen im Ruhestand verbringen, sollten Sie sich nicht verzetteln. Mein Handlungsvorschlag basiert auf dem „SOK-Modell" des deutschen Psychologen Paul Baltes, der sogenannten „**S**elektiven **O**ptimierung mit **K**ompensation" im Alter: Reduzieren Sie bei begrenzten körperlichen und geistigen Ressourcen Ihre Lebensziele und verdichten Sie sie auf das Wesentliche. Verfolgen Sie Ihre Ziele mit Ihren aktuellen Möglichkeiten und Fähigkeiten sowie den Ihnen zur Verfügung stehenden Altersressourcen. Bringen Sie Ihre Ziele in Übereinstimmung mit Ihren Werten und kompensieren Sie physische, psychische und materielle Defizite durch Verhaltensanpassungen und sachgerechte Hilfsmittel.

Die Reflexion – Überprüfen und integrieren Sie das neu Gelernte! Adaptation ist im Grunde nichts anderes als ein Lernprozess. Prüfen Sie, ob die neuen Erkenntnisse und Erfahrungen Ihr Leben bereichern, ob Sie daran wachsen und ob das hinzukommende Wissen Ihren Prozess des Alterns positiv beeinflusst. Begeben Sie sich auf die Metaebene und ziehen Sie von Zeit zu Zeit ein Fazit darüber, welche Praxistauglichkeit das Erlernte hat und wie es Ihr Lebensglück und Wohlbefinden prägt. Haben Sie die neuen Einsichten weitergebracht, hat sich Ihr Sinnempfinden für diese Welt weiterentwickelt oder konnten Sie andere Menschen von sich begeistern?

Das Experimentieren – nicht entmutigen lassen, wenn nicht alles sofort klappt! Experimente können auch daneben gehen, ein ungutes Gefühl auslösen oder mit persönlichen Enttäuschungen enden. Erinnern Sie sich in derartigen Situationen auch immer wieder an den Umgang mit Frustrationen und Ambiguitäten, von denen Sie in den beiden vorangegangenen Kapiteln erfahren haben. Sollten Ihre Experimente also nicht gelingen oder in Ihnen ungute Gefühle auslösen, dann starten Sie einen neuen Versuch, ändern Sie die Testanordnung oder verringern Sie die Risikoparameter des Scheiterns.

Je ausgeprägter die einzelnen Adaptabilitätsfaktoren des Modells sind, desto höher wird der von Locaso entwickelte „Intentional Adaptability Quotient* (IAQ)" ausfallen. Einen Test zur individuellen Ermittlung des IAQ* finden

Sie z. B. unter https://hackinghappy.co/in englischer Sprache (Stand 03/2021).

Altersbezogene Dimensionen der Adaptabilität

In einem im Jahre 2000 von der US-amerikanischen Unternehmerin Elaine Pulakos und anderen im „Journal of Applied Psychology", Band 85, veröffentlichten Aufsatz werden acht Dimensionen der Adaptabilität aufgelistet. Sie gelten als wesentliche Schlüsselkompetenzen in Zeiten des Wandels. Ich stelle sie hier – vor dem Hintergrund unternehmerischer Überlegungen – einleitend kurz vor, um dann einen Bezug zum Umgang im Alter herzustellen (Abb. 2.8).

In unserer VUCA-Welt bedarf es zum Überleben von Unternehmen vorrangig einer nüchternen Situationsanalyse. Oft müssen unverzügliche Entscheidungen getroffen werden, ohne auf frühere Erfahrungen zurückgreifen zu können *(Krisenmanagement)*. Gleichzeitig müssen Unternehmen und Mitarbeiter in bedrohlichen und stressigen Situationen gelassen bleiben und rational handeln. Im Umgang mit schwierigen Partnern bedeutet das, Augenmaß zu bewahren und trotz fehlender Kooperativität

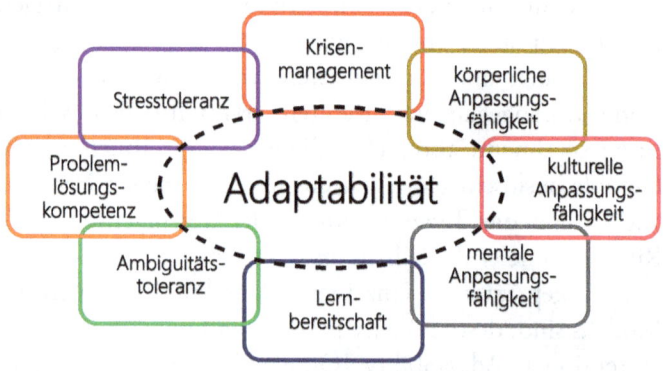

Abb. 2.8 Anpassungsfähigkeit im Alter (nach Elaine Pulakos)

der Mitspieler in weiterem Kontakt zu bleiben *(Stresstoleranz)*. Da sich die Umwelt in einem rasanten Wandel befindet und für Unternehmen immer neue Herausforderungen entstehen, bedarf es kreativer Lösungen und innovativer Ideen aller Beteiligten, um den eigenen Fortbestand zu sichern *(Problemlösungskompetenz)*. Jeder Betrieb, jede Organisation verfügt über Stärken, sollte jedoch auch ihre Schwächen kennen. Diese gilt es zu akzeptieren, ohne handlungsunfähig zu werden oder die Geschäftsfähigkeit zu verlieren *(Ambiguitätstoleranz)*. Eine Unternehmung muss in der Lage sein, ihre Mitarbeiter zu motivieren und für neue Arbeitsweisen und Technologien zu begeistern. Alle Beteiligten müssen bereit sein, lebenslang dazu- und umzulernen *(Lernbereitschaft)*. Anpassungsfähige Unternehmen sind für die Argumente und Vorschläge anderer offen und hinterfragen die eigenen Standpunkte und Geschäftsmodelle *(mentale Anpassungsfähigkeit)*. Nur Neugier und Offenheit gegenüber den Kulturen und Besonderheiten anderer Menschen und Völker machen im Wandel agil, variabel und geschmeidig; Abschottung und Ablehnung führen zu wirtschaftlichen Rückschlägen *(kulturelle Adaptation)*. Gesellschaften oder Institutionen müssen die Strategien und Taktiken entwickeln, um längere Durststrecken durchzustehen, Krisen im Innen und Außen auszuhalten und zu überwinden *(körperliche Adaptabilität)*.

Soweit die Dimensionen aus der Sicht der Wirtschaft. Auf das fortschreitende Alter bezogen bedeutet *das* unter anderem:

- auf eine umfangreiche Lebenserfahrung und eine Reihe von Alterskompetenzen zurückzugreifen und bewährte Bewältigungsstrategien der Vergangenheit in Krisen und bei Problemen passgerecht zuschneiden zu können *(Krisenmanagement)*. Ältere Menschen haben

naturgemäß einen besseren Blick für das „Big Picture", der für das Neuverständnis der Welt genutzt werden kann;
- von Lösungen und Auswegen überzeugt zu sein und daher gelassen und unaufgeregt mit Grenzsituationen und mit schwierigen Partnern umzugehen. Dahinter steht eine gewisse Besonnenheit im mittleren Erwachsenenalter und eine nüchterne Unaufgeregtheit in Spannungsmomenten und Krisen *(Stresstoleranz)*;
- den eigenen Erfahrungshorizont abzutasten und die angeeigneten beruflichen Fähigkeiten zur Lösungssuche einzusetzen. Komplettiert mit der Abfrage von alten und neuen Netzwerken entsteht eine überdurchschnittliche *Problemlösungskompetenz*;
- die erlernte hohe Duldsamkeit, Altersmilde und Ausdauer zu aktivieren und aus der Position eines reifen Erwachsenen rational, ausgleichend und deeskalierend zu handeln *(Ambiguitätstoleranz)*;
- im Sinne der persönlichen Selbstverwirklichung altersgerecht weiterzulernen und generativ Kompetenzen an nachfolgende Generationen abzugeben *(Lernbereitschaft)*;
- offen zu sein für die Argumente von „Freunden, Feinden und Fremden" und eigene Ansichten kritisch zu hinterfragen *(persönliche Anpassungsfähigkeit)*. Hinzu gesellt sich der Mut, die eigene Komfortzone zu verlassen und – falls vorhanden – seinen „Altersstarrsinn" abzulegen;
- anderen Wertebildern, Kulturen und Weltanschauungen Respekt zu zollen, sich mit ihnen und mit den Konflikten der Welt sachlich und kritisch zugleich auseinanderzusetzen *(kulturelle Anpassungsfähigkeit)*;
- auch noch im Alter Bereitschaft für angemessene Belastungen zu zeigen und sich anspruchsvolle Ziele zur Aufrechterhaltung physischer Fitness zu setzen *(körperliche Anpassungsfähigkeit)*.

Die Praxisübung

Testen Sie Ihre Altersadaptabilität an den verschiedenen Kriterien von Elaine Pulakos. Dazu gibt es das Arbeitsblatt unter (Arbeitsblatt 2.6.3) Konstruieren Sie Situationen, die im Ruhestand eintreten und die Ihr Krisenmanagement herausfordern könnten. Überlegen Sie, auf welche der acht Dimensionen der Adaptabilität Sie dabei zurückgreifen würden und welche dahinterstehenden persönlichen Fähigkeiten Sie nutzen könnten. Prüfen Sie an den folgenden Beispielen Ihre ganz persönliche Anpassungsfähigkeit, Ihre Adaptabilitäts-Kompetenzen ab:

1. Ihr langjähriger Lebenspartner trennt sich – für Sie völlig unerwartet – von Ihnen und ist von einem Tag auf den anderen verschwunden.
2. Ihre Mitbewohnerin im Pflegeheim ist vor Kurzem verstorben. Nun hat die Heimleitung vor, eine neue Insassin auf Ihr Zimmer zu verlegen, die Sie nicht besonders gut leiden können.
3. Ihre, Sie bisher betreuende und pflegende Tochter erhält als Professorin einen Ruf an die University of Massachusetts in Boston und wird mindestens die nächsten vier Semester dort lehren.
4. Sie verspüren zunehmend gesundheitliche Probleme, wollen jedoch in sechs Wochen eine Weltreise antreten. Zudem verstärken sich die Anzeichen für eine neue, nicht zu unterschätzende Viruspandemie.
5. Sie leben bereits seit 40 Jahren in einer bezahlbaren Wohnung in einem Haus mit netten und hilfsbereiten Nachbarn. Nun kündigt Ihnen der neue Eigentümer die Wohnung und Sie stehen vor der Frage: „Was tun?"

Nach Ansicht führender Soziologen ist ein hoher Adaptabilitätsquotient eine hervorragende Voraussetzung, um mit den Unwägbarkeiten und der Vielschichtigkeit der Welt klarzukommen. Wenn sich dazu noch kognitive und emotionale Qualitäten gesellen, dann sollte all dies zusammen zu einem hohen Grad an Lebensqualität führen und das Wohlbefinden in der dritten Lebensphase steigern. Drei geballte Intelligenzen sind (fast) unschlagbar. Davon handelt das nächste Kapitel.

2.7 Drei Intelligenzen für ein Halleluja

Die Entdeckung der Empathie

In grauer Vorzeit, als unsere Vorfahren noch keine Sprache und keine Schrift kannten, bedurfte es bereits einer besonderen Fähigkeit, um als soziales Wesen zu überleben. Einer Fähigkeit, die den Jägern und Sammlern der Frühzeit die Gewissheit gab, dass ihr Gegenüber nicht Feind sondern Freund war. Denn trafen ein Neandertaler und ein moderner Mensch aufeinander, benötigten sie zusätzlich zur intellektuellen Leistungsfähigkeit, die für das Jagen von Tieren ausreichend war, eine weitere Kompetenz: Das Verständnis für die Gestik und Mimik des jeweiligen Gegenübers, das Einschätzungsvermögen über die Reaktionen und Handlungen des anderen. Vielleicht waren die modernen Menschen den Neandertalern darin überlegen, dass sie eine Spur einfühlsamer waren und über einen etwas höheren Grad an emotionaler Intelligenz verfügten – und deshalb die spätere Welt dominierten. Nichtsdestotrotz müssen sich einige Neandertaler da und dort ebenfalls durchgesetzt haben – in unseren genetischen Mustern sind noch bis zu 2 % ihrer DNA enthalten.

Auch in heutiger Zeit ist es für die Führung von Menschen und Unternehmen überlebenswichtig, die eigenen Gefühle wahrzunehmen, fremde Gefühle richtig zu interpretieren und sie im Interesse eines gemeinsamen Zieles auch zu beeinflussen. Einer der ersten und wichtigsten Vertreter der Theorie über die **emotionale Intelligenz** ist Daniel Goleman, ein US-amerikanischer Psychologe, der in seinem Bestseller „EQ. Emotionale Intelligenz" (1995) die wesentlichen Bausteine und Kompetenzen beschreibt, die sie ausmachen. Ausgangspunkt ist das eigene Selbstbewusstsein – das Erkennen und Verstehen eigener Emotionen und Bedürfnisse sowie das bewusste Wahrnehmen des eigenen Verhaltens. Emotionale Intelligenz, so Goleman, setzt voraus, dass der Mensch aus sich selbst heraus leistungsbereit ist und sich aktivieren kann. Die Psychologen haben dafür einen Begriff geprägt: die intrinsische Motivation. Das ist die Fähigkeit, Aufgaben um ihrer selbst willen zu erledigen oder den inneren Wunsch, etwas gemäß den eigenen Vorstellungen zu bewirken. Emotionale Intelligenz ist aber noch mehr: Sie ist die Eigenschaft, die eigenen Gefühle zu steuern und zu kontrollieren. Eine Äußerung, die sinngemäß dem US-amerikanischen Psychologen Rollo Reece May zugesprochen wird, beschreibt diese Fähigkeit sehr treffend: Wir sind erst dann wirklich frei, wenn wir zwischen einem Reiz und einer Reaktion einen Moment innehalten, und dann über unsere Reaktion selbst entscheiden. Erst, wenn wir bereit und fähig sind, Kontakte und Beziehungen dauerhaft aufrechtzuerhalten, sie zu gestalten und auch Konflikte erfolgreich zu managen, verfügen wir über eine fortgeschrittene emotionale Intelligenz. Emotional intelligentes Handeln zeigt sich dann, wenn wir nach der Entschlüsselung der Gefühlswelt und Denkweise anderer eine situativ angemessene Reaktion zeigen. Und die gute Botschaft für uns im reifen Erwachsenenalter lautet: In der Lebensspanne zwischen dem 50. und 60. Lebensjahr erreichen wir den Höhepunkt unserer empathischen Fähigkeiten. So das Ergebnis namhafter Studien und Untersuchungen zur sinnlichen Wahrnehmungsfähigkeit des Menschen.

Das „Modell der Lebensintelligenzen"

Nun sind sie komplett, die drei Intelligenzen, die uns als Menschen identifizieren und unser Verhalten bestimmen: Die **intellektuelle Leistungsfähigkeit,** die den Grad der Denkfähigkeit des Menschen ausmacht und sich über den Intelligenzquotienten IQ definiert. Die **emotionale Intelligenz,** die uns in die Lage versetzt, eigene und fremde Gefühle wahrzunehmen, zu verstehen und zu beeinflussen. Und die im vorigen Kapitel beschriebene Adaptabilität, die den Grad der Anpassungsfähigkeit an die sich verändernden Umweltbedingungen und die Einflussnahme auf das eigene Denken und Handeln ausmacht: die **adaptive Intelligenz.** (Abb. 2.9)

Die *intellektuelle Leistungsfähigkeit,* die verstandesabhängige Intelligenz, haben wir vor allem im Prozess unserer Ausbildung und während unserer Berufszeit entwickelt. Sie umfasst regelmäßig das Wissen und Können, das uns befähigt, Sachverhalte, Logiken und Prozesse in unseren jeweiligen Fachgebieten zu erkennen, zu bewerten und ergebnisorientiert zu nutzen. Sie ist gut messbar über den sogenannten Intelligenzquotienten IQ, der sich an einer

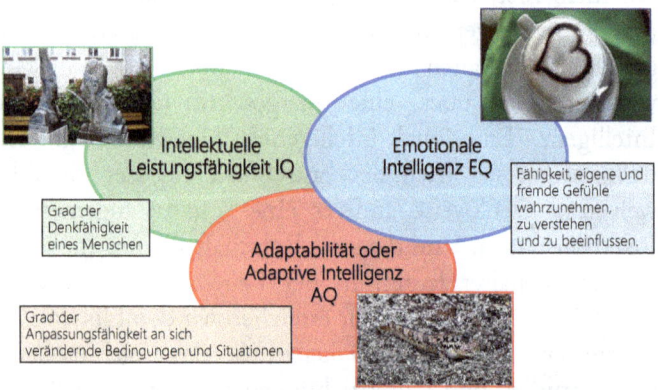

Abb. 2.9 Unsere Lebensintelligenzen

über alle Bevölkerungsgruppen ermittelten Normalverteilung bestimmen lässt. Ausgehend von einem Mittelwert von 100 können so Abweichungen in beide Richtungen bestimmt werden. Seit seiner erstmaligen Einführung durch den französischen Psychologen Alfred Binet im Jahre 1905 existieren eine Vielzahl von Methoden zur Bestimmung der Denk- und Logikfähigkeit von Menschen. Die auch als allgemeine Intelligenz bezeichnete Verstandeskraft ist zum großen Teil im präfrontalen Kortex, einem entwicklungsgeschichtlich jüngeren Hirnareal, verortet. Und sie teilt sich in zwei unterschiedliche Intelligenzen auf: in die *allgemeine* oder *fluide* und in die zweite, die *kristalline Intelligenz*. Erstere beinhaltet die Fähigkeit der Problemerkennung und des logischen Denkens. Den Höhepunkt der fluiden Intelligenz erreicht der Mensch mit etwa 18 Jahren. Zu dieser Zeit ist die Persönlichkeitsentwicklung weitgehend abgeschlossen und die Denk- und Wahrnehmungsgeschwindigkeit befinden sich auf ihrem Höhepunkt. In dem Maße, wie sich die allgemeine Intelligenz dann im Laufe der Jahre verringert, verstärkt sich die kristalline Intelligenz: der erworbene Wissens- und Erfahrungsschatz sowie die erlernten Fähigkeiten und Fertigkeiten. Um das 30. Lebensjahr herum befinden sich beide auf etwa demselben Niveau. Mit zunehmendem Alter nimmt die kristalline Intelligenz zu. Sie schafft einen Ausgleich zur schwindenden fluiden Intelligenz. Damit bereitet sie u. a. den Boden für unsere Altersweisheit.

Die **emotionale Intelligenz** gehört zu den Softskills. Oder anders ausgedrückt: Es ist der Sozialverstand des Menschen. Er ist entwicklungsgeschichtlich überwiegend in einem der ältesten Gehirnbereiche des Menschen angesiedelt – im limbischen System und in der dort beheimateten Amygdala, wegen ihrer Form auch Mandelkern genannt. Diese Gehirnbereiche sind für die gefühlsmäßige Verarbeitung von Reizen zuständig und haben uns insbesondere in der Frühzeit unserer Entwicklung unter Umgehung des Verstandes blitzschnell vor Gefahren gewarnt und geschützt. In der modernen Gesellschaft befähigt uns dieses System zur emotionalen Intelligenzentfaltung mit all ihren sozialen Kompetenzen wie Selbstkontrolle, Einfühlungsvermögen, Menschenkenntnis und Überzeugungskraft. Anders als beim Intelligenzquotienten gibt es für die Bewertung der emotionalen Intelligenz kein statistisches Mess- und Verteilungsmodell. Während im limbischen System die Emotionen entstehen und sich als körperliche Reaktionen manifestieren, erfolgt im präfrontalen Kortex die Bewusstmachung und Bewertung von Gefühlen vor dem Hintergrund einer rationalen Analyse. Dieses Hand-In-Hand-Arbeiten zweier Intelligenzen befähigt uns sowohl zur Problemlösung als auch zur Menschenführung.

Die **adaptive Intelligenz** ist, wie wir bereits wissen, ein Gradmesser für die Anpassungsfähigkeit des Menschen an seine Umgebung. Sie nimmt in der VUCA-Welt eine immer wichtigere Rolle ein. Im Berufsleben stellt sie einen Wettbewerbsvorteil dar; im privaten Umfeld ist sie ein wesentlicher Faktor für das individuelle Wohlbefinden und die Lebenszufriedenheit (ausführlich dazu siehe Abschn. 2.6).

Es gibt Hinweise darauf, dass sich die Intelligenzen im Laufe der Lebensphasen und im Arbeitsumfeld in ihrer Intensität, Wirkkraft und Bedeutung verändern. So dominiert die intellektuelle Leistungsfähigkeit bei der Ausübung technischer und juristischer Berufe regelmäßig die emotionale Intelligenz. Es sei denn, man ist in einem Care-Beruf unterwegs oder hauptberuflich sozial engagiert. Wer über ein hohes Maß an Adaptabilität verfügt, hat gute Chancen auf ein erfolgreiches professionelles Weiterkommen. Ist derjenige dann noch in der Lage, sein Verhalten bewusst zu steuern und beherrscht er seine Emotionen, steht in der Regel einer steilen Karriere nichts im Wege. In der Übergangsphase zum Ruhestand besteht allerdings die berechtigte Annahme, dass die intellektuellen Fähigkeiten immer weniger abgerufen werden und so ihre Wirkkräfte nachlassen könnten. Es sei denn, man geht weiter einer geistig herausfordernden Tätigkeit nach. Anders als die vom Verstand abhängige Intelligenz haben nun im Ruhestand die emotionalen Kompetenzen endlich gute Chancen, sich besser zu entfalten. Denn sie müssen nicht mehr durch die Vernunft auf ihre Tauglichkeit, Akzeptanz und Konformität im Berufsleben abgeprüft werden.

Motivationen verschieben sich im Alter
Mit zunehmendem Alter verschieben sich die Antriebskräfte für ein erfülltes und glückliches Leben. Im Bewusstsein einer begrenzten Lebensperspektive haben zukünftige Belohnungen für den Ruheständler nicht mehr den Stellenwert wie z. B. im Berufsleben. Gemäß einer Theorie von Laura Carstensen, einer englischen Psychologin, verschieben sich die motivationalen Energien der Älteren weg von Vielfalt, Information und Diversifikation hin zu ausgesuchten, auf sinnlichen Mehrwert orientierte Beziehungen. Die Senioren möchten im Hier und Jetzt ihrer dritten Lebensphase nachhaltige, vom Gefühl getragene Erfahrungen machen. In dem Wissen, dass ihr Leben bald enden wird, konzentrieren sie sich zudem auf einige wenige, für sie bedeutsame und wertvolle Kontakte. Dieses, auch als „sozioemotionale Selektivität" benannte Vorgehen konzentriert sich auf die besonders bedeutsamen Sozialpartner mit einem hohen Intimitätsgrad, während weniger wichtige soziale Beziehungen eher aufgegeben werden.

Gemäß der Theorie der dynamischen Integration sind sich die alternden Senioren sehr wohl bewusst, dass sich ihre mentalen und physischen Fähigkeiten nicht verbessern werden. Um ein Gegengewicht zu den Erkrankungen, Störungen und Gebrechen aufzubauen, orientieren sich viele ältere Menschen an den positiven Emotionen, die sie durch ein selbstgewähltes Umfeld auslösen können: durch Erlebnisreisen mit Gleichgesinnten, durch die Teilnahme am gemeinsamen Seniorensport oder durch eine neue, inspirierende Partnerverbindung. Im Gegensatz zu den körperlichen Symptomen können sie diese extern bewirkten Emotionen jederzeit kontrollieren und beeinflussen – eine späte, aber effektive Form der Gefühlssteuerung und Impulskontrolle. Daneben gibt es ältere Menschen, die wie durch einen Filter all das ausblenden, was ihnen unerwünscht und unerfreulich erscheint. Dieser sogenannte Positivitätseffekt verhilft ihnen dazu, durch eine freundliche und willkommene Welt zu gehen. Als ein Bestandteil des emotionalen Selbstmanagements kann eine solche Sichtweise einen wesentlichen Beitrag für eine hohe Lebensqualität leisten.

Und auch im persönlichen Umfeld leistet eine gut entwickelte emotionale Intelligenz hervorragende Dienste. In einer Lebensphase, in der man für viele Jahre noch eng mit einem Lebenspartner zusammenleben wird, ist es besonders wichtig, die Wünsche und Bedürfnisse des jeweils anderen möglichst zielgenau zu erspüren. Das steigert die Wahrscheinlichkeit eines harmonischen Miteinanders und die gegenseitige Verträglichkeit. Aktuelle Untersuchungen haben u. a. gezeigt, dass Paare, die in der Lage sind, sogenannte Beschwichtigungsemotionen des Partners, wie Schuldbewusstsein, Scham oder Verlegenheit zu erkennen, ein glücklicheres Leben führen. Wer einen derartigen Entschärfungsversuch unternimmt, zeigt dem anderen, dass ihm die Gefühle des Partners wichtig sind.

Zudem tragen die Fähigkeit aktiven Zuhörens und eine ausgeprägte Beobachtungsgabe entscheidend dazu bei, aus dem Mienenspiel und der Körpersprache innere Einwände und emotionale Dissonanzen herauszulesen. Ein aus der Mimik, Gestik und dem Habitus abgeleitetes Verständnis für die Gefühle und Bedürfnisse anderer bietet zudem eine hervorragende Möglichkeit, um neue Kontakte zu knüpfen, bestehende Bindungen lange aufrechtzuerhalten und Krisensituationen gemeinsam zu meistern.

Die Praxisübung
Beobachten Sie Menschen in Ihrer näheren und ferneren Umgebung, wann und wo immer es Ihnen möglich ist: in der Kassenschlange beim Einkauf, im Wartezimmer Ihres Hausarztes oder beim Busfahren. Üben Sie sich im Lesen der Gestik und Mimik anderer Menschen. Testen Sie sich bei der Interpretation von Gesichtsausdrücken und beim Auslesen der Gebärdensprache. Erproben Sie Ihre Fähigkeiten auch an nahestehenden Menschen und lassen Sie sich von ihnen Rückmeldungen darüber geben, wie treffsicher Sie die Emotionen des anderen beschreiben können. Nur das wiederholte Ausprobieren führt zur Meisterschaft im Erkennen und Bewerten von Gefühlsregungen. Vielleicht kann Ihnen die „Gefühlskonferenz", ein Kartenset mit dem Mienenspiel von Männern und Frauen von Dirk W. Eilert, einem führenden deutschen Experten für Emotionen, dabei behilflich sein (www.gefuehlskonferenz.de). Empfehlenswert ist außerdem eine Teilnahme an einem Weiterbildungskurs zur „Mimikresonanz". Einen kleinen Basistest finden Sie u. a. unter www.memorando.de.

Wenn Sie vor Kurzem in eine Konfliktsituation mit einem geliebten Menschen geraten sind oder eine unangenehme Situation durchlebt haben, dann sollten Sie das Ereignis reflektieren und sich einige Fragen beantworten:

„Was hat mich tief bewegt? Welche Gefühle sind in mir aufgetaucht? Welche Gedanken und Bilder sind in mir entstanden? Welche meiner Reaktionen waren okay, welche hätte ich besser nicht gezeigt? Welche Handlungsalternativen hätte ich gehabt, und wie hätten sich dann meine Gefühle womöglich verändert?" Versuchen Sie die Situation aus sich selbst (assoziiert) und aus einer neutralen Beobachterposition heraus (dissoziiert) zu beschreiben und notieren Sie sich Ihre Erfahrungen. Gibt es Übereinstimmungen in den Beobachtungen aus den verschiedenen Positionen und was war anders?

Auf dem Arbeitsblatt zu diesem Kapitel (2.7.2) finden Sie eine Reihe von Fragen, die Sie anhand der zu vergebenen Punkte bewerten können. Addieren Sie zum Schluss die Punkte. Wenn Sie 40 bis 48 Punkte erzielen, sind Sie mit einer überdurchschnittlichen emotionalen Intelligenz ausgestattet. Zwischen 32 und 40 Punkten verfügen Sie über einen durchschnittlichen EQ. Zwischen 24 und 32 Punkten ist Ihr EQ noch ausbaufähig. Unter 24 Punkten: Tun Sie alles dafür, Ihre emotionale Intelligenz weiter aufzubauen. Viel Spaß dabei!

Die emotionale und die adaptive Intelligenz sind wertvolle und bereichernde Ergänzungen zur intellektuellen Leistungsfähigkeit. Sie tragen wesentlich zur Selbstregulation unseres Körpers bei, stärken unser Immunsystem und machen uns weniger anfällig für Stress, Überbeanspruchung und Krankheiten. Alle drei stärken unsere Resilienz. Sie sichern auch im fortgeschrittenen Alter eine flexible geistige und körperliche Leistungsfähigkeit und fördern maßgeblich ein harmonisches und partnerschaftliches Miteinander. Wenn die drei Intelligenzen ausgewogen entwickelt und jeweils zur rechten Zeit wohldosiert eingesetzt werden, entfalten sie eine einzigartige Schlagkraft, die uns bis ins hohe Alter beglücken wird. Halleluja!

Weiterführende Literatur

50PLUS Medien GmbH. https://www.50plus.de/article/scheidung-nach-50-die-haeufigsten-gruende.html. Zugegriffen: 27. März 2021

ada. Die Lernplattform für innovative Organisationsentwicklung. https://join-ada.com/themenseiten/adaptabilitaetsquotient. Zugegriffen: 28. März 2021

Amann, E. G., & Alkenbrecher, F. (2015). *Das Sowohl-als-auch-Prinzip*. Pro Business.

Deutschlandfunk Kultur. https://www.deutschlandfunkkultur.de/ambiguitaetstoleranz-lernen-mit-mehrdeutigkeit-zu-leben.976.de.html?dram:article_id=466828. Zugegriffen: 24. März 2021

Dorsch. Lexikon der Psychologie. https://dorsch.hogrefe.com/stichwort/sozio-emotionale-selektivitaetstheorie

Fleisch, N. H. (2020). *Das Quartett der Persönlichkeit*. Haupt.

Gedankenwelt. https://www.gedankenwelt.de/emotionale-intelligenz-bei-senioren/

Goleman, D. (1995). *EQ. Emotionale Intelligenz*. dtv.

HackingHappy.co. https://hackinghappy.co/search?q=what%20is%20iaq*. Zugegriffen: 30. März 2021

Heller, J. https://juttaheller.de/resilienz/resilienz-abc/ungewissheitstoleranz/

iurFRIEND® AG. https://www.scheidung.de/trennung-und-scheidung-im-alter.html. Zugegriffen: 27. März 2021

Karrierebibel. https://karrierebibel.de/4-ohren-modell/

Karrierebibel. https://www.karrierebibel.de/frustrationstoleranz. Zugegriffen: 22. März 2021

Karrierebibel. https://karrierebibel.de/ambiguitaetstoleranz. Zugegriffen: 24. März 2021

Karrierebibel. https://karrierebibel.de/komfortzone-verlassen/. Zugegriffen: 26. März 2021

Kemser, J. „Wenn sie meinen …". Praxis Kommunikation. 1/2020

Maercker, A., & Forstmeier, S. (2013). *Der Lebensrückblick in Therapie und Beratung*. Springer.

Partnerwerk – Paarcoaching und Dialogtraining. https://partnerwerk.de/frustrationstoleranz/. Zugegriffen: 23. März 2021

Plakos GmbH. https://asset.plakos.de/test-interactive.html?a=riemann-thomann-modell. Zugegriffen: 8. März 2021

Praxis für Psychotherapie Herbert Marten. https://www.psychotherapie-marten.de/frust-abbauen-kann-man-den-umgang-mit-frust-lernen/. Zugegriffen: 22. März 2021

Resilienz Akademie. https://www.resilienz-akademie.com/?s=adaptabilit%C3%A4t. Zugegriffen: 23. März 2021

Resilienz-Akademie. https://www.resilienz-akademie.com/emotionale-intelligenz/

Riemann, F. (1961). *Grundformen der Angst*. Reinhardt.

Schulz von Thun, F. (1981). *Miteinander reden*. Rowohlt.

Schulz von Thun Institut für Kommunikation. https://www.schulz-von-thun.de/die-modelle/das-riemann-thumann-modell. Zugegriffen: 8. März 2021

Schulz von Thun Institut für Kommunikation. https://www.schulz-von-thun.de/die-modelle/das-kommunikationsquadrat. Zugegriffen: 10. März 2021

Schulz von Thun Institut für Kommunikation. https://www.schulz-von-thun.de/die-modelle/das-werte-und-entwicklungsquadrat. Zugegriffen: 17. März 2021

socialnet GmbH, Altenarbeit-info. https://www.altenarbeit.info/sok-modell.html. Zugegriffen: 31. März 2021

WELT. https://www.welt.de/finanzen/verbraucher/article131131545/Im-Alter-wird-die-Trennung-teuer.html. Zugegriffen: 27. März 2021

Wikipedia. https://wikipedia.de/org/wiki/Frustration. Zugegriffen: 20. März 2021

Wikipedia. https://de.wikipedia.org/wiki/Ambiguitätstoleranz. Zugegriffen: 24. März 2021

Wikipedia. https://de.wikipedia.org/wiki/Emotionale_Intelligenz

Wolf, U. (2008). *Nikomachische Ethik*. Rowohlt Taschenbuch.

Zeit zu leben Verlags- und Trainingsgesellschaft mbH. https://zeitzuleben.de/emotionale-intelligenz/

Quellenverzeichnis

Integrierte Grafiken: Pixabay, Fotos: Wolfgang Schiele

3

Selbstverständnis plausibel entwickeln – Biografie kreativ verarbeiten

„Wir sind, was wir denken. Alles, was wir sind, entsteht aus unseren Gedanken. Mit unseren Gedanken formen wir die Welt."
(Buddha)

3.1 Die Muße – die vergessene kleine Schwester der Resilienz

Entschleunigung durch die Hingabe an den Moment
Wir sind angekommen im dritten Abschnitt des Buches, der sich vorrangig mit den Fragen unserer Biografie befasst. Und ich möchte starten mit der Gegenwart. Das ist einfach und bequem, weil sie nicht lange dauert; nach Meinung vieler Wissenschaftler verarbeitet unser Gehirn

---

Ergänzende Information Die elektronische Version dieses Kapitels enthält Zusatzmaterial, auf das über folgenden Link zugegriffen werden kann https://doi.org/10.1007/978-3-658-36149-5_3.

die Gegenwart in etwa drei Sekunden. Damit besteht die Gegenwart nur aus winzigen Zeitfenstern, durch die wir auf die Welt schauen. Und viele von uns empfinden die Zeit auch als eine Flüchtende, der wir in der Arbeitswelt atemlos hinterherjagen. Kaum haben wir die letzten zwölf Eilmeldungen und Unwetterwarnungen überflogen, schon mahnt der Chef den kaufmännischen Bericht und die Vorstandspräsentation an. Im Kopf rumoren bereits die Gedanken an eine stressige, weil baustellenreiche Heimfahrt. Zu Hause angelangt, wartet die längst fällige Steuererklärung auf ihren Abschluss. Im Kopf tobt der Guerillakrieg zwischen Arbeitsverantwortung und Privatbesorgungen, eine Schlacht zwischen beruflichem Aktionismus und familiär getriebener Fürsorge. Alles geschieht in einer unglaublichen Hetze; eine Atempause bedeutet Zeitverlust und weitere unerledigte Arbeit. Permanente innere Unruhe hält uns vom Ankommen im aktuellen Moment ab. Wir nehmen die Welt außerhalb unserer Aufgaben nicht mehr wahr und verdrängen acht- und atemlos die warnenden Signale unseres Körpers. Fast ist es so, als wollten wir jede Handlung in das 3-Sekunden-Fenster der Jetztzeit pressen …

Wo sind die Rettungsanker der Resilienz aus Abschn. 1.3? Wie können uns vielleicht deren Schlüssel Optimismus, Akzeptanz oder Lösungsorientierung kraftvoll und nachhaltig unterstützen? Wie finden wir unsere Selbstkontrolle wieder, womit können wir uns in Stress- und Extremsituationen aus eigener Kraft wieder erden? – Es gibt eine Kraftquelle, die im Verlaufe ihrer Existenz viele positive, aber auch negative Deutungen erfahren hat: Es ist die **Muße.** Es ist, wie die bekannte Meditationslehrerin und Buchautorin Nicole Stern sie nennt, die „Hingabe an den Moment", die persönliche Ankunft im Jetzt, das einfach nur „Da-Sein". Der Begriff der Muße stammt übrigens aus dem Alt- bzw. Mittelhochdeutschen, genauer gesagt von den Wörtern „muoza" oder „muoze" ab und bedeutet so viel wie Gelegenheit oder Möglichkeit. Spricht man das Wort aus, so ruft es durch das langgezogene „u" bereits eine Assoziation zu Langsamkeit und zu Entschleunigung hervor. Parallelen zur Wortbedeutung finden sich auch bei der lateinischen Entsprechung für die Muße, dem Begriff „otium". Er war bereits in der Antike ein Synonym für Verzögerung und Langsamkeit. In ihm erkannte Aristoteles eine Art selbsterfüllten Seins. Sein griechischer Philosophenkollege Sokrates bezeichnete die Muße als Schwester der Freiheit und Epikur riet seinen Schülern beim Gedanken an die Muße zum Auskosten der Gegenwart. Der Philosoph Günter Figal hat die Muße sinngemäß als erfülltes Tun in Freiheit und Gelassenheit beschrieben. Damit meint er die zeitgleiche Koexistenz zwischen Arbeit und Nichtstun. Nicht etwa die Suche nach einem zeitversetzten Ausgleich einer in Beruf und Freizeit gespaltenen Welt sei die Lösung auf dem Weg zu persönlicher Entspannung und Stärkung. Auch nicht die nachträgliche Wiedererlangung eines Gleichgewichtes zwischen Hektik und Ruhe, wie sie z. B. das Modell der „Work-Life-Balance" propagiert. Sondern eine Haltung, die die gegenwärtige Tätigkeit selbst zum Zweck macht und ihr Sinn im Hier und Jetzt verleiht. Entschleunigung und Entspannung werden also nicht als aufgeschobene Stresskompensation verstanden, sondern als unmittelbarer Bestandteil des gerade ablaufenden Arbeitsprozesses.

Das „Modell der Muße"
Die Wikipedia kommt sehr kurzatmig mit ihrer Definition der Muße daher. Für sie ist es grob gesagt die nach eigenem Wunsch genutzte Zeit. Vorsichtig schränkt sie noch ein, dass nicht alle Freizeit auch Muße ist, weil freie Zeit nicht immer selbstbestimmt sein muss. Ursprünglich war die Muße in unserem Kulturraum wohl das Gegenteil von Mühsal.

Für mich ist es eine moderne Antithese zum „Ich. Hier. Jetzt.": Eine Konkurrentin des rein rationalen Handelns, eine Gegenspielerin der zweckgebundenen Präsenz und eine Rivalin des Zeitdrucks. Muße ist die leise und gelassene Hingabe an den verfügbaren Moment und beinhaltet eine Reihe von Komponenten, die in den Resilienzkriterien nicht als essentielle Wirkgrößen, sondern bestenfalls als Nebenerscheinungen auftreten. Von daher gebührt ihr eine besondere Erwähnung und ein Platz als vergessene, aber ebenbürtige Schwester der Resilienz, die überdies für unser Wohlbefinden und unsere Lebenszufriedenheit sorgt. Die folgende Grafik greift stichpunktartig einige Gesichtspunkte auf, die die Muße in den verschiedenen Kontexten ausmachen. (Abb. 3.1)

Was hält uns eigentlich vom Müßiggang ab? Da sind die immer wieder selbst auferlegten Pflichtensätze, wie „es sei noch etwas Wichtiges zu erledigen" oder „nur noch ganz fix eine Mail schreiben". Oder unser versperrter Blick für den Weg zum persönlichen Seelenfrieden. Dabei haben wir doch die Erfahrung gemacht, dass uns ein Moment des **Innehaltens, Verschnaufens,** ja der Augenblick der körperlichen und gedanklichen **Rast,** guttut. Wie schlecht sind

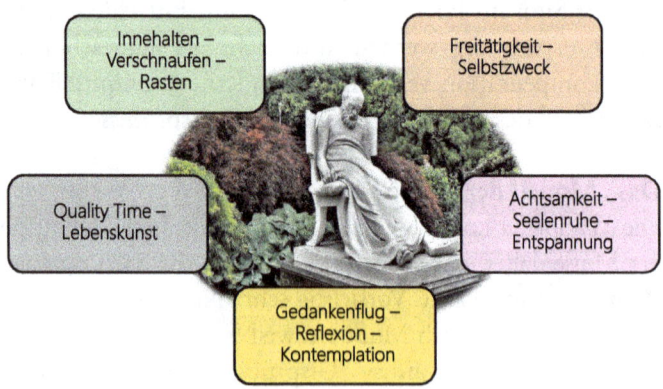

Abb. 3.1 Die Muße und ihre Ausdrucksformen

wir im Nichtstun? Immer wieder machen wir die äußeren Umstände dafür verantwortlich, in Stress zu geraten und nicht in die Ruhe kommen zu können. Warum nur erteilen wir uns nicht die Erlaubnis zum Abhängen, zum Chillen? Letztlich sind nur wir allein es, die sich vom Diktat des Aktionismus und der Unrast befreien können. Wir leben nicht mehr zu Zeiten des verpflichtenden Protestantismus, wo „Müßiggang aller Laster Anfang" und deshalb nicht gesellschaftsfähig war. Wir dürfen heute dem **Selbstzweck** dienen; ja es ist gleichsam eine vorsätzliche Arbeitsverweigerung gegenüber unseren Auftraggebern, wenn wir nicht auch abschalten und entspannen, um danach wieder mit voller Konzentration und Energie unsere Arbeit fortzusetzen. Einen Idealfall, die Muße zu leben, stellt die **Freitätigkeit** dar, die dem Fremdzweck entsagt. Muße wird in freigewählter Tätigkeit zum integralen Bestandteil der Arbeit. Sie wird nicht auf einen späteren Zeitpunkt verschoben, von dem wir nicht einmal wissen, ob er jemals eintritt. Muße ist das gleichmütige Hineinlauschen in unsere innere Welt, das Genießen des stillen Moments der Gegenwart, die Pflege der **Achtsamkeit** uns selbst und der Umwelt gegenüber. Die innere Hinwendung zur **Seelenruhe** liefert einen zeitfreien und selbstbestimmten Moment, der uns als Kraftquell für Entspannung und Leichtigkeit dient. In einem Sonderforschungsbereich hatte die Universität Freiburg in den 2010er Jahren ein Projekt zur „Muße als Bedingung autobiografischer Reflexion" gestartet. Die historischen Betrachtungen der Studie sind auch für die Neuzeit von großer Bedeutung: Gelingt uns doch in Mußezeiten der freie **Gedankenflug** zurück zu unseren Wurzeln. Keine andere Konstellation ist besser geeignet zur **Reflexion** unserer bisherigen biografischen Reise als die freischwebende Versunkenheit im Zustand der Muße. Indem wir unsere innere Uhr selbst stellen und die Vergangenheit ergebnisneutral auskosten, befinden wir uns im Zustand der Kontemplation, des konzentrierten geistigen Betrachtens der eigenen Vita. Und last but not least ist da der Aspekt einer qualitativ hochwichtigen Zeitspanne, die, im Müßiggang verbracht, Kreativität fördert und uns einen Teil verlorener **Lebenskunst,** wie sie die alten Griechen und Römer kannten, zurückbringt.

Die Muße als Lebensprinzip im Alter
„Muße, nicht Arbeit, ist das Ziel des Menschen", schrieb einst der irische Literat Oscar Wilde. Doch Muße hat im Prozess der Arbeit und Wertschöpfung in unserer modernen Gesellschaft beileibe keinen anerkannten Platz. Sie ist verpönt und gilt als kontraproduktiv für das berufliche Fortkommen. Da jedoch die Nützlichkeit von Entspannung und Regeneration erwiesen ist, sollte man die Muße transgressiv in den Berufsalltag einbinden. Damit ist eine Art verbindender und überschreitender Wirkung zwischen dem Hauptprozess (Arbeit) und dem Nebenprozess (Entspannung, Erholung) gemeint. Bei genauerer Betrachtung finden wir allemal Momente, in denen wir kurzzeitig etwas Gutes für unsere Psyche tun können. Für die klassischen Übungen zur Resilienzstärkung sind sie leider zu kurz. Sie reichen zeitlich allerdings dafür aus, unsere körperliche und seelische Koexistenz wieder spürbar und erfahrbar zu machen. Im Übungsabschnitt finden Sie einige Beispiele, wie man mit einfachen „Alltags-Muße-Mitteln" der Tyrannei der Effizienz und der Herrschaft der Zeit *während* einer Tätigkeit entkommen und individuell Stress reduzieren kann.

Das, was viele Ruheständler als Verlust von Lebensfreude und Daseinssinn empfinden – den Ausschluss aus dem sozialgebundenen Arbeitsleben und die Wahrnehmung eigener Nutzlosigkeit im Rentnerstand – erhält eine ganz neue Bedeutung, wenn man die Situation aus

3 Selbstverständnis plausibel entwickeln ...

dem Blickwinkel der Muße betrachtet: Sie wird zu einem kraftvollen und erfüllenden Lebensprinzip mit freiheitlichem Hintergrund, zu einer Bewältigungsstrategie gegen Verluste, Altersfrust und Trübsal blasen. Die Kunst besteht gerade darin, die Trennung vom Berufsstand nicht als soziale Abstrafung zu betrachten, sondern als Möglichkeit, Nichtsnutzigkeit und Müßiggang bewusst zu leben und dies als unerhörte, gesellschaftlich gewollte Freiheit genießen zu dürfen! Und in der Tat kosten viele Senioren diese mit dem Ritterschlag des Rentenbescheides erhaltene Erlaubnis zum ausführlichen Nichtstun aus. Sie verschnaufen nach dem beruflichen Lebenswerk und halten bewusst inne, um auf das Getane zurückzuschauen. Sie lassen die Dinge einfach auf sich zukommen, ohne Termindruck und Arbeitsauflagen, ohne Stress und Angst vor einem Burn-out. Denen, die die neue Beschaulichkeit für sich entdeckt haben, reicht es nicht einfach nur aus, einen Tag sinnlos und nichtsnutzig zu vertun. Sie genießen und lieben diese Zeit regelrecht und bereuen mit keiner Faser ihres Körpers dieses wohltuende Treibenlassen im Raum und in der Zeit. In der Praxis hat sich gezeigt, dass viele ältere Menschen aus einer Phase gesundheitlicher Bedrohungen, wie z. B. der Corona-Pandemie, weniger gestresst hervorgehen, als alle anderen Altersgruppen. Verschiedene Untersuchungen der Universität Leipzig, der University of Georgia und der University of British Columbia kommen zu dem Ergebnis, dass sich gerade die älteren Jahrgänge ab 60 aufwärts emotional am wenigsten belastet fühlten. Die Muße als eine Art Copingstrategie spielt dabei eine nicht zu unterschätzende Rolle: Im Job als ein mögliches Mittel der kognitiven Selbstoptimierung und im Ruhestand als Fähigkeit zur kontemplativen Rückbesinnung auf das eigene Ich.

Die Praxisübung

Muße ist nicht nur im Arbeitsalltag eine mögliche Bewältigungsstrategie gegen Stress und Überlastung. Und sie ist erlernbar! Deshalb: Üben Sie Muße. Sie müssen nichts leisten! Alles, was Sie tun, geschieht in purer Freiwilligkeit und Ungezwungenheit. Beginnen Sie als Erstes damit, abzuschalten und ungezieltes Denken zu trainieren. Legen Sie sich an einem warmen Sommertag auf eine Blumenwiese und schauen Sie einfach nur in den Himmel. Tun Sie es den Wolken nach: Lassen Sie Ihre Gedanken wie diese auftauchen, vorbeischweben, wieder abziehen oder sich auflösen. Kein Gedanke ist wichtiger als ein anderer, alle kommen und gehen gleichberechtigt ein und aus. Lassen Sie alles zu, was Ihnen in den Sinn kommt und lassen Sie es mit dem sanften Wind wieder entschweben. Bewerten Sie nichts und verurteilen Sie nichts und niemanden. Beobachten Sie lediglich, nehmen Sie nur wahr, was passiert. Üben Sie die stoische Gelassenheit, Teil des Ganzen zu sein und gleichzeitig als freies Individuum im Weltenraum zu existieren.

Für das berufliche Umfeld, aber auch im Ruhestandsalltag, bieten sich eine Reihe von Eigeninterventionen für das Mußetraining an:

Machen Sie möglichst viele Alltagstätigkeiten zum Selbstzweck. Tun Sie sie um ihrer selbst willen: beim Abwaschen einer Tasse, beim Wegräumen des Geschirrs, beim Auslassen des Wassers aus dem Becken.

Ermöglichen Sie Ihrem Körper bewusstes „Sinn-Erleben". Erspüren Sie beim Atmen die eigene vitale Existenz, erleben Sie um sich herum eine bunte, lebendige und Ihnen wohlgesonnene Welt.

Nutzen Sie noch so minimale Alltagspausen, wie z. B. das Händewaschen, für die Pflege der Muße. Verfolgen Sie dabei jede noch so kleine Fingerbewegung, das Aufschäumen der

Seife auf Ihren Händen und das Abtropfen des Wassers von den Fingerkuppen.

Gehen Sie auf dem Weg zum nächsten Tätigkeitsort bewusst etwas langsamer und betrachten Sie jeden Schritt als starke persönliche Präsenz und Kompetenz. Treten Sie fester mit den Füßen auf und fokussieren Sie sich mit Ihren Gedanken auf genau die nächste, zu erwartende Situation.

Lassen Sie auch unter vermeintlich lästigen oder nervigen Alltagsumständen positive Bilder vor Ihrem geistigen Auge aufsteigen. Erinnern Sie sich Ihrer „Moments of Excellence": Sanfter Töne, wohliger Gefühle und berauschender Bilder, die Ihnen jetzt die Energie zurückgeben, die Sie in glücklichen Zeiten eingesammelt haben.

Seien Sie neugierig und erwarten Sie in unklaren und ergebnisoffenen Situationen immer wieder positive Überraschungen und neue Erkenntnisse. Sollten die Resultate unvermittelt schlecht ausfallen, stellen Sie sich folgende Fragen: „Worin besteht das Gute im Schlechten? Was kann ich daraus für mich lernen?"

Lassen Sie einen Anrufer bewusst mindestens dreimal klingeln. Atmen Sie bei jedem Klingelton tief durch. Nehmen Sie Ihren Körper als Fels in der Brandung wahr und spannen Sie Ihre Wangenmuskeln so an, dass Sie das beginnende Gespräch mit einem Lächeln auf dem Gesicht annehmen (vielleicht hilft beim Üben ein kurzer Blick in den Spiegel …)

Trennen Sie nicht Arbeit von Freizeit, denken Sie nicht (nur) in „Entweder-oder-Kategorien", sondern schalten Sie von Zeit zu Zeit in den „Sowohl-als-auch-Modus". Die transgressive, überschreitende Koexistenz zwischen dem eigenen Sein und den äußeren Herausforderungen kann einen neuen Erlebenszustand schaffen. In die Tätigkeit integrierte kurze Momente der Muße führen mit der Zeit zu einem entspannteren Verhalten und ergänzen in simpler Art und Weise die Methoden der Resilienzstärkung. Für die persönliche Psychohygiene gehören beide Schwestern untrennbar zusammen: die Muße als „Windstille der Seele" (Friedrich Nietzsche) und die Resilienz als ihr Katastrophenschutz.

Die Muße ist ein guter Einstieg in eine weitere Modellkategorie – in die des Flow. Denn er bedeutet in der Psychologie nicht mehr und nicht weniger als das ungeteilte und vollkommene Aufgehen in einer Tätigkeit. Damit stehen wir an der Schwelle zu einer neuen Strömungsrichtung der Seelenwissenschaften: der Positiven Psychologie.

3.2 Unruhestand im Zeichen des Flows

Völlig losgelöst … und doch äußerst produktiv
Bis zum Jahre 1954 galt es unter Sportlern, Trainern und Funktionären als unmöglich, die Meile unter vier Minuten zu laufen. Doch am 6. Mai 1954 – ich war gerade dabei, das Licht der Welt anzuknipsen – schaffte es der Mittelstreckenläufer Roger Bannister auf der Leichtathletikbahn der University of Oxford, diese Strecke in 3:59,4 min zu bewältigen. Wie ist es ihm geglückt, diese magische Grenze zu unterbieten? Was hatte er anders gemacht als all die Läufer vor ihm? Offensichtlich war es ihm gelungen, in idealer Einheit zwischen seinen Körperbewegungen und dem festen Glauben an die uneigennützige Zielerreichung, eine für unmöglich gehaltene Leistung zu erbringen. Offenbar befand er sich in einem Zustand grenzenloser Selbsthingabe und rauschartiger Lust. Und dass dieser Zustand kein Ausnahmefall war, sondern reproduzierbar und trainierbar, zeigte sich darin, dass nach ihm

3 Selbstverständnis plausibel entwickeln ...

viele weitere Läufer ebenso unter der Vierminutenmarke blieben.

In der Mitte der sechziger Jahre beobachtete der ungarische Psychologe mit dem eingängigen Namen Mihály Csíkszentmihály Künstler, sie sich so tief in ihre Arbeit versenkt hatten, dass sie Essen und Trinken vergaßen und die verstreichende Zeit nicht mehr wahrnahmen. All dies geschah, ohne dass ihnen am Ende eine Belohnung oder Anerkennung für diese Tätigkeit versprochen worden war. Jeder Handgriff saß, jede einzelne Bewegung schien optimal, und die gedankliche Energie strömte mühelos in die Werke dieser Menschen über. Es war fast so, als ob die Künstler die Triebkräfte ihres Unbewussten angezapft hätten, um über ihren eigenen Schatten zu springen. Diesen Bewusstseins- und Erlebenszustand nannte er kurze Zeit darauf „Flow". Wie man später nachweisen konnte, laufen im Gehirn dieser Menschen tatsächlich Ausnahmeprozesse ab, die so im Alltag nicht vorkommen. Forscher haben festgestellt, dass im Zustand des Flows gleichzeitig eine Reihe von Neurotransmittern ausgeschüttet werden, die wie körpereigene Vergnügungsdrogen Lust und Glücksgefühle in uns auslösen. Zu ihnen gehören u. a. Dopamin und Serotonin, das „Glückshormon" und das „Wachheitshormon". Sie bewirken, dass unsere physische Leistungsfähigkeit enorm zunimmt und sich dabei unsere kognitive Verfassung nachhaltig verbessert. Unsere Aufmerksamkeit nimmt zu, wir verarbeiten die aufgenommenen Informationen schneller, unsere Reaktionszeiten verringern sich; Schmerz, Hunger, Durst und das Zeitgefühl werden unterdrückt. Und wir stellen im Nachhinein fest, dass uns innovative Ideen durch den Kopf gingen und jeder Handgriff perfekt saß. Wir alle haben sicherlich einen vergleichbaren Zustand schon erlebt: bei der Beschäftigung mit einem leidenschaftlichen Hobby, beim Lesen eines emotionsgeladenen Buches oder im Austausch mit einem inspirierenden Gesprächspartner. In solchen Momenten spüren wir, welch schier grenzenlose Kraft und Dynamik in uns steckt und zu welchen kreativen Ideen und Taten wir fähig sind. Wie in einer Welt optimaler menschlicher Erfahrungen – als ob uns das Unterbewusste fröhlich und heiter begrüßt und sich eine Welt unendlichen Gelingens öffnet. Ich persönlich habe z. B. in der Reflexion über ein kürzlich abgehaltenes Webinar festgestellt, dass ich mich sogar vor der platten Scheibe des Laptops im Zustand des Flows befunden habe – völlig losgelöst vom realen Leben um mich herum ging ich völlig im Thema auf und bemerkte weder eine Wortmeldung im Chat noch die individuellen Reaktionen in den projizierten Gesichtern der Teilnehmer. Für diesen Erlebenszustand der Mühelosigkeit und Schöpferkraft bedarf es allerdings einiger Voraussetzungen und manchmal auch einer nicht unerheblichen Portion Trainings.

Das „Flow-Modell"
Flow – das ist die völlige Vertiefung in eine Aufgabe, das totale Aufgehen in einer Tätigkeit, ein intensiver Zustand glückhafter und erfüllender Selbstvergessenheit. Was aber führt in einen derartigen Zustand hinein, welche Voraussetzungen müssen gegeben sein, um total in seiner Arbeit zu versinken und höchst effektiv arbeiten zu können? (Abb. 3.2)

Im Zustand des Flows fokussiert sich die eigene Aufmerksamkeit ausschließlich auf die Aufgabe. Alle Sinne sind wie ein Scheinwerfer auf den eigentlichen Vorgang gerichtet; die Umwelt ist für unsere Wahrnehmungen komplett ausgeblendet. Wir befinden uns im Modus der exklusiven Konzentration auf unser Ziel. Person und Tätigkeit verschmelzen miteinander. Ein Mensch im Flow-Zustand ist zutiefst gedanklich assoziiert und innerlich

3 Selbstverständnis plausibel entwickeln ... 131

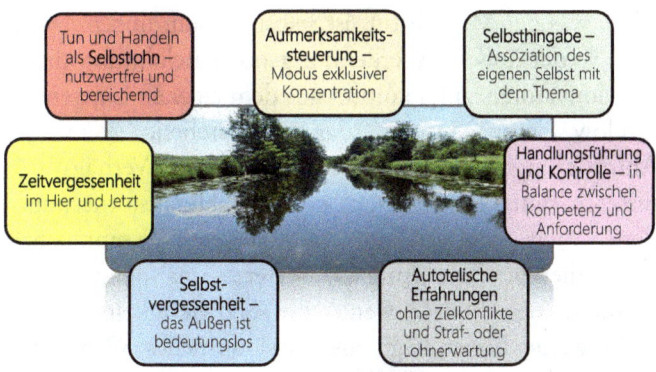

Abb. 3.2 Flow – ein Zustand erfüllender und intensiver Selbstzuwendung

selbsthingebungsvoll verbunden mit dem Gegenstand seines Tuns. Im Flow ist der Mensch äußerst kompetent und außerordentlich handlungsfähig. Er erfährt unmittelbare Selbstwirksamkeit durch sein augenblickliches Denken bzw. Handeln. Voraussetzung dafür ist, dass ein Gleichgewicht zwischen den äußeren Anforderungen und dem eigenen Können vorliegt. Im Handeln gibt es keinerlei Zielkonflikte: Das, was entstehen soll, ist im Handelnden bereits als innere Repräsentation vorgeformt und wird Schritt für Schritt durchlaufen. Das Tun erfolgt sozusagen autotelisch (autos = selbst, telos = Ziel). Der Flow ist eine Art Selbstvergessenheit; die sorgenfreie Abwesenheit von äußeren Einflüssen, Fremdmeinungen und sozialen Vergleichen. Externe Bewertungen werden weder erwartet noch sind sie erwünscht. Ein besonderes Phänomen im Flow ist der Zeitverlauf außerhalb des realen Hier und Jetzt: Kurze Momente strecken sich und werden subjektiv als zeitlupenhaft empfunden; lange Zeiträume verdichten sich auf kurze Augenblicke. Dieses Zeitvergessen erklärt auch sehr gut die Abwesenheit von Hunger-, Durst- und Schmerzgefühlen. Die Handlung im Flow wird zum Selbstzweck:

Alles, was der Mensch tut, ist selbstwirksam und nutzwertfrei. Weder äußere Anerkennung noch Belohnung dienen als Motivatoren. Alles kommt aus dem eigenen Inneren.

Flow kann immer dann entstehen, wenn die Anforderungen in einem ausbalancierten Verhältnis zu unseren Fähigkeiten stehen; wenn die Herausforderungen, denen wir uns stellen, mit unseren Kompetenzen harmonieren. Eine Aufgabe versetzt uns dann in den Zustand des Flows, wenn ihr Schwierigkeitsgrad ein klein wenig höher liegt, als unser aktuelles Wissen und Können hergeben. Weicht die Belastung jedoch zu sehr von unseren verfügbaren Fähigkeiten ab, so laufen wir Gefahr, in Stress zu geraten und Angst macht sich breit. Im schlimmsten Fall erleiden wir einen Kontrollverlust und geraten in Panik. Ist der Schwierigkeitsgrad einer Aufgabe jedoch zu gering, so wird deren Lösung zur Routine, und Langeweile kommt auf. Sind die Herausforderungen niedrig und unsere Fähigkeiten auf einem hohen Niveau, dann sind wir zerknirscht, frustriert, und deprimiert. Wir fühlen uns unterfordert und verspüren Unlust. Der optimale Zustand des Flow stellt sich wie in einem Trichter zwischen Überforderung und Unterforderung ein. Der Mensch fühlt sich in diesem Bereich glücklich und losgelöst – oder wie Csíkszentmihály es nennt: im Zustand der „glückseligen Selbstvergessenheit". Der Zustand des Flows ist höchst effizient: Schon ein minimaler Aufwand an mentaler Energie führt in der Regel zu maximalen praktischen Ergebnissen. (Abb. 3.3)

Gute Voraussetzungen für den Flow im Alter
Wenn wir in den Ruhestand gehen, verringert sich regelmäßig der Schwierigkeitsgrad der Aufgaben, die an uns herangetragen werden. Die beruflichen Herausforderungen entfallen von einem Tag auf den anderen. Wer sich nicht selbst neuen und anspruchsvollen Aufgaben

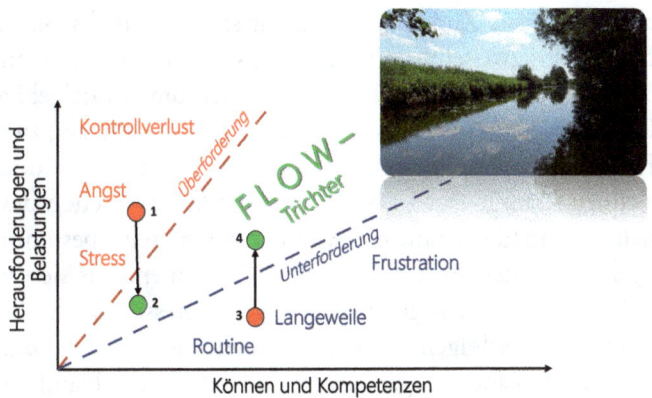

Abb. 3.3 Der Flow-Trichter – alles ist im Gleichgewicht (nach Mihály Csíkszentmihály)

stellt, der tut wenig für seine mentale Gesundheit und läuft Gefahr, frustriert zu sein und in Langeweile zu versinken. Die Sorge vor dem Burn-out im Beruf droht nun umzuschlagen: In die Angst vor Bore-out-Symptomen im Ruhestand, vor einem Zustand des „Ausgelangweilt-Seins". Eine frühere, oftmals übertriebene Funktionslust schlägt um in ausgeprägten Funktionsfrust. Dabei sind die Bedingungen für ein erfülltes Denken und Handeln im fortschreitenden Alter besser als gedacht. Es hat sich herausgestellt, dass Menschen im mittleren und höheren Erwachsenenalter über die Fähigkeit einer hohen Aufmerksamkeitsfokussierung verfügen. Beste Voraussetzung für die Erlangung der Flow-Kompetenz also. Die Babyboomer-Generation ist erfahrungsgemäß eine Altersgruppe mit einer gewissen „digitalen Gelassenheit". Sie ist nicht notorisch auf die Instrumentarien der Cyberwelt angewiesen und auch nicht permanent mit den Reizen des binären Kosmos verbunden. Eine Generation also, die sich weniger von den digitalen Zeiträubern des Informationszeitalters treiben oder von kurzlebigen Internetreizen ablenken lässt. Zudem ist sie nicht ständig auf der Suche nach Selbstzweifeln und Verhaltensfehlern, nur um auf der Karriereleiter emporzusteigen oder um schnelllebige Lösungen zu präsentieren. Für einen leichten Zugang zum Flow ist es vorteilhaft, keinem äußeren Leistungs- oder Zeitdruck ausgesetzt zu sein. Ruheständler sind schon deshalb lernfreudiger und motivierter, weil sie selbstbestimmt und im eigenen Auftrage beschließen können, was sie tun möchten. Alles darf im besten Eigeninteresse und höchst eigennützig erfolgen. Zudem können sie ihr Tun zeitlich selbst planen, organisieren und bestreiten. Damit ist bereits ein stressfreier und entspannter Übergang in einen gutem Arbeitszustand möglich. Sie müssen nicht zwingend Dritten ihre Ergebnisse präsentieren und sich dafür rechtfertigen, sondern dürfen sich über das eigene Werk ehrlich und ungetrübt freuen. Abschließend können sie ihren Erfolg feiern und die Belohnungssequenz selbst in Gang setzen. Nie waren die Voraussetzungen für die Erreichung des Flow-Zustandes so aussichtsreich wie im (Un-)Ruhestand!

Auch wenn eine Aufgabe mit ihrem Start sehr schwierig erscheint – es gibt neben den naturgemäß guten Voraussetzungen einige Strategien und Tipps, um in den Flow zu kommen. Dazu gehört u. a. ein strukturiertes Vorgehen. Skizzieren Sie gedanklich die wesentlichen Vorgehensschritte und ihre Reihenfolge. Achten Sie darauf, dass Sie Aufgaben, insbesondere anspruchsvollere, immer aus einem guten Zustand heraus angehen. Sorgen Sie für eine möglichst störungsfreie Arbeitsumgebung. Verbannen Sie Zeit- und Energieräuber, wie Smartphones, aus dem Arbeitsbereich. Informieren Sie ihr Umfeld über Ihr Vorhaben und gönnen Sie sich ein etwas größeres Zeitfenster für Ihr Projekt. Richten Sie Ihren Arbeitsplatz so ein, dass alle wichtigen Utensilien in Reichweite sind. Setzen Sie sich bei größeren Vorhaben Zwischenziele und feiern Sie das Erreichen einzelner Meilensteine. Bauen Sie, wenn der Schwierigkeitsgrad zu groß wird, spielerische Elemente in Ihre Arbeit ein. Erscheint Ihnen eine Tätigkeit zu einfach, treten Sie mit sich selbst in einen Wettbewerb und gestalten Sie Ihre Arbeit anspruchsvoller. Und Sie wissen ja: Gute Rahmenbedingungen, wie Bewegung an frischer Luft, ausreichend Schlaf und ausgewogene Ernährung, sind gute Ausgangsbedingungen für die Erreichung der Flow-Kompetenz.

Ein Hinweis sei noch erlaubt: Da mit jedem erreichten Fortschritt weitere Glücks- und Belohnungshormone im Gehirn ausgeschüttet werden, erhöht sich auch das Suchtpotenzial. Diesen Effekt nutzen insbesondere Hersteller von Computer- und Videospielen aus, die ihre Nutzer auf immer höhere Schwierigkeitslevel locken, um den Kick im Kopf aufrechtzuerhalten. Es kommt also auf die Dosierung an, um nicht „flowsüchtig" zu werden und noch genügend Zeit für die Alltagsgeschäfte zu haben …

Die Praxisübung
Grundsätzlich gibt es zwei Richtungen, aus denen wir uns dem Flow-Trichter nähern können. Einmal *aus einer Zone der Überforderung* heraus, aus der wir Angst haben zu versagen, weil unsere aktuellen Fähigkeiten nicht ausreichend sind. Und zum anderen *aus einem Bereich der Routine,* in dem uns die Anspruchslosigkeit einer Aufgabe maßlos frustriert.

Ein Beispiel: In der Vorweihnachtszeit sehen Sie eine originelle und attraktive Sperrholzpyramide im Schaufenster stehen. Sie hat die stolze Höhe von über einem Meter. Leider können Sie sie nicht als fertiges Objekt kaufen, sondern nur als Bausatz. Aber Sie möchten sie unbedingt in den eigenen vier Wänden aufstellen. Sie erwerben den Karton mit den vorgefertigten Bauteilen. Und staunen nicht schlecht: Viele tausend Einzelteile, eine verwirrende Vielzahl an Elementen und Accessoires. Wie nur aus den vielen filigranen Holzteilen solch ein komplexes Bauwerk zusammensetzen? Offensichtlich befinden Sie sich an Punkt 1 der Flow-Trichter-Grafik. Die Schwierigkeiten erscheinen Ihnen zu hoch, um sie mit Ihren vorhandenen Fertigkeiten bewältigen zu können. Also sollten Sie den Grad der Anforderungen etwas zurücknehmen, damit Sie sich in Richtung des Punktes 2 bewegen. Das geschieht z. B. dadurch, dass Sie sich in der Bauanleitung einen Überblick darüber verschaffen, welche der vielen Baugruppen mit einem möglichst niedrigen Schwierigkeitsgrad errichtet werden können. Beginnen Sie dann mit einer einfachen Baugruppe. Freuen Sie sich am Ende des Tages über die erste erfolgreich zusammengesetzte Baugruppe! Nun können Sie den Schwierigkeitsgrad erhöhen. Setzen Sie den Bau der Pyramide mit einer Baugruppe fort, die Sie ein wenig stärker herausfordert. Wenn die Bauanleitung Fragen offenlässt, dann finden Sie bestimmt eine Community oder einen Chatroom im Netz, in dem Sie sich austauschen können (was zudem noch den Vorteil hat, Mitbastelnde kennenzulernen). Mit der Zeit klettern Sie von Schwierigkeitsgrad zu Schwierigkeitsgrad und wollen gar nicht mit dem Basteln aufhören, weil Sie konzentriert, neugierig und in freudiger Erwartung in Ihrer Arbeit aufgehen und die komplette Fertigstellung gar nicht mehr erwarten können! Am Ende stehen Sie voller Genugtuung und Stolz vor Ihrem Projekt und haben zusätzlich Ihre feinmotorischen Fertigkeiten entscheidend verbessert – der Flow-Zustand als Lehrmeister!

Die gegenläufige Option zur Erlangung von Flow-Kompetenz besteht darin, dass Sie eine leichte, routinehafte Aufgabe in ihrem Schwierigkeitsgrad künstlich erhöhen. Das wäre in unserer Flow-Trichter-Grafik der

Weg vom Punkt 3 zu Punkt 4. Angenommen, Sie sollen im Garten Ihrer Frau Gestaltungselemente aus Metall aufstellen. Einfache, rostige Blechtafeln und Aufsteller waren lange Zeit in. Nun lassen sich diese Elemente mühelos im Handel erwerben. Wie wäre es, die Aufgabe selbst in die Hand zu nehmen? Vor allem, wenn Sie eher grobmotorisch unterwegs sind? Starten Sie mit einfachen geometrischen Figuren, für die Sie lediglich eine Schablone anfertigen müssen. Steigern Sie die selbstgestellten Anforderungen und erweitern Sie Ihre Aufsteller um künstlerische Details. Entwerfen Sie verschiedene Figuren und Tiere, die Sie selbst aus den Metalltafeln heraussägen oder -brennen. Gehen Sie auf Flowmärkte, sorry, Flohmärkte, um originelle Ergänzungen zu Ihren Figuren zu finden. Kombinieren Sie die Einzelelemente im Garten zu einer kleinen Geschichte ... So kommen Sie – ein wenig angeborenes Talent vorausgesetzt – Schritt für Schritt in einen sich selbst fortschreibenden Arbeitsfluss und befinden sich im Zustand des Flow. Spüren Sie Ihr wachsendes Selbstwirksamkeitsgefühl und genießen Sie das Glück des Gelingens!

Jetzt sind Sie an der Reihe. Beginnen Sie am besten mit einem Vorhaben, das Sie voraussichtlich stark unterfordern wird. Überlegen Sie, welche anspruchsvollen Herausforderungen Sie in die Aufgabe einbauen können, um in einen Flow-Zustand zu gelangen! Wenn Ihnen das unter Berücksichtigung der Hinweise aus dem vorigen Abschnitt gelungen ist, stellen Sie sich einer Aufgabe, die Ihre bisherigen Kompetenzen weit übersteigt. Mit welcher Strategie könnte es Ihnen gelingen, die großen Herausforderungen anzunehmen und zu meistern?

An dieser Stelle verlassen wir die in Muße und Flow erlebte Gegenwart und begeben uns auf eine Zeitreise in die biografische Vergangenheit.

3.3 Die Kunst des Lebensrückblicks

Sind Biografien doch korrigierbar?
Heinrich Heine hat einmal treffend formuliert: „Der heutige Tag ist ein Resultat des gestrigen. Was dieser gewollt hat, müssen wir erforschen, wenn wir zu wissen wünschen, was jener will." Nur wenn wir uns bewusst sind, was aus welchen Gründen und in welcher Reihenfolge in unserem Leben geschehen ist, können wir unseren aktuellen seelischen Zustand realistisch reflektieren, bewerten und gegebenenfalls auch beeinflussen. Die Arbeit mit der eigenen Biografie, die Rückschau in die Vergangenheit, kann vieles, was uns heute beglückt oder bedrückt, in neuem und klarem Licht erscheinen lassen. Der bewusste Blick in den Rückspiegel des Lebens ist ein wesentliches Instrument, um die Schlüssigkeit und Folgerichtigkeit der biografischen Abläufe zu verstehen. Erst damit wird eine emotional und rational ausgewogene Bewertung des eigenen Lebens möglich.

Biografie ist nicht korrigierbar und kann auch nicht rückabgewickelt werden. Sie läuft gemeinsam mit der Zeit in eine Richtung und bleibt als kausale Kette aus Ursachen und Wirkungen unumkehrbar. Jeder Versuch, im Nachhinein alternative Ereignisvarianten durchzuspielen („Hätte ich doch lieber xyz getan!" oder „Warum habe ich mich nicht für B anstelle von A entschieden?"), führt bestenfalls zu Frustration und Reue; im Extremfall zu Sinn- und Daseinszweifeln. Wir haben als lebenserfahrene, gefestigte und souveräne Menschen die Wahl zwischen einer positiven, einer gleichgültigen oder einer negativen Einschätzung. In der Retrospektive, vom Reifehügel eines erwachsenen Menschen aus, haben wir die einzigartige Möglichkeit, den eigenen biografischen Pfad gedanklich zurückzuverfolgen und uns ein Gesamtbild über die Komplexität der früheren Geschehnisse zu machen. Manch vermeintlich ungerechte, brutale oder würdelose Episode erweist sich aus dem zeitlichen und räumlichen Abstand heraus als weitaus verhältnismäßiger, unaufgeregter und entspannter, als sie uns in der Vergangenheit erschien. Es hilft niemandem, scheinbar Verlorenem oder Unterlassenem nachzutrauern. Vor dem gewaltigen Panorama des Lebens haben wir die Chance, neue, unerwartete Motive und außergewöhnliche Absichten im eigenen Tun und im Handeln anderer zu entdecken. Die Umdeutung und Neubewertung der Vergangenheit erlaubt es uns, eine verständnisvolle und wohlwollende Position zu unserem Lebenslauf einzunehmen. Wir haben im Lebensrückblick die Möglichkeit, unangenehme und unerwünschte Vorfälle und Erlebnisse differenzierter zu betrachten, uns mit ihnen zu arrangieren oder gar zu versöhnen. Ich vertrete die Grundannahme, dass alle unsere Urteile und Entscheidungen jeweils die besten waren, die wir zu den damaligen Zeitpunkten und unter den gegebenen Bedingungen treffen konnten. Biografiearbeit wird somit zu einer Aussöhnungs- und Befriedungsarbeit mit uns selbst und hilft, den Selbstwert zu stärken und die Lebenszufriedenheit zu verbessern. Gerade an der Schwelle zwischen zwei Lebensphasen – hier im Übergang vom Beruf in den Ruhestand – ist eine freundliche und wohlgesinnte Auseinandersetzung mit unserer Vergangenheit besonders wichtig und wertvoll. Und es ist nicht auszuschließen, dass wir während einer strukturierten Reflexion auch ungehobene Schätze für das weitere Lebenskonzept und eine erfüllende Zukunftsplanung entdecken.

Das „Lebensphasenmodell"
Als Leitfaden für den Blick in den Rückspiegel des Lebens soll uns das sogenannte **„Lebensphasenmodell"** dienen.

Modelle dieser Art gibt es viele. Das wohl bekannteste ist das „Lebenslaufmodell der psychosozialen Entwicklung" von dem deutsch-amerikanischen Psychoanalytiker Erik H. Eriksen, der es Anfang der 1950er Jahre entwickelte. Es besteht aus acht Phasen, die sich vom Säuglingsalter bis hin ins spätere Erwachsenenalter erstrecken. In jeder dieser Phasen zeigt Eriksen typische Entwicklungsschritte in ihrer jeweiligen Dialektik auf. So spielt sich für ihn beispielsweise die Kindheit im Spielalter im Spannungsfeld zwischen den Wertekategorien der „Initiative" und des „Schuldgefühls" ab: Das Kind erkennt, dass seine Mutter nicht nur zu ihm eine Bindung aufrechterhält, sondern auch zu anderen Menschen. Moralbegriffe treten in sein Leben ein und legen die Basis für ein Gewissen. In der letzten Lebensphase, im späteren Erwachsenenalter, in der es zur Verlust-Gewinn-Bilanzierung kommt, vollzieht sich laut Eriksen die psychische Auseinandersetzung zwischen den Wertebegriffen der „Integrität" und der „Verzweiflung". Der Ausgang der inneren Kontroverse hängt davon ab, ob der Mensch weise genug ist, das Leben anzunehmen und den Tod zu akzeptieren, oder ob er verzweifelnd auf ein unglückliches und absurdes Leben zurückblickt.

Da das Modell von Eriksen seinen Schwerpunkt in die Kindheit verlegt und die Erwachsenenjahre nur wenig differenziert, möchte ich besser ein Modell, das im Wesentlichen von dem niederländischen Arzt und Sozialökonomen Bernard Lievegoed geprägt wurde, als Vorlage für die Lebensphasenanalyse nutzen. Jede der aufgezeigten Etappen – ich nenne sie gern Lebenserfahrungsräume – stellt einen Teil unserer Identität dar. (Abb. 3.4)

Die erste Phase wird die **„rezeptive Phase"** genannt. Über unsere Sinne, die Rezeptoren, lernen wir uns als physisches Selbst und die Welt im uns herum kennen. Wir sind von Natur aus neugierig und nehmen bis etwa

3 Selbstverständnis plausibel entwickeln ... 141

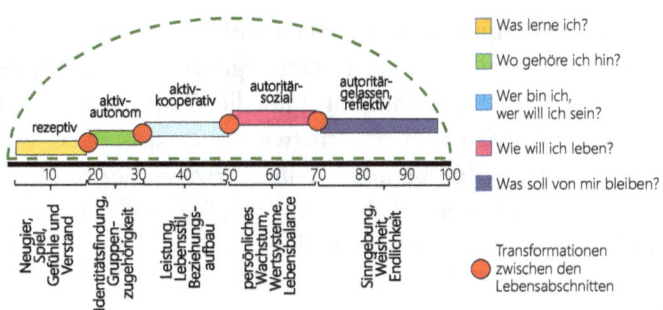

Abb. 3.4 Das „Lebensphasenmodell" (nach Bernard Lievegoed)

zum siebten Lebensjahr spielend und unvoreingenommen unsere Welt wahr. Wir besuchen die Schule, erwerben Wissen und sind auf der Suche nach einer eigenen Identität. Wir erkennen in dieser Phase die Bedeutung der Gefühle und des Verstandes. Wir machen Erfahrungen mit anderen Menschen und bauen Beziehungen zu ihnen auf. Wir nabeln uns von den Eltern ab und reifen zu einer Persönlichkeit, deren Weltbild weitgehend abgeschlossen ist. Mit dem Übergang in die nächste, die **„aktiv-autonome Phase"**, sind unsere kognitiven Fähigkeiten auf dem Höhepunkt angelangt. Wir sind auf der Suche nach einer Zugehörigkeit, die möglichst lebenslang bestehen soll. Einerseits prägt Unsicherheit diesen Lebenserfahrungsraum: Die Bindung an eine Gruppe bzw. Sinnclique bedeutet bekanntlich auch die Abkehr von anderen Ideengemeinschaften. Andererseits haben wir Angst davor, andere mit unserer Berufswahl zu beschämen. Wir fragen uns immer wieder, wo wir hingehören. Neben der Auseinandersetzung um einen sinngebenden Beruf bauen wir emotionale Beziehungen auf, suchen Einzelpartnerschaften und denken ernsthaft über unsere Lebensplanung nach. In der dritten, der **„aktiv-kooperativen Phase"**, die um die 30 beginnt, geht es um Fragen der

Existenzsicherung und um die berufliche Karriere. Wir wollen uns beweisen und unseren eigenen Weg gehen. Es geht um Leistungserbringung und die Ausformung eines charakteristischen und dauerhaften Lebensstils. Der Aufbau und die Pflege beruflicher und privater Beziehungen stehen im Vordergrund. Fragen, wie „Wer will ich sein?" und „Mit wem will ich kooperieren", suchen nach klaren Antworten und dominieren den Phasenverlauf. Positive Resonanz auf und externe Wertschätzung für die eigene Leistung sind überlebensnotwendig. Scheitern stellt in dieser Phase keine Alternative dar. Mit dem Übergang in die **„autoritär-soziale Phase"**, etwa ab dem 50. Lebensjahr, erleben wir in der Regel persönliches Wachstum als Ergebnis von gegenseitigem Geben und Nehmen. Wir sind uns unserer reifen Kompetenzen und Fähigkeiten bewusst und profitieren vom wechselseitigen Austausch der beruflichen und außerberuflichen Beziehungen. Die Antwort auf die Frage „Wie will ich leben?" schließt mehr und mehr soziale Aktivitäten mit ein. Wir verstehen die Gesamtzusammenhänge in der Welt immer besser, verfügen über ausgeprägte Überzeugungen und Wertesysteme und wünschen uns jetzt ein ausbalanciertes Leben. Die meisten Menschen verlassen in dieser Lebensphase den beruflichen Alltag und vollziehen die Metamorphose vom Berufstätigen zum Ruheständler, worauf sie oftmals nicht oder nicht ausreichend darauf vorbereitet sind. Manchen gelingt ein schneller Wechsel in die **„autoritär-gelassene, reflektive Phase"**, den letzten Lebenserfahrungsraum des Modells. Andere wiederum benötigen fremde Unterstützung oder sogar therapeutische Hilfe. Wir sind nun auf der Suche nach einer robusten und verlässlichen Existenz. Die alte Sachlichkeit des Berufsalltags geht in einen neuen, gefühlsbetonteren Lebensrhythmus über. Häufig hinterfragen wir hier zum allerersten Mal den Lebenssinn – und die Endgültigkeit des eigenen Daseins wird uns schmerzlich bewusst. „Was soll von mir bleiben?" und „Welche Spuren möchte ich auf dieser Welt noch hinterlassen?" sind typische Fragen, die wir uns stellen. Wir können entscheiden zwischen der aufkommenden Verzweiflung vor dem Tod und der nicht immer offensichtlichen Weisheit des Lebens.

Neue Lebenskonzepte (für Führungskräfte) im Alter entwickeln
Der Lebensrückblick beinhaltet das erlösende Potenzial, zu umfassenden Erkenntnissen und grundlegenden Einsichten über seinen Lebensweg zu kommen. Es ist wie eine späte Emanzipation, sich auf Augenhöhe mit der eigenen Biografie zu arrangieren und sie schließlich so anzunehmen, wie sie verlaufen ist. Die Retrospektive ist aber auch eine große Chance, mit der bisher gelebten, beständig-konsequenten Entwicklung zu brechen. Der Übergang in die autoritärreflektive Lebensphase fällt erfahrungsgemäß denjenigen schwer, die ihr Lebenswerk an der beruflichen Biografie festmachen und sie unter allen Umständen so lange und geradlinig wie möglich weiterführen wollen. Auch im weit fortgeschrittenen Erwachsenenalter. In der ersten Reihe stehen da Führungskräfte von großen Gesellschaften und Patriarchen von Klein- und Mittelstandsunternehmen, die nicht von Beruf und Führung loslassen wollen und können. Diese Menschen verlassen den Beruf regelmäßig später als es die Regeleintrittsgrenze für nichtselbstständige Arbeitnehmer vorsieht. In den meist langwierigen Nachfolgerverhandlungen werden ausschließlich Fragen zur betriebswirtschaftlichen Zukunft, zur Kapitalmehrung, zur Mitarbeiterabsicherung und zum Kundenumgang behandelt. Über die Frage, wie der scheidende Manager den Übergang psychisch und emotional bewältigen wird, wird so gut wie nie gesprochen. Der individuellen Ruhestandsvorbereitung der abgehenden Führungskraft sollte jedoch

ausreichend Beachtung geschenkt werden. Hier bietet sich die intensive Arbeit für ein neues Lebenskonzept im Ruhestand an. Gemeinsam mit spezialisierten Coaches kann so die Tür zu neuen Zukunftsideen und Lebensinhalten geöffnet werden.

Der Prozess beginnt mit einem Blick in den Rückspiegel des Lebens: Ganz am Anfang stehen die Bestätigung und Würdigung der persönlichen Arbeitsleistungen. Ganz oben auf einer Liste sollten die größten Erfolge stehen; all das, was man als Mensch, Führungskraft und Unternehmer auch gegen die größten Widerstände des Lebens erreicht hat. Was waren die wichtigsten Meilensteine und mit welchen Fähigkeiten und Mitteln hat man sie gemeistert? Welche Stärken konnte man ausspielen, wo musste man bittere Niederlagen einstecken und woher kam auch in Krisenzeiten die nötige Motivation? Was alles hat man seiner Idee geopfert? Wem hat man seine Erfolge zu verdanken? Ein ausführlicher Rückblick mit Jahreszahlen und schriftlichen Notizen zu den signifikanten und prägenden Ereignissen in der Arbeitsvita visualisiert den Werdegang und macht die Entwicklung leichter nachvollziehbar.

Das in der Rückschau entstehende Lebensbild der Vergangenheit wäre unvollständig, wenn in ihm nicht auch die Kindheitsträume und unerfüllten Herzenswünsche Berücksichtigung fänden. Die intensive Beschäftigung mit Sachfragen beim Aufbau und Betrieb eines Unternehmens hat mit hoher Wahrscheinlichkeit zur Zurückstellung von Visionen und Sehnsüchten geführt. Verdrängtes darf, ja soll sogar jetzt wiederentdeckt werden! Die bisher übersehenen, verschütteten oder vergessenen Ideen und Wünsche gilt es aufzuspüren und in der Retrospektive zu ergänzen. Was von dem, das verpasst wurde, kann nun nach einem erfolgreichen Arbeitsleben nachgeholt werden? Was – neben der Genugtuung über die geschäftlichen

Erfolge – kann zusätzlich zur Gelassenheit im Alter beitragen? Welche ganz persönlichen Ziele und erfüllbaren Sehnsüchte würden das zukünftige Wohlbefinden und die späte Lebensfreude noch steigern können? Allzu oft sind die emotionalen Bedürfnisse und verdeckten Neigungen im Arbeitsleben zu kurz gekommen. Womöglich ist es gar nicht nur das Arbeitswerk, das die eigene Mission, das persönliche Sendungsbedürfnis ausmacht. Vielleicht schwingt eine intellektuelle oder spirituelle Idee mit, die man als Vermächtnis hinterlassen möchte. Was könnte biografische Brüche und Lücken der Vergangenheit füllen? Welche neuen Altersziele ergäben sich daraus?

Die eigentliche Lostrennung vom beruflichen Lebenswerk bedarf eines emotionalen Höhepunktes. Das geschieht am besten mit einem wirkungsvollen Ritual, einer feierlichen und symbolträchtigen Handlung, die den Übergang von einer verantwortungsvollen Unternehmensführung hin zu einer Ich-nahen und gelassenen Lebensphase einleitet. Rituale des Loslassens sind besonders kraftvoll, wenn sie auf verschiedenen Ebenen erfolgen: einer räumlichen und einer zeitlichen. Eine Möglichkeit ist, eine große Entfernung zwischen sich und den Ort des bisherigen Lebenswerkes zu bringen. Wie das z. B. ein guter Freund von mir, Helmut Achatz, getan hat: An der Schwelle zum Ruhestand ist er der Route der Tour de France von 1955 gefolgt und hat solo 3600 km mit dem Fahrrad zurückgelegt! Und darüber dann ein Buch geschrieben: „Tour de France für alte Knacker." Eine andere Option besteht darin, sich körperlich von den Erinnerungen oder Symbolen der Berufszeit zu trennen, indem man sie verschenkt, umwidmet oder stiftet. Dann haben sie über den eigenen Tod hinaus weiter Bestand für Dritte oder sogar die ganze Gesellschaft. Gleichzeitig wird damit eine deutliche Spur zurück in die Vergangenheit gelegt und Rückerinnerung gesichert. Oder man nimmt sich eine unbestimmte meditative Auszeit. Zeit, in der man sich ausschließlich auf sich selbst besinnt, sich vom Wahren, Schönen und Guten der Welt inspirieren lässt.

Die Praxisübung
Die Übung zu diesem Kapitel konzentriert sich auf die ausführliche Würdigung und Wertschätzung der eigenen Vergangenheit. Dazu sind auf dem Arbeitsblatt (3.3.2) neun Fragen zu früheren Erfolgen im Beruf und Privatleben zusammengestellt. Reflektieren Sie Ihr Leben. Vielleicht finden Sie zum Abschluss der Übung einen zusammenfassenden Slogan, der Ihr Leben in einem kurzen und prägnanten Satz auf den Punkt bringt.

Wie wir gesehen haben, sind Biografien durch eine neue Sichtweise auf die Vergangenheit neu bewertbar. Es bedarf der positiven und konstruktiven Auseinandersetzung mit der eigenen Vita, um Energie und Kraft für die späten Lebensabschnitte zu tanken. Wenn wir unser Leben nicht nur als Abfolge von schicksalhaften Ereignissen betrachten, sondern als einen bewusst gestalteten Weg durch Zeit und Raum, dann befinden wir uns wahrlich auf einer spannenden Heldenreise, die noch eine Weile anhalten darf …

3.4 Unsere Heldenreise und wir „Helden im Ruhestand"

Die Dramaturgie des Lebens
Seit Jahrtausenden erzählen sich Menschen Geschichten. Mit ihnen werden Erlebnisse, Wissen, und Mythen weitergetragen. Menschliche Entwicklungsprozesse wären undenkbar ohne verdichtendes Storytelling, das Orientierung im Leben gibt und Erfahrungswissen

3 Selbstverständnis plausibel entwickeln ...

nachhaltig verbreitet. Dabei können wir feststellen, dass sich in den verschiedenen Lebensabschnitten bestimmte Geschichten wie Muster wiederholen. Sie fallen uns im Alltag kaum auf, und doch prägen sie unser Lebenskonzept maßgeblich mit. Es ist, als ob wir uns auf einer langen und abwechslungsreichen Reise befinden, auf der immer wieder neue, aber dennoch vergleichbare Episoden ablaufen. Diese sich wiederholenden Abfolgen tauchen als breites Spektrum von Mythen in allen Kulturen, Gesellschaften und historischen Zeitaltern unserer Welt auf. Der US-amerikanische Publizist und Mythenforscher Joseph Campbell hat sich in den 60er Jahren in vielen Ländern intensiv mit diesen Geschichten befasst und festgestellt, dass es sich um Erzählungen von Helden handelt, die gefährliche Reisen antreten und schwierige Prüfungen bestehen. Irgendwann kehren sie von ihrer Fahrt in die Gesellschaft zurück und fühlen sich gestärkt und gewandelt. Diese Fahrten bilden das Grundmuster für eine Monomythologie, die man als „Heldenreise" bezeichnet. Campbells Landsmann, der Drehbuchautor Christopher Vogler, hat die Mythenforschung zur Grundlage genommen und daraus universelle Erzählstrukturen entwickelt, die sich dann in erfolgreichen Filmsujets wiederfanden. Kein guter Hollywoodfilm kommt heute ohne die dramaturgischen Elemente der „Heldenreise" aus. Die Heldenfahrt ist im Grunde der rote Faden, das zwingende Storyboard für Filme, wie „Das Schweigen der Lämmer" oder die Star-Wars-Streifen von George Lukas. Paul Rebillot, ein US-amerikanischer Psychotherapeut, entwickelte aus der Heldenreise ein therapeutisches Behandlungsformat. Dabei ergänzte er den mythologischen Ansatz Campbells um verschiedene Bausteine der Gestalttherapie des deutschen Psychiaters Fritz Perls und um Elemente des „Psychodramas" von Jacob Levy

Moreno, einen österreichischen Arzt und Soziologen. Damit wurde ein universelles und reproduzierbares Modell für den menschlichen Selbsterfahrungs- und Findungsprozess geschaffen. Die „Heldenreise" wird heute in Therapie und Coaching für die Selbstreflexion früherer Lebensphasen, die aktuelle Krisenbewältigung und die Sinnfindung genutzt. Oder um biografische Kausalitäten und Verstrickungen besser zu verstehen.

Das „Modell der Heldenreise"
Das nachfolgende Modell lehnt sich an die Drehbuchstruktur von Christopher Vogler an. Es besteht aus 12 Stationen und ist durch seine Übersichtlichkeit und Griffigkeit für Trainings und Coachings besser geeignet als Joseph Campbells klassische Heldenreise, die üppiger ausgestattet ist. (Abb. 3.5)

Und das sind, kurz beschrieben, die einzelnen Haltepunkte der Fahrt:

1. *„Der vom Alltag gelangweilte Held"* – Wir lernen den Aspiranten zu Hause in seiner gewohnten Welt kennen. Er hat sich in seiner Komfortzone eingerichtet und lässt sich zufrieden und unaufgeregt durch Raum und Zeit treiben.
2. *„Der Ruf des Abenteuers"* – Plötzlich und unerwartet ereilt den Helden in seiner tristen und eintönigen Welt der Ruf des Abenteuers: Eine Veränderung, eine Verlockung, eine Verführung kündigt sich an, die ihn aus seinem Gewohnheitskokon herauslösen soll.
3. *„Die Verweigerung"* – Erfolgreich versucht er sich gegen die anstürmenden Außenreize zu wehren. Sein Widerstand behält die Oberhand und er erteilt den Herausforderungen für's Erste eine klare Absage.
4. *„Die Begegnung mit dem Meister"* – Eines Tages tritt jedoch eine Person in den Ablauf der Handlung ein,

Abb. 3.5 Die „Heldenreise" (nach Joseph Campbell und Christopher Vogler)

der er sein Vertrauen schenkt. Sie überzeugt und motiviert ihn. Sie macht ihm klar, dass es besser sei, sich auf den Weg zu machen.

5. *„Das Überschreiten der ersten Schwelle"* – Der Held überwindet sich und tritt aus seiner Komfortzone heraus. Er entwickelt einen Plan und begibt sich vorsichtig auf den Weg.
6. *„Erste Bewährungsproben"* – Auf seinem Weg trifft er auf Schwierigkeiten und Hindernisse, die er mutig und zielsicher überwindet. Manch heikle Feuerprobe muss er bestehen, bis er nach einigen Irrungen und Wirrungen seinen wachsenden Heldenmut beweisen kann.
7. *„Das Vordringen zur tiefsten Höhle"* – Der reisende Held ist mittlerweile an einem Punkt angekommen, wo es kein Zurückweichen mehr vor der Entscheidungsschlacht gibt. Er stellt sich den Gefahren und arbeitet sich bis zum gefährlichsten Punkt der Reise vor, wo die eigentliche Herausforderung auf ihn wartet: Er trifft auf sein Selbst, sein Innerstes, seine Werte, Überzeugungen und Zweifel.
8. *„Die entscheidende Prüfung"* – Nun muss er sie schlagen, die Schlacht gegen seine ureigensten Ängste und internen Widersacher. Nur er allein kann den Kampf bestehen. Es ist die bisher härteste Auseinandersetzung seines Lebens, die er schließlich als Sieger verlässt.
9. *„Der Raub des Schatzes"* – Der Held erkämpft sich ein Kleinod, ein Symbol, ein Elixier, das er als Belohnung und zum Zeichen seines Sieges mit auf den Rückweg nimmt. Mithilfe dieses Schatzes ist er in der Lage, seine heile Welt zu erlösen und positive Veränderungen herbeizuführen.
10. *„Ein gefahrvoller Rückweg"* – Doch noch haben sich nicht alle Gegner zurückgezogen und fangen das

eine oder andere Scharmützel an. Wieder bleibt er erfolgreich und macht neue Erfahrungen. Doch das Schwierigste ist: Der Held muss die Menschen davon überzeugen, dass das Elixier wirksam ist und die bevorstehenden Veränderungen seiner Welt einen Nutzen bringen.
11. *„Die Reifung der Persönlichkeit"* – Durch die bestandenen Abenteuer ist der Held innerlich gereift. Er kehrt in sein altes Zuhause zurück und kann dort seine neuen Erkenntnisse in den Alltag einbringen.
12. *„Die öffentliche Anerkennung"* – Am Ende seiner Reise beginnt das Elixier seine frühere Welt zu verändern. Der Held wird gewertschätzt, geliebt und abschließend öffentlich geehrt.

Die Heldenreise wird gern in Coachingveranstaltungen integriert. Dazu werden kreative Assoziationstechniken, begleitete Fantasiereisen, tänzerische Stilelemente, imaginäres Zeichnen genutzt; kurz: die unterschiedlichsten Therapieansätze und Coachinginterventionen werden herangezogen. Durch das Schreiben einer eigenen Heldenstory zum Beispiel lernen die Teilnehmer der meist mehrtägigen Veranstaltungen sich und ihre Ängste kennen. Sie lernen, ihre Schwächen zu erkennen und zu akzeptieren und erhalten die Möglichkeit, die eigenen Stärken fokussiert auf ihre persönlichen Bedürfnisse auszurichten. Die Teilnehmer lernen anhand von Metaphern, Sagen und Geschichten, wie sie innere seelische Widerstände neutralisieren und Denkblockaden auflösen können. Eine weitere Besonderheit der „Heldenreise" besteht darin, dass sie nicht umfangreiches Faktenwissen vermittelt, sondern dass sie Gleichnisse und Mythen für den Weg zur Selbsterkenntnis und für persönliches Wachstum nutzt. Die narrativen, erzählenden Momente mit ihren metaphorischen Verknüpfungen zu überlieferten

Vorbildern und Sagenhelden unterstützen die Teilnehmer auf ihrer Selbstentdeckungsreise. Die Heldenreise zeichnet den Menschen als äußerst widersprüchliche und vielschichtige, doch letztendlich lernfähige und einzigartige Spezies mit tiefen Einsichten in das eigene und das Leben anderer.

Junggebliebene Helden unterwegs

Wir alle können im mittleren und späten Erwachsenenalter auf eine Vielzahl von kleinen und großen Heldenreisen zurückblicken. Ohne es zu wissen, haben wir Abenteuer angenommen und uns auf ungewisse Missionen begeben. Immer wieder hieß es, mit Herausforderungen umzugehen und über unseren eigenen Schatten zu springen. Und mehr als einmal kehrten wir, persönlich gereift, mit einem ganz besonderen „Elixier" zurück, das unsere innere und äußere Welt ein klein wenig veränderte.

So stehen wir mit dem ausklingenden Berufsleben vor einer der größten und bedeutendsten Fahrten: der Heldenreise in den Ruhestand. Plötzlich und unerwartet steht für viele von uns der letzte Arbeitstag vor der Tür. Manch einer will es noch gar nicht wahrhaben und sträubt sich – oftmals aussichtslos – gegen seine Entberuflichung. Andere wähnen sich am Ziel ihrer Sehnsüchte. An der Schwelle zur nächsten Lebensphase müssen wir unsere Komfortzone der eingeschliffenen Pflichten, der antrainierten Gewohnheiten und der feststrukturierten Abläufe verlassen. Manchmal finden wir einen Mentor, der uns dabei unterstützt. Die meisten müssen hingegen ohne einen Vertrauten auskommen und stolpern in so manche Altersfalle hinein. Sie betreten eine neue Welt, in der neben der freudigen Erwartung auf das Kommende auch „Dämonen" und falsche Freunde, wie Langeweile, Inhaltsleere und das Bore-out-Syndrom, lauern.

3 Selbstverständnis plausibel entwickeln ...

Wer es vermag, sollte dann aktiv werden und kämpfen. Am besten werden all diejenigen die Herausforderung bestehen, die sich vorher mit den eigenen Erwartungen auseinandergesetzt und Pläne geschmiedet haben. Sie verfügen dann über ein Schwert, das scharf genug ist für die Inbesitznahme des Schatzes, der uns Gelassenheit, Lebenszufriedenheit und Glück verheißt.

Die Reise vom Berufsleben in den Ruhestand wird uns über vielfältige Wege führen. Immer wieder über die Hügel unserer Lebenserfahrung, aber auch durch die persönlichen Mühen der Ebene. Entlang der Erinnerungen einer bereits verstrichenen Lebenszeit und vorbei an den Weiten der späten Lebensträume. Irgendwann ankommen in der Stille des eigenen Selbst mit einem unendlichen Verständnis für die Welt um uns herum und unsere Existenz.

Wenn ich auf die Rückseite meiner Visitenkarte als (Vor-)Ruhestandscoach und Resilienzlotse schaue, dann finden sich dort u. a. drei Begriffe: Lebensbewältigung, Lebensbilanz und Lebensplanung. Sie stehen in einem engen Zusammenhang mit den zeitlichen Ebenen: mit der Vergangenheit, dem Hier und Heute und mit der Zukunft. Eine dreistufige Auseinandersetzung mit der verstrichenen, der aktuellen und der zukünftigen Biografie. Wenn wir es bisher noch nicht getan haben, so ist gerade in der Übergangszeit vom Beruf in den Ruhestand die Zeitspanne angebrochen, in der es wichtig und folgerichtig ist, eine Generaldurchsicht vorzunehmen. Wir sollten einen aktuellen Snapshot unseres Lebens machen und uns – sofern noch nicht geschehen – unserer kumulierten Glücksmomente und Schrecksekunden, unserer Erfolge und Fehlschläge, aber auch unserer Defizite und Vorzüge bewusstwerden. Aus dem Blickwinkel des persönlichen Wohlwollens und des positiven

Selbstzuspruches. Mit einer Portion Heiterkeit und einer Prise Galgenhumor.

Die Praxisübung
Die Übung zur Heldenreise ist zweigeteilt. Sie findet auf einem größeren Blatt Papier statt und soll unsere entscheidenden Momente im Leben abbilden. Dazu benötigen Sie: ein DIN-A-3-Blatt Papier mit einer Grammatur ab 90 g/m^2, ein papiernes Meterbandmaß aus einem Baumarkt Ihrer Wahl, bunte, selbstklebende Smileys, einen Klebestift, eine Schere, mehrere farbige Stifte. Schreiben Sie mit einem dickeren Stift oben links auf das Blatt „Meine Heldenreise". Greifen Sie dann zum Papierbandmaß. Ein Zentimeter darauf stellt ein Lebensjahr dar. Schneiden Sie es an der Stelle ab, die mit Ihrem aktuellen Alter übereinstimmt. Dann teilen Sie das Bandmaß bei etwa 35 cm und kleben die beiden Streifen untereinander auf das Papier. Reflektieren Sie nun Ihr Leben. Denken Sie an die prägendsten und emotional eindrucksvollsten Momente und Ereignisse in Ihrem Leben. Lassen Sie für einen Moment all das Gute, Schöne und Wahre mit allen Sinnen aufleben, was Sie auf Ihrem Lebensweg geformt hat. Vergeben Sie für jede Episode, die Sie persönlich für wichtig halten, einen Smiley und platzieren Sie ihn über dem entsprechenden Lebensalter. Bedenken Sie nun, dass es nicht nur positive Ereignisse waren, die Ihr Leben bestimmt und nachhaltig beeinflusst haben. Zum Helden sind Sie auch dadurch geworden, dass Sie Bitternisse, Niederlagen und Verluste in Ihrem Leben eingesteckt und verarbeitet haben. Auch (und manchmal auch: gerade) diese Stationen haben Sie zu dem gemacht, der Sie sind. Diese Ereignisse markieren Sie mit einem Smiley unterhalb des Maßbandes. So erhalten Sie schrittweise einen Überblick über Ihren biografischen Weg von der Geburt bis zum heutigen Tag. (Abb 3.6)

3 Selbstverständnis plausibel entwickeln ... 155

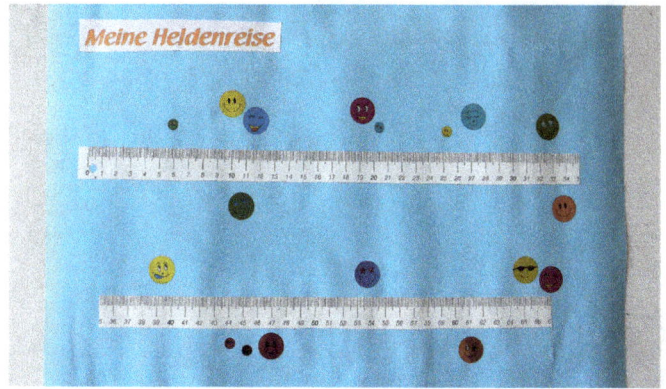

Abb. 3.6 „Meine Heldenreise"

Drehen Sie nun das Blatt herum. Schreiben Sie in die linke obere Ecke mit einem dickeren Stift die Worte „HiRu – **H**eld **i**m **Ru**hestand". Das verbliebene Bandmaß schneiden Sie als Frau bei 83 cm ab, als Mann bei Zentimeter 78. Das sind etwa die durchschnittlichen statistischen Lebenserwartungen der Deutschen im Jahr 2020. Kleben Sie diesen Streifen auf den oberen Teil des Blattes und markieren Sie mit weiteren Smileys die Lebensjahre, in denen Sie sich den Abschluss eines wichtigen Ruhestandsprojektes vorstellen können, eine umfangreiche Reise unternehmen oder einen langgehegten Herzenswunsch erfüllen wollen. Aus dem ersten Abschnitt dieses Buches wissen Sie bereits, wie man lange geistig und körperlich fit bleibt. Deshalb dürfen Sie sich auch einen „Lebenserwartungs-Bonus" geben: Ergänzen Sie die statistischen Durchschnittsalter um eine Wunschlebenszeit – und kleben Sie nun Ihr ganz persönliches, zusätzliches Bandmaßstück auf! Zu guter Letzt notieren Sie Ihre guten Vorsätze für die Zeit als „Held im Ruhestand" unter den Überschriften „Love it – Mehr davon!!!", „Leave it – Loslassen!!!", „Change it – Anders machen!!!" und „Accept it – Nicht zu ändern ...". Finden

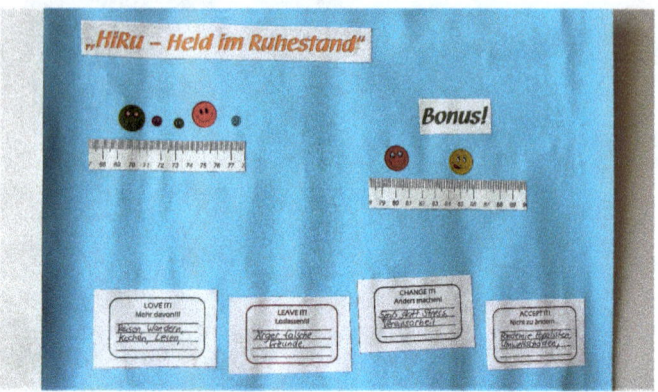

Abb. 3.7 Held im Ruhestand

Sie zu jeder Rubrik jeweils zwei, drei wichtige Werte, Verhaltensweisen oder Lebensbereiche, die Sie im Vergleich zur Zeit vor dem Ruhestand demnächst verändern wollen. (Abb. 3.7)

Ihre Lebenslinie ist nun komplett. Sie haben vom Beginn Ihres Daseins – vom linken Rand über alle Entwicklungsphasen hinweg bis an den rechten Rand – die emotional positiven Höhepunkte und wachstumsstärkenden Tiefen auf einem Blatt Papier vereint. Mit der Kraft und Energie des Lebenshelden im Gepäck können Sie sich nun an Ihre Zukunftsprojekte wagen. Was Sie dazu benötigen, ist ein praktikabler Leitfaden, der Ihnen Orientierung gibt und die Schritte beschreibt, die Sie auch im Alter weiterhin erfolgreich machen.

3.5 Das persönliche Projekt Ruhestand

Wie strukturiert sollte man sein?
Es gibt Menschen, die gern strukturiert leben und arbeiten; ich gehöre mit dazu. Ein geordnetes und systematisches

3 Selbstverständnis plausibel entwickeln ...

Vorgehen im Leben hat u. a. den Vorteil, dass man alles der Reihe nach durchgeht und nichts Wichtiges vergisst. Ob es beim Packen des Koffers ist oder die kleine To-do-Liste für den Tag: Man behält den Überblick und weiß immer, was bereits erledigt und wo noch etwas offengeblieben ist. Gerade unmittelbar nach dem Ausstieg aus dem Berufsleben haben wir den Kopf voller Aufgaben, Pläne und Vorsätze. Wenn wir nicht aufpassen, dann verfallen wir in einen Aktionismus, der zwar einiges bewegt, aber nicht die wirklich wichtigen Dinge zu einem guten Ende bringt. In letzter Konsequenz führt planloses Vorgehen nicht zu Wohlbefinden und Zufriedenheit, sondern hinterlässt unfertige Baustellen. Dann tritt das Gegenteil der vormals guten Absichten ein. Man sollte schon unterscheiden, ob etwa die nächste Handlung einer strengen Ablaufstruktur bedarf oder ob man sie einfach aus dem Stand heraus umsetzen kann. Manchmal ist die Unterscheidung nach kleinen und großen Projekten hilfreich. Doch nicht immer bestimmt der Umfang einer Aufgabe auch ihre Strukturierungstiefe. Bereits die Anfertigung eines Fotobuches mit einer handelsüblichen Bearbeitungssoftware bereitete mir persönlich mehr Kopfschmerzen, als ich vorher gedacht hatte. Nicht nur die vielen Gestaltungsoptionen erwiesen sich eher als Kreativitäts- und Erfolgsbremse. Für ein gutes Fotobuch braucht man auch ein gewisses künstlerisches Konzept, muss die vielfältigen Funktionen der Softwarewerkzeuge kennen und benötigt praktische Erfahrungen beim Formatieren und Konfigurieren der Bilder, um nur einige der Anforderungen zu nennen. Mitten in der Arbeit wird man in seinem Enthusiasmus ausgebremst und muss leidvoll erkennen, dass ein systematisches Vorgehen schneller und entspannter zum Ziel geführt hätte.

Damit Ihr Ruhestand nicht zum Unruhe-Zustand wird, empfiehlt es sich, einem erprobten Leitfaden zu folgen.

Am besten einem Modell, das sich in der Vergangenheit in vielen Lebensbereichen bewährt hat. Manchen Modellen sieht man es auf den ersten Blick gar nicht an, dass sie eine konkrete und alltagstaugliche Hilfe für die unterschiedlichsten Vorhaben, Anlässe und Projekte sind. Das folgende jedoch hat mich persönlich bei der Erstellung wichtiger beruflicher Konzepte, bei der Vorbereitung und Führung von Interviews und sogar bei privaten Bauprojekten sehr unterstützt.

Das Modell der „(Neuro-)Logischen Ebenen"
Es war schon ein Geniestreich, der dem US-amerikanischen Autor und Trainer Robert Dilts mit der Erschaffung der sogenannten **„Neurologischen Ebenen"** gelang: Aufbauend auf den „Logischen Ebenen des Lernens" des angloamerikanischen Universalgenies Gregory Bateson schuf Dilts eine Folge von Ebenen, aus denen heraus gezielt persönliche Veränderung erfolgen kann. Allerdings ist die Bezeichnung etwas irreführend. Die hierarchisch aufeinanderfolgenden Wertekategorien haben nur indirekt mit dem Nervensystem zu tun und die Ebenen sind auch nicht logisch, sondern eher psychologisch miteinander verknüpft. Nichtsdestotrotz sind sie für eine Projektplanung hilfreich und wertvoll, weil hinter ihnen Fragen stehen, die die äußere Welt des Handelns mit der inneren Welt der Emotionen vereinen. Ich selbst bezeichne sie als Kompetenzebenen, die in Form einer Pyramide aufgestapelt sind. Sie führen den Benutzer von den unteren rationalen Ebenen auf die höheren gefühlsgesteuerten Begriffsebenen. In den ersten drei „Etagen", den Sachebenen, sind die Personen und Situationen für Dritte von außen sichtbar, hörbar und begreifbar – und damit materieller Natur. In den persönlichen Ebenen darüber ist der Zugang nur über indirekte Wahrnehmungen, die sich im Geist abspielen und unser

3 Selbstverständnis plausibel entwickeln ... 159

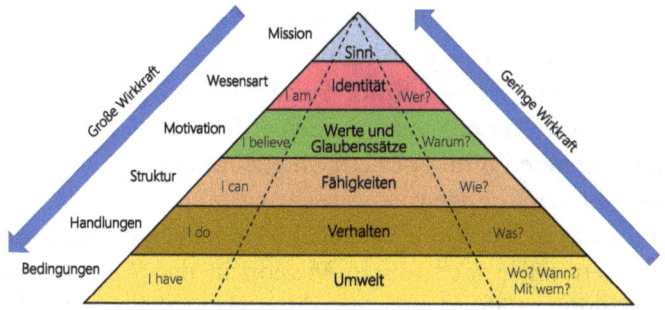

Abb. 3.8 Die Kompetenzpyramide (nach Robert Dilts)

Bild von der Welt ausmachen, zugänglich. Sie müssen regelmäßig verbal hinterfragt werden. (Abb. 3.8)

„I have." – Die unterste Ebene ist die Ebene der **Umwelt.** Sie ist mit den Bedingungen und Umständen verknüpft, die wir aktuell vorfinden und stellt Fragen nach dem „Wo?", „Wann und wie lange" sowie nach dem „Mit wem?" Diese Ebene untersucht den Zustand des Habens.

„I do." – Auf die Umweltebene setzt die Ebene des **Verhaltens** auf. Hier werden die Handlungen betrachtet, die ein Mensch sichtbar für andere ausübt. Dahinter verbirgt sich die Frage nach dem „Was?". Was genau müssen wir tun, um z. B. eine Aufgabe zu lösen oder ein bestimmtes Ergebnis zu erzielen.

„I can." – Die dritte ist die Ebene der **Fähigkeiten,** auf der die Frage nach dem „Wie?" gestellt wird. Welche Kompetenzen und Fertigkeiten stehen uns zur Verfügung, wie sind wir strukturiert und mit welchem praktischen Wissen ausgestattet, um aus eigener Kraft ein Werk zu entwickeln und zu realisieren.

„I believe." – Auf der Ebene vier, der Ebene der **Werte, Glaubenssätze und Überzeugungen,** geht es um unsere innere Motivation, die Antreiber und Anreize für das jeweilige Tun. Dahinter steht die Frage nach dem „Warum?"

„I am." – Die fünfte Ebene steht für die eigene **Identität** und zwei Fragen: „Wer bin ich" und „Wem fühle ich mich zugehörig?" – also für Fragen nach unserer Wesensart, unserer Persönlichkeit, unserem Charakter. Aber auch um unsere erhoffte oder erreichte Zugehörigkeit zu einer bestimmten Gruppe von Menschen.

In der sechsten und letzten Ebene hat Dilts den **Sinn** platziert. Hier wird unsere Mission in der Welt, unsere Bestimmung als Mensch abgeklärt. Und dafür steht die Frage „Wozu (ist das gut)?"

In der **„Kompetenzpyramide"** organisiert jede Ebene gleichsam die darunterliegenden; d. h. sie schließt sie mit ein und steuert sie. Das bedeutet, dass eine Veränderung auf einer höheren Ebene gleichzeitig Veränderungen auf einer oder mehreren der darunter befindlichen Ebenen zur Folge hat. Diese Wechselwirkung funktioniert auch in umgekehrter Richtung; sie ist in der Regel dann jedoch schwächer ausgeprägt. Die „Neurologischen Ebenen" stellen eine Art Universalraster der Realität dar. Sie eignen sich vorzüglich als durchgängige Strukturhilfe für erfolgreiche Projekte, weil sie einen multidimensionalen Blick auf die komplexe Lebenswirklichkeit ermöglichen. Das ist in etwa vergleichbar mit den verschiedenen Schichten, die z. B. ein Computertomograf vom Gehirn aufnimmt. Aufeinandergelegt ergeben die Einzelbilder ein mehrdimensionales Gesamtbild unseres Denkorgans bei gleichzeitiger Abbildung der Wechselwirkungen zwischen den einzelnen Gehirnstrukturen.

Durch gezieltes Erfragen kann man leicht feststellen, auf welcher Ebene Menschen in Konflikte geraten und welche Gedanken sie dort bewegen. Aus einer höheren Ebene heraus kann man sie dann abholen und ihnen Veränderungsvorschläge unterbreiten. Zudem steht das Modell als universeller Leitfaden für Projektentwicklungen zur Verfügung. Diese kann man von der

3 Selbstverständnis plausibel entwickeln ...

Basis zur Spitze oder aber auch umgekehrt entwickeln – jeweils in Abhängigkeit von der Art der Aufgabe und ihrer Komplexität.

Nachfolgend einige Beispiele. Wenn in der Berufswelt Menschen innerlich gekündigt haben, kann das verschiedene Ursachen haben. Einige nehmen ihre Arbeitsbedingungen als belastend wahr, weil die starren Arbeitszeitregelungen keine individuelle Betreuung der Kinder zulassen (Umwelt). Andere fühlen sich von den Transformationen, die die Digitalisierung mit sich bringt, überfordert und müssen sich womöglich neues Wissen ohne Unterstützung durch den Arbeitgeber aneignen (Fähigkeiten). Wieder andere sind der Überzeugung, dass die alten Arbeitsmethoden gut genug waren, um im Wettbewerb zu bestehen, und sträuben sich nun gegen eine Umstrukturierung im Unternehmen (Werte). Und eine vierte Gruppe von Menschen fühlt sich über das Arbeitsamt in einen Job oder in ein Unternehmen vermittelt, in dem man sich nicht wohlfühlt (Identität). Jeder Situation kann eine bestimmte Ebene zugeordnet und aus einer darüberliegenden Ebene eine Persönlichkeitsentwicklung angeschoben werden. Aber erst im komplexen Zusammenspiel der Ebenen erschließt sich die Meisterschaft und der volle Nutzen des Modells.

Nehmen wir an, einem Mitarbeiter soll die Führung eines wichtigen Projektes übertragen werden. Dieser entwickelt jedoch einige Bedenken dagegen. In diesem Fall sollte man zuerst erkunden, auf welcher Ebene diese Vorbehalte entstehen. Das schafft die Möglichkeit, aus einer darüberliegenden Hierarchieebene heraus spezielle Anreize und Vorschläge zu unterbreiten. Wenn der Kandidat beispielsweise meint, dass er sich in der Führung eines Teams schwertut und im Umgang mit den Vorgesetzten nicht den richtigen Ton trifft (Verhaltensebene), dann wäre vielleicht ein Personalcoaching mit integriertem

Kommunikationstraining der Weg zum besseren Umgang untereinander (Ebene der Fähigkeiten). Glaubt er nicht daran, dass sein Wissen und seine Kompetenzen für den Projekterfolg ausreichen (Ebene der Fähigkeiten), dann sollte man seinen Selbstwert stärken und ihn an seine beruflichen Erfolge in der Vergangenheit erinnern (Ebene der Werte und Glaubenssätze). Kritisiert er als Projektleiter fehlende Machtbefugnisse, dann erteilt man ihm projektbezogene Entscheidungskompetenzen und überträgt ihm z. B. die exklusive Budgetverantwortung. Gleichzeitig tut man alles dafür, dass die gesamte Führungsmannschaft hinter dem Projekt steht (Identitätsebene). Im wahren Leben helfen oftmals auch materielle Werte. In Form finanzieller Zugeständnisse und Vergünstigungen fördern sie – zumindest in der Startphase eines Projektes – das persönliche Engagement für die anstehenden Aufgaben (Ebene des Verhaltens).

In der Regel besitzt die Vorgehensweise, sich von den persönlichen Ebenen hinunter auf die Sachebenen zu bewegen, eine größere Wirkkraft als das Durchschreiten der Ebenen in entgegengesetzter Richtung. Für die systematische Entwicklung eines größeren Projektes, das im Wesentlichen von sachlichen Parametern abhängt, kann es ratsamer sein, die umgekehrte Richtung einzuschlagen. Ausgehend von den konkreten Ausgangsbedingungen (Wo? Mit wem? Wann? Wie lange?) arbeitet man sich über die einzuschlagende Strategie und die einzelnen Handlungsschritte (Was? Wie?) sowie den Glauben an den Erfolg (Warum?) bis zur Frage: „Wer sind wir dann, wenn wir das Vorhaben erfolgreich abgeschlossen habe?" heran.

Menschen, die sich weniger das eigene Tun zutrauen und mit ihren rationalen Kompetenzen hadern, sollten sich vielleicht zuerst fragen, welche Zweckbestimmung ihr Projekt hat (Sinn). Danach können sie gedanklich ihre sozialen Rollen definieren, die sie in diesem Projekt besetzen wollen („Ich bin ...", „Ich gehöre zu ...", „Ich fühle mich als ..."). Anschließend sollten sie ihre persönlichen Haltungen, die das Projekt geistig tragen, überprüfen, und die erforderlichen Fähigkeiten ermitteln, die sie für dessen Realisierung brauchen. Noch nicht vorhandene Kompetenzen können sie sich antrainieren, von anderen übernehmen oder durch die Einbeziehung Dritter hinzukaufen. Zu guter Letzt denken sie über die äußeren Bedingungen nach, die das Projekt erfolgreich machen sollen: den Ort, den Zeitpunkt, die erforderlichen Kooperationen, die materiellen und technischen Voraussetzungen. Der berühmte französische Schriftsteller Antoine de Saint-Exupéry hat das prosaisch einmal so ausgedrückt: „Wenn Du ein Schiff bauen willst, dann trommle nicht Männer zusammen, um Holz zu beschaffen, Aufgaben zu vergeben und die Arbeit einzuteilen, sondern lehre die Männer die Sehnsucht nach dem weiten, endlosen Meer." Alles Weitere geschieht dann wie von selbst ...

Im Alter Gesundheitsbewusstsein aufbauen

Nehmen wir an, Sie wollen ein aktiver, gesundheitsbewusster Best ager sein, der später sein gewonnenes Gesundheitswissen an die nachfolgenden Generationen weitergeben möchte. Dann starten Sie am besten auf der *Ebene der Umwelt*. Wann möchten Sie gezielt mit der Umsetzung dieses Vorsatzes beginnen und zu welchem Zeitpunkt möchten Sie Ihr Ziel erreicht haben? Wollen Sie den Weg dorthin allein beschreiten oder möchten Sie es gemeinsam mit einem oder mehreren Partnern tun? Von wem möchten Sie unterstützt werden bei der Stärkung Ihrer Altersgesundheit? Wessen Ratschläge schätzen Sie und welche würden Sie eher ablehnen?

Nach der Klärung der Umstände ist das *Verhalten* gefragt: Was genau müssten Sie unternehmen, welche Kontakte knüpfen und daraus Netzwerke bauen? Was müssten Sie tun, um selbst ein gesundheitsbewusstes Leben zu führen? Welche Ernährung würden Sie bevorzugen, welche sportlichen Aktivitäten bestreiten und was würden Sie für Ihre geistige Fitness tun? Was würden Sie tun, wenn Ihr Vorhaben nicht vorankommt oder gar Rückschläge erleidet? Und was alles sollten Sie auf dem Weg zur körperlichen Altersstabilität unterlassen?

Prüfen Sie auf der *Ebene der Fähigkeiten*, ob Ihre Kompetenzen für die Zielerreichung ausreichend sind. Wo liegen Ihre Stärken und Qualitäten, die Sie für Ihr Ziel hervorragend einsetzen könnten? Welches Erfahrungswissen kann Sie Sie auf dem Weg zu einem gesunden und vitalen Leben unterstützen? Welche früheren Kompetenzen können Sie einsetzen, um schneller und besser an Ihr Ziel zu gelangen? Welches Wissen müssen Sie sich noch aneignen für die Zielerreichung?

Jetzt zur *Wertebene*. Warum sind Ihnen die Ihre gesundheitlichen Ziele in der dritten Lebensphase besonders wichtig? Welche persönlichen Überzeugungen und Werte bestärken Sie darin, zu der gesundheitlich stabilen Person zu werden, die Sie sein wollen? Was genau lässt Sie an das Gelingen Ihrer Vorsätze ganz fest glauben? Was wird Sie motivieren, Ihren Weg zu einem gesunden und ausgewogenen Leben im Alter konsequent zu verfolgen und Ihr Wissen an die Nachfolgenden weiterzugeben? Welche ethischen und moralischen Ansprüche stehen hinter Ihrer Zielstellung?

Weiter geht es zur *Ebene der Identität*. Woran werden Sie merken, dass all Ihre Ziele Wirklichkeit geworden sind? Wer werden Sie dann sein, wenn Sie Ihre Ziele erreicht haben? Welche sozialen Rollen werden Sie dann besetzen und sich welchen Gruppen von Menschen zugehörig fühlen? Wie fühlt es sich dann für Sie an, ein aktiver, engagierter und gesundheitsbewusster Best ager zu sein, der sein Wissen nun an die nachfolgenden Generationen weitergibt?

In Abhängigkeit vom jeweils konkreten Projekt werden die Fragen auf den verschiedenen Ebenen mehr oder weniger stark variieren. Ich empfehle Ihnen, die Fragen und Antworten aufzuschreiben und zu visualisieren. Dazu dient auch die nachfolgende Übung.

Die Praxisübung
Und wieder benötigen Sie einen etwas stärkeren DIN-A-3-Bogen, eine Schere, einen Klebestift und weitere Stifte Ihrer Wahl. Geben Sie dem Blatt auf seiner Vorderseite die Überschrift „Mein persönliches Ruhestandsprojekt". Tragen Sie alle Zeitschriften zusammen, die Sie auftreiben können. Entwerfen Sie gedankliche Bilder darüber, was Sie sich noch vornehmen, was Ihnen wichtig ist, was Ihnen in den kommenden Jahren Lebenszufriedenheit, Glück und Gelassenheit bedeutet. Kreieren Sie es nun in Form einer Collage: Suchen Sie all die Bilder aus den Zeitschriften zusammen, die Ihr Thema plakativ widerspiegeln können. Finden Sie markante Überschriften, Symbole, Zitate und Textsequenzen, die zu Ihrem Projekt passen. Schneiden Sie alles aus und kleben Sie die Ausschnitte mit etwas gestalterischem Geschick auf die Seite. Was Sie nicht finden, ergänzen Sie kreativ durch eigene Zeichnungen, Grafiken oder Texte. Lassen Sie Ihrer Fantasie freien Lauf! Das folgende Bild zeigt beispielhaft eine fertig gestaltete Collage. (Abb. 3.9)

Nun zur Rückseite – es ist die Seite, die Ihre Collage durch Ihre ganz persönliche Kompetenzpyramide ergänzt und unterstützt. Laden Sie dafür am besten das Arbeitsblatt (3.5.3) herunter, drucken Sie es aus und kleben Sie es auf der Blattrückseite auf. Füllen Sie die vorbereiteten

Abb 3.9 Mein persönliches Ruhestandsprojekt

Antwortzeilen auf den verschiedenen Frageebenen aus. Stellen Sie immer wieder assoziative Verbindungen zu Ihrem Ruhestandsprojekt, zu seinen Bildern und Texten her. Lassen Sie zum Schluss Ihr Werk auf sich wirken! Wie fühlt sich das an?

Anmerkung: Diese Übung macht am meisten Spaß, wenn man sie zu zweit oder in einer Gruppe durchführt. Auch wenn Sie meinen, keine künstlerische Ader zu besitzen: Jedes Mal entsteht ein Unikat, das ausschließlich Ihnen gehört und Sie zweifelsfrei als einzigartigen Menschen an der Schwelle oder im Übergang zur dritten Lebensphase beschreibt. Und damit Sie noch lange Freude an Ihrem „Alterswerk" haben, sollten Sie es vielleicht noch laminieren. Dann kann es einen besonderen Platz in Ihrer unmittelbaren Umgebung einnehmen oder als kleines Vermächtnis für nachfolgende Generationen dienen …

Unsere Biografie wurde vor allem durch die Botschaften der Kindheit geprägt. Vieles davon hat uns den Weg ins Leben geebnet, einiges behindert uns leider heute noch. Um diesen Blockaden auf die Schliche zu kommen und uns zu lösen von den hinderlichen Glaubenssätzen und den falschen Loyalitäten der Vergangenheit, lohnt ein Blick auf die verschiedenartigen Verhaltensmuster, denen wir noch immer folgen.

3.6 Stille Vermächtnisse – im Auftrage der Eltern

Der Erwartungsdruck der Kindheit
Viele Menschen leiden im fortgeschrittenen Alter an einer seelischen Störung mit Krankheitswert. Fast immer schreiben sie das dem Alterungsprozess zu. An einen überaus wichtigen, weil sehr häufigen Auslöser, denken aber die wenigsten: An seelische Verletzungen aus der Kindheit, die jetzt aufbrechen. Begeben wir uns zurück in die Jahre, als wir im Familienkreis aufgewachsen sind. Was genau haben wir von unseren Eltern gehört? Welche Botschaften haben wir empfangen? Welche Erwartungen wurden an uns gestellt? Welche Forderungen glaubten wir erfüllen zu müssen, auch wenn sie gar nicht ausgesprochen wurden? Hinter vielen elterlichen Äußerungen standen womöglich hohe Leistungsanforderungen und Erwartungshaltungen, zu denen wir uns verpflichtet fühlten. Als Gegenleistung durften wir gern dem Familienverband angehören, fanden Geborgenheit und wurden geliebt. Vieles von dem, was unseren Eltern versagt blieb oder was sie selbst nicht zustande brachten, wurde uns Kindern übertragen. Oftmals wurden wir zur ersatzliefernden Person, wurden in die Rolle eines Heilsbringers gesteckt und manchmal auch auf die Mission Wunderkind geschickt. Dabei hatten es die Einzelkinder am schwersten, weil sie die Elternhoffnungen nicht auf ihre Geschwister delegieren konnten. Wer den verbalen und unausgesprochenen Aufträgen nicht nachkam, dem

drohte Liebesentzug oder sogar Familienausgrenzung. Die harmloseste Form der Beziehungsverweigerung wurde mit dem Satz umschrieben: „Der ist aus der Art geschlagen". Und bei hartnäckigerem Erwartungsboykott wurden die Verweigerer schon mal verleugnet oder sogar verstoßen.

Viele Kinder zahlten im Kinder- und Jugendalter für ihre familiäre Treue, den Liebesempfang und ihre Gruppenzugehörigkeit einen seelischen Preis. Weil beide Seiten häufig nicht voneinander loslassen konnten oder wollten, verfestigte sich die familienabhängige Loyalität. Diese stand der Entwicklung einer eigenen Identität und Autonomie oftmals im Wege. Um jedoch zu eigener Identität und Souveränität finden zu können, hätte man die Ideale der Eltern enttäuschen oder sogar sabotieren und verraten müssen. Verletzte Grundbedürfnisse der Kindheit und frühe Traumata der Jugendjahre haben die Zeit bis ins beginnende Alter überdauert. Sie manifestieren sich nun im reifen Erwachsenenalter als einschränkende Verhaltensregeln, überkommene Glaubenssätze oder selbstschädigende Botschaften, wie: „Ich bin nichts wert", „Ich bin schuld" oder „Ich habe das nicht verdient". Immer, wenn sich eine Affektbrücke zwischen der aktuellen Situation und den emotionalen Ereignissen der Vergangenheit aufbaut, tappen wir in eine mögliche Lebensfalle. Derartige Situationen bedürfen einer Klärung, weil sie ansonsten zu Konflikten zwischen langjährigen Partnern, zu späten Missverständnissen im Ruhestand oder zu psychischen Störungen im Alter führen können.

Das „Schematherapie-Modell"
Elternbotschaften sind mächtig. So mächtig, dass sie noch lange auf unsere Arbeit, unseren Alltag und unsere Beziehungen nachwirken können. Wenn wichtige Grundbedürfnisse in unserer Kindheit nicht erfüllt wurden,

wie Nähe, Bindung, Stabilität oder Geborgenheit, dann werden die darauf aufbauenden, erlernten Verhaltensmuster zu potenziellen Lebensfallen. Wir handeln dann in vielen Situationen nicht wie reife Erwachsene, sondern so, wie wir es in der Kindheit getan haben, um zu überleben und uns zu schützen. Und bleiben damit hinter unseren Möglichkeiten zurück. Wie wir im zunehmenden Alter mit den Küssen umgehen, die uns hier und da zum Frosch werden ließen, hängt von der Persönlichkeit des Einzelnen ab.

Jeffrey E. Young, ein US-amerikanischer Psychotherapeut, hat – aufbauend auf dem „Drei-Instanzen-Modell" von Siegmund Freud und der Transaktionsanalyse von Eric Berne – in den 1990er Jahren die **Schematherapie** entwickelt (siehe auch Abschn. 4.1). Sie schlägt eine Brücke zwischen den beiden großen Therapieströmungen unserer Zeit: zwischen der Psychoanalyse und der Verhaltenstherapie. Sie eignet sich hervorragend für die Arbeit mit unserem verletzten, wütenden oder verwöhnten „inneren Kind" und hilft uns, die Lebensfallen, die sog. **„Schemata",** zu erkennen und zu neutralisieren, in die wir als Erwachsene – meist unbewusst – hineintappen. Zu den prägenden Mustern aus kindlichen Erinnerungen, körperlichen Empfindungen und empfangenen Botschaften gehören insgesamt 18 Schemata. Das Modell unterteilt die Schemata in fünf Domänen. Sie entsprechen im Wesentlichen den psychischen Grundbedürfnissen, die der deutsche Psychotherapieforscher Klaus Grawe gefunden hat (in Klammern). Werden sie nicht oder nur unzureichend bedient, kann das zur Schädigung der seelischen Gesundheit führen. Und das sind sie in Form einer Kurzbeschreibung:

Abgetrenntheit und Ablehnung (Das Grundbedürfnis nach Bindung)

Emotionale Entbehrung – Das Kind erlebte die Nähe und Liebe seiner Eltern nur selten. Der Erwachsene meint jetzt, für andere nicht wichtig zu sein und hält sich selbst für wertlos.

Verlassenheit – Sie geht auf eine unsichere Bindung in der Kleinstkindzeit zurück. Die Eltern hatten keine Zeit oder waren überfordert. Erwachsene entwickeln dann später eine permanente Furcht, zu vereinsamen und verlassen zu werden.

Misstrauen/Missbrauch – Wenn an Kindern, seelischer, körperlicher oder sexueller Missbrauch verübt wurde, empfinden sie als heutige Erwachsene Schmerz, Scham und Schuld. Daher halten sie zu anderen Menschen vorsichtshalber Abstand und misstrauen ihnen.

Soziale Isolation und Entfremdung – Einsam erlebte Kindheit, weitgehend abgeschottet von der Außenwelt, führt zu späterer Selbstisolation, zu Rückzug, Abtrennung und Absonderung des Erwachsenen von anderen Menschen.

Unzulänglichkeit/Scham – Kinder, die wegen ihres Aussehens oder ihrer Kompetenzen gedemütigt wurden, fühlen sich unzulänglich und minderwertig. Als Erwachsene glauben sie nicht, Liebe, Respekt und Beachtung zu verdienen.

Beeinträchtigung von Autonomie und Leistung (Das Grundbedürfnis nach Autonomie)

Versagen/Erfolglosigkeit – Die Eltern versagten dem Kind Ermutigung, Zuspruch und Unterstützung. Als Erwachsene meiden sie daher Situationen, in denen sie scheitern oder erfolglos sein könnten.

Abhängigkeit/Inkompetenz – Wenn die Eltern den Kindern immer alles abnahmen und sie nicht forderten, erleben sich spätere Erwachsene als abhängig und inkompetent und orientieren sich an starken, dominanten Partnern.

Verletzbarkeit – Kindern wird die Außenwelt von den Eltern als fremd, gefährlich und feindlich erklärt. Sie erleben als sich dann als Erwachsene verletzlich und anfällig, scheuen Neues und suchen ständig Hinweise auf Gefahren und Bedrohungen.

Verstrickung/unentwickeltes Selbst – Die Kinder klammern sich über Schuldgefühle eng an die Eltern; später fällt es ihnen schwer, sich zu lösen und neue Bindungen einzugehen.

Beeinträchtigung im Umgang mit Grenzen (Das Grundbedürfnis nach innerer Kontrolle)

Anspruchshaltung/Grandiosität – Dem Kind wurden alle Freiheiten gelassen. Als Erwachsene sind sie später davon überzeugt, besser als andere zu sein, alles zu können und nach eigenen Regeln leben zu dürfen.

Unzureichende Selbstkontrolle – Die kindliche Frustrationsschwelle ist sehr niedrig. Als Kinder sehr undiszipliniert, fällt es ihnen als Erwachsene schwer, zielgerichtet zu arbeiten und auch lästige Aufgaben zu erledigen.

Fremdbezogenheit (Das Grundbedürfnis nach Selbstwerterhöhung)

Unterwerfung/Unterordnung – Widerspruch in der Kindheit wurde nicht geduldet oder sogar bestraft. Im späteren Leben erscheint es sicherer, sich anderen unterzuordnen und sich strikt an Regeln zu halten.

Selbstaufopferung – Diese Kinder hatten frühzeitig die Aufgabe, für die Familie zu sorgen. Auch als Erwachsene stellen sie ihre Bedürfnisse stets zurück und erlernen oftmals dienende, helfende oder pflegende Berufe.

Streben nach Anerkennung – Elternerwünschtes Verhalten im Kindesalter wurde belohnt. Im späteren Leben setzt der Erwachsene alles daran, fortwährend beachtet, respektiert und anerkannt zu werden.

Übertriebene Wachsamkeit und Gehemmtheit (Das Grundbedürfnis nach Lust/Unlustvermeidung)

Emotionale Gehemmtheit – Lebendiges kindliches Verhalten wurde unterbunden. Erwachsene mit diesem Schema gehen später sehr rational vor und versuchen, ihre Gefühle streng unter Kontrolle zu halten.

Überhöhte Standards – Die Liebe der Eltern gab es nur im Tausch gegen gute Leistungen; spätere Erwachsene stellen daher höchste Ansprüche an sich, werden ehrgeizig und neigen zur Perfektion.

Negativität/Pessimismus – Jederzeit und überall haben Eltern das Schlimmste für ihr Kind vermutet. Deshalb vermeidet es im späteren Leben Experimente, weil sie gefährlich sein könnten.

Bestrafungsneigung – Kinder wurden mit Strafen großgezogen, um sich in der Welt orientieren zu können. Spätere Erwachsene sind streng und unnachgiebig sich selbst und anderen gegenüber.

Diese Schemata entstehen während der Adoleszenz im Spannungsfeld zwischen den verschiedenen **Kind-Modi,** wie dem verletzten, dem wütenden, dem verwöhnten oder auch einsamen oder missbrauchten Kind; und den funktionsgestörten **Eltern-Modi,** wie den emotional fordernden, den leistungsfordernden, den kritischen oder den strafenden Elternteilen. Aufbauend auf den verschiedenen Schemata entwickeln Kinder schützende, aber für das spätere Leben unzweckmäßige Anpassungsstrategien, sog. maladaptive Verhaltensweisen. Sie basieren auf unseren angeborenen Überlebens- und Abwehrmechanismen, die sich in Unterwerfung, Flucht und Kampf äußern. Es sind Schutzmechanismen, die als selbstschädigendes Verhalten gegen die eigene kindliche Natur später das Erwachsenenleben wesentlich beeinflussen können. Die Schematherapie bezeichnet sie als **Bewältigungs-Modi** und unterteilt sie in die Kategorien

Unterordnung, Vermeidung und (Über-)Kompensation. (Abb. 3.10)

Wir ordnen uns beispielsweise bedingungslos einem falschen Freund unter, weil wir als Kind angehalten wurden, nicht zu widersprechen und die Regeln einzuhalten (*„angepasster Unterwerfer"*). Oder wir treten als Wichtigtuer auf, um frühere Demütigungen durch die Eltern zu verdrängen oder zu kompensieren. Wenn wir als Kinder oft verlassen wurden und einsam waren, dann verhalten wir uns als Erwachsene vielleicht wie *„distanzierte Selbstberuhiger"* und betäuben uns durch exzessive Verhaltensweisen gegen aufkommende Gefühle. Wurden wir in der Kindheit stets belohnt und verwöhnt, treten wir für unsere Karriere womöglich als *Manipulierer und Trickser* auf, nur um die ausbleibende Wertschätzung im Beruf doch noch zu erlangen. Oder wir wurden von unseren Helikoptereltern überängstlich überwacht und stets auf Gefahrenabwehr anstatt auf gesunde Neugier getrimmt, was sich im Erwachsenenalter als aggressives Verhalten offenbart, aber lediglich dem Selbstschutz und weniger dem Angriff dient.

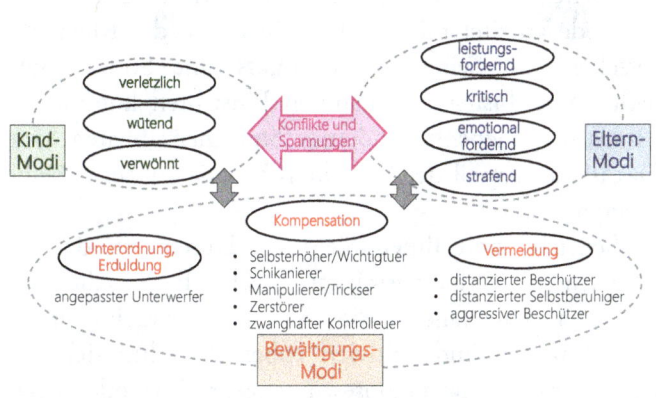

Abb. 3.10 Die Schematherapie und ihre Modi (nach Jeffrey E. Young)

Diese Muster gilt es zu erkennen, wenn man den Menschen aus ihren Lebensfallen heraushelfen möchte. Dabei geht es um die Bestimmung der seelischen Grundbedürfnisse, die das Kind nicht befriedigen konnte oder die ihm entzogen wurden. Der Coach oder Therapeut lokalisiert die Ursachen und erforscht die früheren Zusammenhänge zwischen den emotional angepassten Kind-Modi und den dysfunktionalen Eltern-Modi. Dabei werden die verursachenden Schemata aufgedeckt, die den Erwachsenen im Alltag behindern oder zu einer Störung von Krankheitswert führen. Das ist der Anteil der Psychoanalyse an der Schematherapie. Danach werden die Interventionen ausgewählt, die eine Verhaltensänderung einleiten sollen. Das kann im einfachsten Fall dadurch geschehen, dass der Klient einfach das Gegenteil von dem tut, was er bisher tat. Oder durch begleitete, imaginative Reisen in die Vergangenheit. Hier geschieht die mentale Befriedung, Neutralisierung oder Umwidmung des früheren elterlichen Verhaltens durch den Coach oder therapeutischen Begleiter, weshalb der Prozess der Heilung des inneren Kindes auch gern als **Nachbeelterung** (im Englischen Reparenting) bezeichnet wird. Eine weitere Methode arbeitet mit Stühlen, auf denen der Klient den verschiedenen Seiten des Konflikts eine Stimme gibt, dadurch zu bisher unbekannten Einsichten kommt und daraus neue, lebensverändernde Strategien ableiten kann. Das ist der Anteil der Verhaltenstherapie an der Schematherapie.

Vielleicht sind Ihnen Sie beim Durchlesen der verschiedenen Verhaltensmuster auch Ihre Kindheitsschemata aufgefallen, die Sie ins Erwachsenenalter mitgenommen und kultiviert haben. Es lohnt sich, sein eigenes, manchmal taktloses, unangebrachtes oder selbstbehinderndes Verhalten in Alltag und Beruf unter die Lupe zu nehmen und sich auf Ursachenforschung in die

Kindheit zu begeben. Im einfachsten Fall gibt es einen selbstbestätigenden „Aha-Effekt" und die neue Erkenntnis ringt uns ein Lächeln ab. In den meisten Fällen handelt es sich ja nicht um schwere Verhaltensstörungen, sondern um einen unangemessenen oder unfairen Umgang mit anderen Menschen. Wenn jedoch die in der Kindheit kreierten Bewältigungsstrategien zu einschränkendem Verhalten im Beruf, zu seelischen Belastungen oder gar zu psychischen Störungen führen, dann sollten wir uns von einem Coach beraten oder einem Therapeuten behandeln lassen.

Plötzliche Verhaltensänderungen im Alter
In Beziehungen, die bereits lange bestehen und bis in den Ruhestand hineinreichen, sollten sich die Partner in aller Regel detailliert kennen. Beiden sollten die gegenseitigen Marotten und Verhaltensweisen hinlänglich bekannt sein. Und doch kann es vorkommen, dass im Berufsleben der gefühlsmäßige Spürsinn für die Eigentümlichkeiten des jeweils anderen abhandengekommen ist bzw. eine tiefgreifende emotionale Begegnung der Partner erst mit dem Eintritt in den Ruhestand stattfindet. Plötzlich, mit viel Zeit für Beobachtung und Selbstreflexion nach dem Berufsleben, stellt man fest, dass das Verhalten des anderen vom Gewohnten und Bekannten abweicht. Es kommt zu Unverständnis und Misstrauen. Das Auftreten und die Reaktionen sind wie verwandelt und die eine oder andere Lebensgewohnheit verändert sich. Manche suchen die Ursache in der eigenen Person und weisen sich selbst die Schuld an der Verhaltensänderung des Partners zu. Um eine Erklärung für einen Stimmungs- oder Verhaltenswandel zu finden, lohnt es sich, sich über die Kindheitserfahrungen des anderen auszutauschen und die Schemata aufzuspüren, die sich nun im Alter in den Bewältigungsstrategien der Kindheit äußern. Ich kannte z. B. eine

Frau, die in den 1920er Jahren als uneheliches Kind auf die Welt kam. Der leibliche Vater wollte sich nicht fest an die Mutter binden. Die Mutter verstieß ihn daraufhin und tat alles für die Verleugnung des Erzeugers. Das Kind erfuhr nichts vom leiblichen Vater, wuchs lange Zeit ohne männliches Elternteil auf und wurde durch die Mutter konsequent vom Vater, der es gern sehen wollte, abgeschottet. Ein später einheiratender sozialer Vater übernahm die Erziehung. Im reifen Erwachsenenalter erfuhr die Frau bruchstückhaft von der Geschichte des verstoßenen leiblichen Vaters. Und damit kamen die Gefühle der frühen Einsamkeit und vaterlosen Verlassenheit wieder auf. Hinzu kam die überängstliche Fürsorge der Mutter, die alles dafür tat, dass die Tochter nicht mit den „falschen" Menschen in Kontakt geriet. All das trat mit zunehmendem Alter wieder in an die Oberfläche. Mit dem beginnenden Ruhestand war auf einmal genug Zeit vorhanden, intensiv über die eigene Kindheit nachzudenken. Zugleich versuchte die Betroffene, etwas über ihren leiblichen Vater in Erfahrung zu bringen, was jedoch nicht gelang. Und plötzlich klammerte sich die Frau, die bisher selbstbewusst und souverän durch das Leben ging, an ihren Partner. Sie geriet sogar in panische Angst, dass er sie verlassen und einsam zurücklassen könnte. Das Ganze gipfelte in Gedanken an seinen frühzeitigen Tod, die unerträglich wurden. Sie versuchte ihm alles recht zu machen, hinterfragte immer wieder seine Liebe und erlebte starke Schuldgefühle, weil sie meinte, permanent Fehler zu machen. Immer in der Angst lebend, der Mann könne sie verstoßen. Sie befand sich von einem Tag auf den anderen – und völlig unverständlich für den Mann – im Modus der angepassten Unterwerferin. Erst die gemeinsame biografische Analyse führte beide zu neuen Einsichten und Erkenntnissen und damit zu einer Entschärfung der inneren Konflikte.

Versuchen Sie in vergleichbaren Fällen mit Achtsamkeit und sehr behutsam zu ergründen, welche Kindheitserfahrungen neuartige und ungewohnte Verhaltensveränderungen des Partners herbeigeführt haben könnten. Mit dem Ruhestand beginnen oftmals innere autobiografische Aufarbeitungen, die zu Wandlungen und Anpassungen, zu zwanghaftem oder distanziertem Verhalten führen. Lösen Sie diese Konflikte gemeinsam auf oder lassen Sie sich von Spezialisten begleiten. Das, was Eltern uns situationsbedingt, vielfach im besten Glauben für unser Kindeswohl, aber manchmal auch wider besseres Wissen mitgegeben haben, lässt sich im Nachhinein oftmals korrigieren. Allerdings ist es im Übungsrahmen dieses Buches schwer möglich, eine der klassischen Interventionen vorzustellen. Für das Selbstmanagement eignet sich aber eine Übung, die einen anderen Weg zur Befriedung nachwirkender Kindheitsschemata wählt: den der imaginativen Versöhnung.

Die Praxisübung
Suchen Sie sich einen ruhigen Ort und entspannen Sie sich. Stellen Sie sich dann eine frühere Episode aus der Kindheit vor, in der Sie sich gedemütigt, verletzt, herabgesetzt oder verlassen gefühlt haben. Sie müssen den Ablauf nicht minutiös rekonstruieren. Wichtig ist, dass Sie sich mit all Ihren Sinnen in den Zustand versetzen, der all die Emotionen und körperlichen Reaktionen auslöst, die mit der früheren Situation im Zusammenhang standen. Suchen Sie sich im Geiste dann ein Symbol, einen Gegenstand, dem Sie eine kraftvolle Bedeutung beimessen, vielleicht einen wichtigen Gegenstand aus der Kindheit. Treffen Sie nun mental die entscheidende Person, die Ihnen die bis jetzt negativ nachwirkenden Botschaften oder Aufträge erteilt hat. Betrachten Sie die Gelegenheit, diese Person noch einmal treffen zu dürfen,

als Glücksfall. Würdigen Sie das Ereignis und die Person. Versuchen Sie, die Muster und die Beweggründe zu verstehen, nach denen die Person früher so und nicht anders gehandelt hat, nur so handeln konnte oder gar musste. Ergründen sie die positive Absicht hinter ihrem Auftreten. Bekunden Sie Ihr Verständnis für deren früheres Verhalten. Geben Sie dann dieser Person die Chance, sich zu verändern und eine neue Sicht auf die damaligen Umstände einzunehmen. Was hätte die Person gebraucht, um in der früheren Situation entsprechend Ihren Bedürfnissen handeln zu können? Bedanken Sie sich dann für all das, was Sie zu dem gemacht hat, was und wer Sie heute sind. Sie sind zu einem reifen und vernünftigen Menschen herangewachsen. Sie sind in der Lage, Ihr Leben selbst zu ordnen und zu gestalten. Deshalb können Sie die in Ihrer Kindheit empfangenen Glaubenssätze und Einredungen getrost ablegen und die seelischen Verletzungen vergeben. Die Botschaften haben ihren Zweck erfüllt, ihre Schuldigkeit getan und sind jetzt hinderlich geworden. Übergeben Sie das Symbol an die Person – in Würde und Ehrfurcht. Sollte sie es nicht annehmen wollen, dann legen Sie das Symbol behutsam auf den Boden vor die Person. Reichen Sie ihr die Hand zur Versöhnung und geben Sie ihr mit Ihrem Händedruck all die Ressourcen an die Hand, die sie früher selbst hätte gebrauchen können. Nimmt sie Ihren Handschlag nicht an, dann schenken Sie ihr ein Lächeln und sagen ihr, dass Sie sie lieben. Und kehren zurück ins Hier und Jetzt.

Im nächsten Abschnitt geht es um die Auseinandersetzung mit Problemen, Stress und Krisen – wie wir sie erkennen können, welchen Mustern und Regeln sie folgen und was wir praktischerweise probieren sollten, um sie zu bewältigen.

Weiterführende Literatur

Achatz, H. (2015). *Tour de France für alte Knacker*. BoD.
Akademie für angewandte Zukunftsbildung GmbH. https://www.mynlp.at/lexikon/neurologische-ebenen/. Zugegriffen 28. Apr. 2021
Bilgri, A. (2014). *Vom Glück der Muße*. Piper.
Blickhan, D. (2015). *Positive Psychologie – Ein Handbuch für die Praxis*. Junfermann.
Deutscher Schützenbund e. V. https://www.dsb.de/aktuelles/artikel/news/dsb-themenwoche-ist-der-flow-der-weg-zum-glueck. Zugegriffen: 13. Apr. 2021
Dilts, R. B. (2006). *Identität, Glaubenssätze und Gesundheit*. Junfermann.
EMOTION Verlag GmbH. https://www.emotion.de/work-life-balance/musse-prinzip-nichts-tun
Hofert, S. https://karriereblog.svenja-hofert.de/psychologie/4-karrierelebensphasen-die-nicht-nur-jeder-coach-kennen-sollte/. Zugegriffen: 22. Apr. 2021
Hofmeister, S. (2014). *Wo stehe ich und wo geht's jetzt hin*. GU.
Inntal Institut. https://www.inntal-institut.de/blog/die-logischen-ebenen-nach-robert-dilts-0. Zugegriffen: 27. Apr. 2021.
Kabat-Zinn, J. (2014). *Achtsamkeit für Anfänger*. Arbor.
Klinik Sonnenhalde AG. https://www.sonnenhalde.ch/downloads/vHp_dmpe8vw/Schematherapie_Riehener-Seminar.pdf. Zugegriffen: 4. Apr. 2021
Lerntechniken-info. https://www.lerntechniken.info/der-flow-zustand. Zugegriffen: 14. Apr. 2021
Lievegoed, B. (1979). *Lebenskrisen-Lebenschancen. Die Entwicklung des Menschen zwischen Kindheit und Alter*. Kösel.
Mahr, C. Seminarunterlagen 2015. Schematherapie/Schemacoaching, Abano Terme/Italien
Möhl, A. (2006). *Der große Zauberlehrling*. Junfermann.
Psychologie heute, 47(11). https://doi.org/10.31234/osf.io/7n2bm, https://doi.org/10.1093/geronb/gbaa096, https://doi.org/10.26633/RPSP.2020.81

Rebillot, P., & Kay, M. (2011). *Die Heldenreise. Das Abenteuer der kreativen Selbsterfahrung*. EAGLE.

Roediger, E. (2015). *Raus aus den Lebensfallen*. Junfermann.

Schönberger, B. *Psychologie heute, 47*(4), Muße verzweifelt gesucht

Studienscheiss UG (haftungsbeschränkt). https://www.studienscheiss.de/flow-hindernisse-beseitigen/. Zugegriffen: 15. Apr. 2021

Trigon Entwicklungsberatung. https://trigon.at/artikel-themen-032019-erkenne-dich-selbst-die-lebensphasen-des-menschen/. Zugegriffen: 25. Apr. 2021

Ustorf, A. (2021). Raus aus alten Mustern. *Psychologie heute, 48*(2)

Wikipedia. https://de.wikipedia.org/wiki/Heldenreise. Zugegriffen: 26. Apr. 2021

Quellenverzeichnis

Integrierte Grafiken: Pixabay, Fotos: Wolfgang Schiele

4

Probleme und Krisen erkennen – Stress erfolgreich bewältigen

„*Gelassenheit ist die angenehmste Form des Selbstbewusstseins.*"
(*Freifrau Marie von Ebner-Eschenbach*)

4.1 Unsere Antreiber bestimmen die Stresslast

Es geht immer noch besser
Der Chef steht unter Druck. Sein Vorstand erwartet einige Zuarbeiten für die außerordentliche Sitzung der Beschlussgremien. Er lässt Robert K. zu sich rufen. Er macht ihm klar, dass er kurzfristig Präsentationen und Berechnungen

---

Ergänzende Information Die elektronische Version dieses Kapitels enthält Zusatzmaterial, auf das über folgenden Link zugegriffen werden kann https://doi.org/10.1007/978-3-658-36149-5_4.

benötigt, die für den zukünftigen Kurswechsel der Firma von entscheidender Bedeutung sind. Er weiß, dass Robert K. ein Topmitarbeiter und weitsichtiger Stratege ist, der kluge Ideen hat und Spitzenleistungen erbringen kann. Aber er traut den Dingen nicht über den Weg und will sich absichern. Er beauftragt Johannes B. parallel mit denselben Aufträgen. Das ist nicht das erste Mal, dass er so verfährt, denn er musste vor Jahren wegen eines Krankheitsausfalls eine harte Rüge vom Vorstand einstecken, weil er Vorlagen nicht rechtzeitig liefern konnte. Robert K. macht sich an die Arbeit. Zwei Tage später erfährt er zufällig am Mittagstisch, dass ein weiterer Mitarbeiter mit demselben Auftrag betraut wurde. Erst ist er stinksauer über das Misstrauen ihm gegenüber. Dann jedoch legt er sich ordentlich ins Zeug. „Das werde ich viel besser machen als mein Kollege, das wäre doch gelacht! Die Fachkompetenz liegt einzig und allein bei mir! Und obendrein werde ich die Unterlagen einige Tage früher abgeben, um zu zeigen, wie locker das zu schaffen ist!" Robert K. bemerkt jedoch mit fortschreitender Zeit, dass es die Zuarbeiten in sich haben. Er setzt sich unter Dauerdruck, arbeitet bis zu 14 h am Tag an den Dokumenten. Zwei mit der Familie verplante Wochenenden cancelt er und sitzt wie besessen über den Unterlagen. Als er sie fertiggestellt hat, kommen ihm Zweifel, ob sie wohl gut genug sind, um dem Konkurrenten den Rang abzulaufen. Wieder und wieder nimmt er Veränderungen vor, geht mit schwerem Kopf erst spät in der Nacht zu Bett und springt unsanft mit Frau und Kindern um. Er will keine Schwächen zeigen und versucht verzweifelt, die Selbstkontrolle zu behalten. Seine Änderungen an den Vorlagen werden immer hektischer, die Zeit wird zu einem unerbittlichen Antreiber. Weder die zweite noch die dritte Version stellen ihn zufrieden. Bald bemerkt sein Umfeld, dass er am Rande der Erschöpfung arbeitet, doch

Aufgeben ist keine Option. Schweißausbrüche und Herzrasen machen ihm immer wieder zu schaffen. Robert K. ist überzeugt, dass eine Arbeit nur dann exzellent erledigt ist, wenn sie ihn fordert und einiges abverlangt. Doch im Geiste ist er gespalten. Er nennt sich bereits einen jämmerlichen Versager und Minderleister. Was wird wohl der Chef denken, was die Kollegen, wenn er nicht die beste und ausgereifteste Lösung vorlegt? Wie wird er dastehen, wenn der Chef den Unterlagen seines Kollegen den Vorrang gibt? Nicht auszudenken, wie seine Reputation in den Augen der Unternehmensführung schwindet! Und er legt arbeitsmäßig nach, verändert seine Entwurfsversionen wieder und wieder bis zum Abgabemoment beim Chef …

Robert K. ist ein Getriebener seiner eigenen Ansprüche, denen er anstandslos folgt. Hatten ihn nicht schon seine Eltern ermahnt, ja keine Fehler zu machen? Sich zu beeilen, wenn ein Vorgesetzter Aufträge erteilt? Und keine Schwächen zu zeigen, wenn der Weg zum Ziel steinig ist?

Das Modell der „Inneren Antreiber"
In der Mitte des vergangenen Jahrhunderts hat der US-amerikanische Psychiater Eric Berne im Ergebnis einer Vielzahl von Beobachtungen festgestellt, dass sich menschliche Kommunikation nach klar unterscheidbaren Mustern vollzieht. Gespräche werden seiner Auffassung nach aus unterschiedlichen **Ich-Zuständen** heraus geführt: aus dem Zustand des **Erwachsenen-Ichs,** des **Eltern-Ichs** und des **Kindheits-Ichs.** Oftmals ergeben aneinandergereihte Transaktionen, wie er die Kommunikationsverläufe nannte, typische Geschichten, die sich als stereotype Kommunikationsmuster zwischen Menschen ständig wiederholen, wie z. B. Ehestreitigkeiten, Neidgespräche oder Debatten über die Rechthaberei. Er nannte sie Spiele, genauer gesagt "Spiele der Erwachsenen". Und so heißt auch sein weltbekanntes Buch, das im Original den Titel

„Games People Play" (1964) trägt. Es war übrigens mein erstes Buch über die Psychologie Erwachsener, das ich gelesen habe. Bernes Buch läutete auch gleichzeitig den Start zu einem neuen psychologischen Konzept ein, der sogenannten **Transaktionsanalyse**. Sie veranschaulicht in allgemeinverständlicher Art psychologische Lebenskonzepte und überzeugt durch eine hohe Wirklichkeitsnähe. Bernes Kollege, der Psychologe Taibi Kahler, erweiterte 1977 die verschiedenen Ansätze der Transaktionsanalyse um das Modell der (inneren) **Antreiber**. Er stellte fest, dass sich Menschen bestimmte Verhaltensgewohnheiten aneignen, die sie motivieren und aktivieren. Er beschrieb daraufhin fünf verschiedene Typologien, die wir alle – allerdings aus anderen Lebensbereichen und unter anderem Namen – kennen. Da sind der „Macher", die „Hektische" der „Einschmeichler", die „Streberin" und der „Erbsenzähler". Bei Kahler werden sie mit Imperativen umschrieben und stellen Gebote dar, denen der Mensch bewusst oder unbewusst folgt: **„Sei stark!"**, **„Beeil dich!"**, **„Mach es allen recht!"**, **„Streng dich an"** und **„Sei perfekt!"**. (Abb. 4.1)

In diesem Modell werden unterschiedlichen Typen innere Handlungsanweisungen erteilt, die ihr Verhalten prägen. Wobei es nicht *den* Ausschließlichkeitstyp gibt. Jeder Mensch ist eine Mischung aus unterschiedlichen Verhaltensmustern, aus denen die eine oder andere Handlungsgewohnheit hervorsticht. Das wäre dann der innere Primärantreiber. Den Antreibern stehen die Erlauber gegenüber. Das sind Glaubenssätze und Zuschreibungen, die für ein gewisses Gegengewicht zu den Handlungszwängen sorgen können.

Der Antreiber **„Sei perfekt"** kommt in unserem Kulturkreis am häufigsten vor. Gut ist für ihn nicht gut genug. Nur herausragende Leistungen zählen und Fehler werden nicht toleriert. Der absolute Erfolg ist die einzig

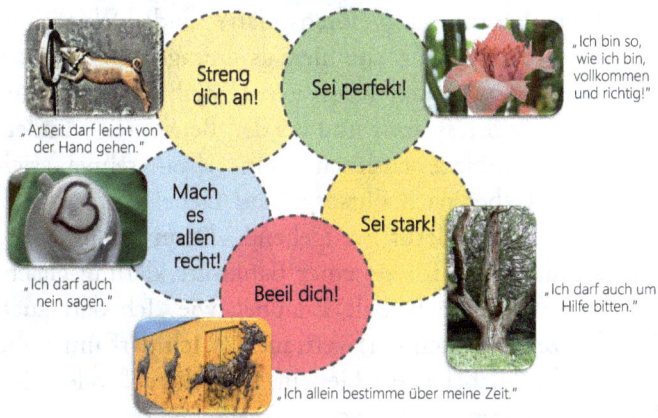

Abb. 4.1 Die inneren Antreiber (nach Taibi Kahler) und ausgewählte Erlauber

erstrebenswerte Zielgröße. Der Perfektionist will ohne Fehl und Tadel sein, weil er sich sonst nicht anerkannt und liebenswert findet. Zeit und Kosten spielen keine Rolle, und so kommt es schon mal vor, dass er mit seinen Vorhaben nie wirklich fertig wird. Der perfekte Typ führt sein Versagen nicht auf sein punktuelles, fehlerhaftes Verhalten zurück, sondern schreibt das Scheitern seiner Gesamtpersönlichkeit zu. Als mögliche Erlauberthesen können hier Sätze stehen, wie „Ich bin gut genug!", „Ich darf auch Fehler machen!", „Meine Erfolge können sich sehen lassen!" oder „Ich bin wertvoll durch das, was ich leiste!". Diese „Erlauber" können die Perfektionsansprüche abschwächen oder neutralisieren.

Der Antreiber **„Sei stark!"** ist unter den Menschen verbreitet, die glauben, alles allein bewältigen zu müssen. „Nur keine Schwächen zeigen und alles unter Kontrolle behalten", lautet ihr Slogan. Derart Angetriebene verbergen ihre wahren Gefühle und demonstrieren der Öffentlichkeit ihr grenzenloses Durchsetzungsvermögen.

Zu ihren Leitwerten gehören Härte und Heldentum. Aufgeben kommt für sie niemals infrage. Oft ist die Umgebung der Starken verunsichert, weil sie Druck aufbauen, der zu Stress führt und bei den Beteiligten Minderwertigkeitskomplexe auslösen kann. Zwar sehnen sich viele der Macher nach Fürsorge und Liebe, aber das verdrängen sie im Beruf weitgehend. Denn Hilfe anzufordern, das käme für sie einer Bankrotterklärung gleich. Versöhnlich wirken verbale Erlauber, wie „Ich darf auch Gefühle zeigen", „Ich darf vertrauen", „Ich darf um Hilfe bitten, ohne dabei mein Gesicht zu verlieren" oder „Ich kann offen gegenüber meinen Mitmenschen sein".

Den **„Beeil-dich"**-Typen wurde beigebracht, nicht zu trödeln. Für sie gibt es keinen Stillstand; sie befinden sich unter permanentem Zeitdruck und verbreiten Nervosität, Unruhe und Hektik. Immer sind sie körperlich und geistig unterwegs und möchten am liebsten alle Ideen und Aufträge gleichzeitig abwickeln. Ruhiges und konzentriertes Arbeiten ist den Hektikern fast unmöglich, was auch auf ihre Umgebung abfärbt. Sie wollen noch alles im Leben erreichen, aber in Wirklichkeit rinnt es ihnen zwischen den Fingern hindurch. Alle anderen Menschen erscheinen ihnen wie lahme Enten. Fast immer stehen Sachaufgaben für sie im Fokus – für menschliche Beziehungen bleibt wenig oder gar keine Zeit übrig. Entschleunigend wirken positive Zusprechungen, wie „Ich darf mir auch Zeit nehmen", „Meine Zeit gehört einzig und allein mir", „Ich darf Pausen machen und entspannen" oder auch „In der Ruhe liegt die Kraft".

„Mach es allen recht!" – das ist das Motto der Gefälligen. Sie brauchen den inneren Zwang zur bedingungslosen Hilfsbereitschaft und Aufopferung, weil sie davon überzeugt sind, nur dann geliebt und anerkannt zu werden. Persönliche Bedürfnisse werden hintenangestellt, um Zuneigung zu bekommen. Stets fühlen sie sich anderen verpflichtet und verfügen nur ein geringes Selbstwertgefühl. Einsamkeit können sie nicht ertragen. Sie können nicht nein sagen und möchten immer und überall everybody's darling sein. Sie werden zu Opportunisten, weil sie keine eigene Meinung entwickeln und sich anderen anpassen – nur, um akzeptiert zu sein. Hier bewirken Erlaubnissätze einen Ausgleich, wie z. B. „Ich muss nicht bei allen beliebt sein", „Ich darf mich anderen auch zumuten", „Ich leiste mir eine eigene Meinung und stehe auch dazu!" oder „Wer ja sagt, muss auch nein sagen dürfen".

Anstrengung zählt, nicht das Ergebnis! Aus dem **„Streng dich an!"**, dem elterlichen Ansporn für die Bemühungen des Kindes, wird das disziplinierte Abstrampeln im späteren Leben. Denn für diesen Typ zählt nur harte Arbeit und Mühsal, sonst taugen die Erfolge nichts, auf denen sie basieren. Die Streber werden zu Selbstausbeutern, weil sie befürchten, andere könnten noch mehr leisten und besser abschneiden im Wettbewerb. Neben den Perfektionisten sind sie am meisten darin gefährdet, an Burn-out zu erkranken. Ständig stehen sie unter Leistungsdruck und befürchten ihren Misserfolg. Erreichen sie ihre Ziele, dann sind sie unfähig, ihre Erfolge zu feiern und zu genießen. Gegenlenken können Glaubenssätze, wie „Arbeit darf auch Spaß machen", „Ich darf auch kleine Fortschritte feiern", „Ich darf etwas mit Gelassenheit und Freude tun" oder „Auch wenn die Dinge leicht von der Hand gehen, sind es wertvolle Arbeiten".

Die inneren Antreiber werden vorrangig in der Kindheit geformt und in ihrer Intensität voreingestellt. Sie werden durch die Botschaften der Eltern offen oder verdeckt zu uns transportiert und dann verinnerlicht. Sind die inneren Antreiber in der Kindheit oftmals noch positiv besetzte, moderate Motivatoren mit Eigenschaften wie Fleiß, Mühe, Vorsicht, Talent oder Vorbild, so können sie später zu Beherrschern unserer Psyche werden und Stress auslösen. Werden ein oder mehrere Antreiber übermächtig und bestimmen weitgehend die Berufsausübung und den Alltag, so mutieren sie schnell zu Auslösern von Burn-out, Zwangshandlungen oder Angststörungen. Doch ausgeprägte „Antreibertypen" verfügen immer auch über einen positiven Kern und besetzen wichtige Berufe im Leben. So sind Perfektionisten gesuchte Buchhalter und Staatsanwälte, „Mach-es-allen-recht-Typen" gefragt in Pflegeberufen oder im Gaststättengewerbe. Der „Beeil-dich-Typ" wird zum erfolgreichen Rennfahrer oder findet als flinker Postzusteller zufriedene Arbeitgeber und Kunden, der „Anstrengertyp" macht Karriere als Wissenschaftler und der „Sei-stark-Vertreter" liefert einen guten Job als Manager oder führender Oppositionspolitiker ab.

Innere Antreiber im Ruhestand entmachten
Lösen Sie sich von Ihren Kritikern und Zensoren im Kopf! Eliminieren Sie beim Übergang in den Ruhestand Ihre im Berufsleben kultivierten oder erduldeten Antreiber. Oder noch besser: Widmen Sie sie dort um, wo Sie Ihnen als Motivatoren für die aktive Ausgestaltung Ihrer dritten Lebensphase dienlich sein können.

Sei perfekt! – Mit dem Eintritt in den Ruhestand müssen Sie nicht mehr fehlerfrei sein, um Ihr Leben erfolgreich zu managen. Konnten fehlerhafte Entscheidungen früher bei der Berufsausübung zu fatalen Folgen führen, so reduziert sich im Alter das Risiko enorm. Befürchteten Sie früher Rückschläge auf dem Weg zu idealen Arbeitsergebnissen, so sollte das gelegentliche Misslingen von Vorhaben nunmehr keinen Stress oder gar Panik auslösen. Den Perfektionsanspruch, den andere bisher an Sie gestellt haben, brauchen Sie nur noch an sich selbst richten; dabei bestimmen ausschließlich Sie die Regeln und Maßstäbe, denen Sie genügen möchten. Sie müssen nicht mehr um die Gunst und Anerkennung eines Vorgesetzten oder der Kollegen buhlen. Die Wertschätzung, die Sie nun gern bekommen möchten, erhalten Sie von Partnern oder Menschen Ihres Freundeskreises, die Ihnen in der Regel gewogen sind und fern von zweckdienlichen Verboten und Geboten urteilen. Alles darf in ruhigen Bahnen und unaufgeregt ablaufen. Erfolgreich sind Sie dann, wenn das Ergebnis nicht für Dritte perfekt ist, sondern wenn Sie es als gelungen wahrnehmen.

Sei stark! – Durchsetzungsvermögen und der unbedingte Wille zur Führung sind im Übergang zur dritten Lebensphase weitestgehend obsolet. Sie müssen Ihre Gefühle nicht mehr hinter einer Fassade von Stärke und Härte verbergen. Sie dürfen emotionaler sein; auch, um die Partnerschaft zu stärken. Jetzt beginnt die Zeit, in der Sie offen und vertrauensvoll andere Menschen in Ihre Arme nehmen können. Ihre Umgebung wird es schätzen, wenn Sie Ihren weichen inneren Kern offenlegen und zu Ihren Schwächen stehen. Der Ruhestand ist keine Zeit der Willensstärke und Robustheit, sondern ein Lebensabschnitt gegenseitiger Sanftmut und Unterstützung, die an die Stelle bisheriger Machtausübung und Sturheit treten dürfen.

Beeil dich! – Auch wenn die verbleibenden Jahre immer weniger werden, so sollten Sie doch die Hektik und Betriebsamkeit der Berufszeit hinter sich lassen. Es kommt nicht mehr auf die Menge der Projekte an, die Sie noch realisieren könnten, sondern auf deren Qualität, ihren Sinn, ihre Wirkung und Aussage im Kontext des Gesamtlebens. Genießen Sie die Option, Dinge auch einmal auf morgen verschieben zu dürfen und finden Sie genau das Tempo, das zu Ihnen und Ihrer aktuellen Konstitution passt. Im Stand der Ruhe liegt die Kraft! Nehmen Sie sich auch genügend Zeit für die menschlichen Beziehungen, die Sie früher womöglich mehr vernachlässigt als gepflegt haben.

Mach es allen recht! – Im Ruhestand bedeutet das: Sie dürfen auch Ihre Marotten, Eigenarten und Launen ausleben! Das sind Sie sich wert, das haben Sie sich verdient als reifer erwachsener Mensch. Leben Sie jetzt weitestgehend nach Ihren eigenen Bedürfnissen und genießen Sie die Freiheit, nur noch sich selbst gegenüber in der Pflicht zu stehen. Sie müssen sich keinen betrieblichen Normen mehr unterwerfen, keine ungeliebten Auftragsarbeiten ausführen und sind dem Korpsgeist der Karrierewelt entwachsen. Leisten Sie sich in allen Lebensbereichen eine eigene Meinung; sagen Sie „Ja!" zu dem, was Sie lieben, und „Nein!" zu dem, was Sie nicht mögen. Sie dürfen Ihrem Eigensinn folgen und sich selbst treu sein!

Streng dich an! – Ja, jetzt erst recht! Sie lesen richtig: Damit ab sofort die Dinge im Eigeninteresse wachsen und gedeihen können! Sie können auch ohne Druck, Konkurrenz und Dienstbeflissenheit, mit Ruhe und Gelassenheit außerordentlich erfolgreich sein. Nicht mehr der neidvolle, missgünstige Blick auf die Arbeitsresultate der Kollegenschaft wird zum inneren Antreiber, sondern die Gewissheit, dass Sie Erfolge in einer von Wettbewerb freien Ruhestandswelt mit wenig Mühe, lustvoll und sorgenfrei, erzielen können. Nach getaner Arbeit können Sie nun feiern und genießen, ohne befürchten zu müssen, ein potenzieller Konkurrent könnte besser sein als Sie.

Die Praxisübung
Bestimmen Sie die aus Ihren inneren Antreibern resultierende Stresslast, die Sie aus dem Beruf mitbringen! Öffnen Sie dazu das Arbeitsblatt (4.1.2) und bewerten Sie die Einflussstärke Ihrer fünf inneren Antreiber. Addieren Sie die Punkte und vergleichen Sie am Ende, welche der Antreiber Sie dominieren und welche Sie weniger beherrschen. Welche Antreiber verändern sich mit dem Übergang in den Ruhestand signifikant und welche bleiben stabil? Sind die Antreiber in der Gesamtgewichtung gleichmäßig verteilt oder macht es Sinn, sich für den Ruhestand mit dem einen oder anderen Antreiber kritisch auseinanderzusetzen und ihm ggf. ausreichend viele „Erlauber" zur Seite zu stellen?

Wir können noch vieles bewirken und verändern in der dritten Lebensphase. Wir können unsere Lebenszufriedenheit steigern, wenn wir all das ablegen oder umwidmen, was uns gebremst, getrieben oder entmachtet hat. Doch es sind uns auch Schranken gesetzt, die wir akzeptieren müssen. Davon handelt der nun folgende Abschnitt über die Grenzen der Selbstwirksamkeit.

4.2 Resilienz verstärken durch Selbstregulation

Den Umgang mit uns selbst steuern
In den 60er Jahren des vergangenen Jahrhunderts führte ein junger US-amerikanischer Wissenschaftler ein Experiment mit Hunden durch. Er wollte herausfinden, welche Umweltreize zu Unlust oder Vermeidungsreaktionen führen. Dazu sperrte er zwei Gruppen von Hunden in Käfige ein, in denen sie Stromschlägen ausgesetzt

wurden (heute ist das aus tierschutzrechtlichen Gründen äußerst fragwürdig). In einem der Käfige befand sich eine geöffnete Tür, in dem anderen nicht. Dann wurden die Tiere in beiden Käfigen den Elektroschocks ausgesetzt. Die Hunde aus dem ersten Käfig flüchteten durch die Tür nach draußen, die in dem zweiten mussten die Schmerzen über sich ergehen lassen. Dann brachte man beide Hundegruppen in den Käfig mit der geöffneten Tür und setzte sie wieder den Stromschlägen aus. Ein Teil der Hunde verließ den Käfig. Doch der Teil, der vorher im geschlossenen Käfig gepeinigt wurde, flüchtete nicht durch die offene Tür und ließ sich weiter quälen. Die Ergebnisse aus diesem Experiment gingen später unter dem Begriff der **„erlernten Hilflosigkeit"** in die Psychologie ein. Und der Experimentator war kein geringerer als der spätere Mitbegründer der Positiven Psychologie: Martin Seligman – von dem im Weiteren hier noch zu lesen sein wird.

Auch wir Menschen verhalten uns in bestimmten Situationen ähnlich. Obwohl wir Problemlösungstechniken kennen und Vermeidungsstrategien umsetzen könnten, nutzen wir sie nicht, und fühlen uns oftmals hilflos, ausgeliefert oder inkompetent. Stress und psychische Überforderungen können uns derart selbst blockieren, dass wir einfach nicht den Ausgang aus unserem Denkkäfig finden. Und nicht genug damit: Wir beziehen alles Ungemach der Welt auf uns, fühlen uns immer wieder schuldig und verrennen uns in Grübelschleifen. Das kann soweit führen, dass wir unzufrieden auf unsere Vergangenheit zurückblicken, eine negative Gegenwartshaltung einnehmen und eine pessimistische Zukunftserwartung entwickeln. Die volle Packung Lebenspessimismus eben. Doch wir können aus eigener Kraft etwas gegen seelisches Elend, Verzweiflung und (Dauer-)Stress tun, denn wir verfügen über eine Reihe von Selbstregulatoren, mit denen wir Blockaden lösen, psychischen Überbeanspruchungen begegnen und sie auch neutralisieren können. Kurz: Mithilfe von Bordwerkzeugen zur psychischen Selbstanpassung und einer Portion Kontrollüberzeugung können wir unsere seelische Widerstandskraft aus uns selbst heraus beeinflussen und sogar trainieren. Lassen Sie das Resilienzmodell aus dem Abschn. 1.3. gedanklich nochmals Revue passieren. Ging es dort vorrangig um die sieben Lebenshaltungen, die durch die verschiedenen Resilienzfaktoren beeinflusst werden können, so liegt jetzt der Schwerpunkt unserer Betrachtungen auf den drei **Selbstregulatoren,** mit denen wir den Umgang mit uns selbst steuern können.

Das Modell der „Selbstregulation"
Die **Selbstregulation,** auch Selbststeuerung oder Selbstbeherrschung genannt, beschreibt die Fähigkeit eines Systems, sich an verändernde Umweltbedingungen anzupassen und dabei lebensnotwendige Funktionen aufrechtzuerhalten. Regulation bedeutet hier keine dauerhafte Einschränkung von Verhaltensoptionen. Sie soll in erster Linie spontane Reaktionen abmildern und uns einen Zugang zu unseren Erfahrungen und Kompetenzen ermöglichen. Fühlte sich der Mensch in der Frühzeit seiner Evolution von vielen Seiten existenziell bedroht, so standen ihm natürlicherweise die Stressbewältigungsstrategien Kampf, Flucht oder Unterwerfung zur Verfügung. Heute, in unserer modernen Welt, lauert nicht hinter jeder Ecke eine tödliche Gefahr. Und wir verfügen über Reaktionsmöglichkeiten, die sich nicht in angeborenen Copingstrategien erschöpfen. (Abb. 4.2)

Selbstregulation bedeutet die Reaktivierung und die Nutzung vorhandener Ressourcen zum besseren Umgang mit den eigenen Gefühlen, Stimmungen und langfristigen Bedürfnissen. Wie bereits der weiter oben zitierte US-amerikanische Psychologe Rollo May anmerkte,

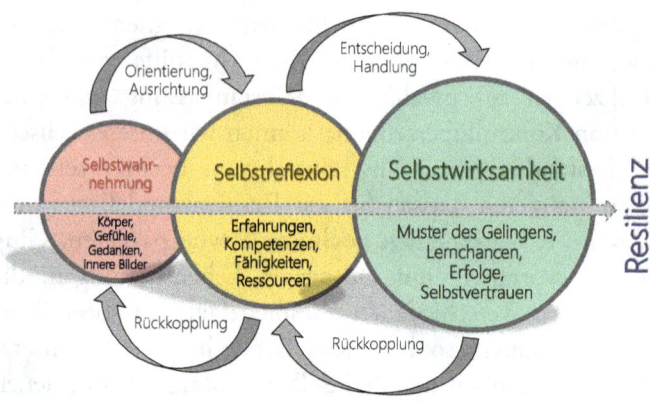

Abb. 4.2 Resilienz stärken durch Selbstregulation

können wir wirkliche Freiheit nur dann erlangen, wenn wir zwischen dem auslösenden Reiz und unserer natürlichen Stressreaktion eine Pause einlegen, um uns dann für eine angemessene Erwiderung zu entscheiden. Diese Zeitspanne dient der **Impulskontrolle,** um alternative Bewältigungsmuster zu finden und umzusetzen. Oder wie unsere Eltern früher sagten: „Überschlaf das erst einmal, der Morgen ist klüger als der Abend!"

Wie erreicht man das? Zu allererst bedarf es eines hohen Maßes an eigener **Selbstwahrnehmung.** Die genaue Beobachtung und Kenntnis der eigenen Gefühle, Gedanken, körperlichen Empfindungen und inneren Bilder führt zu einer situativen Neubewertung und Neuausrichtung und kann bereits stressmindernd wirken. Durch den achtsamen und wertschätzenden Umgang mit unseren Körpersignalen vertiefen wir auch das Verständnis für die Rückmeldungen, die wir aus unserem Inneren erhalten. Neben dem bewussten Hineinspüren in die eigenen körperlichen und emotionalen Zustände ist es sehr hilfreich, auch die Außenwahrnehmung weiter zu vervollkommnen. Denn wir haben uns im beruflichen Alltag vorrangig sach- und zweckorientiert verhalten, ohne die feinen und leisen Signale der Umwelt und anderer Menschen aufzuspüren oder gar zu dechiffrieren. Das trifft sowohl für verbale Äußerungen als auch ganz besonders für die Körpersprache zu. Ein differenzierteres Verständnis für die unser Bewusstsein erreichenden Innen- und Außenreize führt dazu, dass wir die eigenen Bedürfnisse präziser erkennen, beschreiben und befriedigen lernen. Um anschließend unsere Impulse und Reaktionen darauf auszurichten.

Erfolgt die Reizaufnahme in der Phase der Selbstwahrnehmung weitgehend neutral und wertfrei, so werden die Wahrnehmungen nun in der **Selbstreflexion** gedeutet. Die einzigartige Fähigkeit, über sich selbst nachzudenken, ermöglicht uns Menschen die Analyse und Korrektur von Denk- und Handlungsfehlern. Wir befinden uns in einem ständigen Spannungsverhältnis zu den verschiedenen externen Meinungen und Fremderwartungen sowie den eigenen Bedürfnisbewertungen und Selbstkritiken. Während der Selbstreflexion wird eine Zusammenführung und Abwägung der widerstreitenden Bestrebungen vorgenommen. Es erfolgt ein Abgleich an den langjährigen Erfahrungen, Erkenntnissen und Kompetenzen, die wir uns im Leben angeeignet haben. Wir entscheiden aufgrund unserer ethisch-moralischen, ökonomischen, persönlichen und gemeineigenen Werte und Ziele über die Art und Weise unserer Reaktionen und Handlungen. Spontanreaktionen, wie sie uns die Natur fürs Überleben mitgegeben hat, sind in unserer modernen Arbeits- und Alltagswelt regelmäßig nicht zielführend. Die Selbstreflexion wird somit zu einer Filter- und Prüfinstanz, die uns zur Ruhe ermahnt, wenn wir nicht übermäßig gereizt werden wollen. Sie stellt eine Art Überbrückungsphase dar, in der wir uns auf positive Emotionen besinnen, die eigene Stimmung verändern und das individuelle Befinden nachjustieren können. Negative Gefühle können wir kanalisieren, neutralisieren oder transformieren, indem wir sie z. B. mit Humor, neuen Denkweisen, Spott oder Komik anreichern. Die Kunst der Selbstreflexion besteht darin, den von außen einwirkenden herausfordernden Reizen mit Gelassenheit und Besonnenheit, aber eben auch mit einer Portion Witz und Lebensschläue entgegenzutreten, um sie im Einklang mit den eigenen Zielen und Bestrebungen in unser Verhalten einzubauen.

Handlungsentscheidungen, die durch die Linse der Selbstreflexion gefiltert wurden, erhöhen die Aussicht auf ein hohes Maß an **Selbstwirksamkeit.** Das ist die persönliche Überzeugung, im Rahmen bestimmter Systemgrenzen und äußerer Bedingungen selbstgewollte und messbare Veränderungen in der Welt herbeizuführen. Das Eintreten selbstbewirkter Umgestaltung und persönlicher Weiterentwicklung stärkt unser Selbstwertgefühl und verleiht uns den Eindruck, wenn nicht sogar die Überzeugung, machtvoll und bedeutend zu sein. Gelingt uns ein Werk, dann wachsen Stolz, Sicherheit und Souveränität. Jede noch so kleine, sich erfüllende Selbstwirksamkeitserwartung trägt zur Stressminderung bei, gibt uns Zuversicht für die Zukunft und ist ein Baustein für weitere Erfolge. Wenn wir immer öfter feststellen, dass wir anderen Menschen und Situationen nicht wehr- und schutzlos ausgeliefert sind, dann können wir unsere neuerworbenen *„Muster des Gelingens"* erfolgreich gegen die Schemata der *„erlernten Hilflosigkeit"* einsetzen. Sollte trotz unserer Bemühungen dennoch ein erwartetes Ergebnis ausbleiben, so dient es uns als Lernchance und Impulsgeber für die Rückkopplung zu einer weiteren, intensiven Selbstreflexion. Das Zusammenspiel der drei

Komponenten der Selbstregulation trägt entscheidend zur Verbesserung der psychischen Widerstandsfähigkeit bei, ermöglicht einen besseren Umgang mit Frust und senkt den Stresspegel nachhaltig. Selbstregulation kann ein entscheidender Schlüssel für ein glückliches und zufriedenes Leben sein, das sich nicht allein an den äußeren Erwartungen und Umständen ausrichtet, sondern die eigenen Ziele, Werte und Überzeugungen aktiv in das eigene Handeln integriert.

Achtsamkeit durch größere Ich-Nähe im Alter
Wie nehmen Sie sich selbst und Ihre Umwelt wahr? Wie oft und intensiv beschäftigen Sie sich mit allem, was außerhalb Ihres Körpers geschieht? Welche Aufmerksamkeit widmen Sie Ihren körperlichen Signalen? Welche Prioritären setzen Sie dabei, was beunruhigt Sie und was übersehen Sie womöglich? Welches Körperbild haben Sie von sich und wie zufrieden sind Sie damit? Das sind alles Fragen, denen ich mich heute, im Stand der Freitätigkeit als Coach und Trainer, viel bewusster und konsequenter widme. Während meiner beruflichen Tätigkeit war ich weitestgehend außenorientiert und auf meine Umgebung fixiert, damit sie mir keinen Schaden zufügt und mich nicht verletzt. Meinem Körper habe ich erst dann die nötige Aufmerksamkeit geschenkt, nachdem sich wiederholt ungewohnte, bedrohlich wirkende oder schmerzhafte Anzeichen und Symptome körperlicher Veränderung einstellten. Im Ruhestand müssen wir keine externen Aufträge erfüllen oder auf beruflich bedingte Umweltreize reagieren. Wir haben genügend Zeit, in uns hineinzulauschen, den eigenen Körper neugierig zu erkunden und bereits minimale physische Unregelmäßigkeiten und psychische Zustandsveränderungen wahrzunehmen. Wir

sollten es nur auch aktiv tun! Menschen, die mit dem Übergang in die dritte Lebensphase die bisherige betriebliche Anspannung und Hektik nicht (gleich) abschütteln können, sollten sich in **Achtsamkeit** üben: Sich als denkendes und handelndes Wesen selbst zu *beobachten*, seine Gedanken und Gefühle liebevoll zu *beachten* und seine einzigartige Persönlichkeit zu *achten*. Ausgerechnet Jon Kabat-Zinn, ein US-amerikanischer Molekularbiologe, entwickelte Jahrhunderte alte asiatische Meditationstechniken zu einem wissenschaftlich fundierten Stressbewältigungsprogramm weiter. Er führte sie als Therapieform, die heute unter dem Begriff der **achtsamkeitsbasierten Stressreduktion** (im Englischen: Mindfulness-Based Stress Reduction, MBSR) bekannt ist, in die Behandlungsräume der westlichen Industrienationen ein. Achtsamkeitsübungen sind vor allem Übungen zur Selbstwahrnehmung. Dabei geht es um das Gewahrwerden dessen, was im Augenblick gerade geschieht und was wir im Zusammenspiel von Umgebung und Körper dabei fühlen, spüren und empfinden. Dabei scannen wir unseren Körper nicht gezielt nach etwaigen pathologischen Symptomen, sondern bringen ihm – in Form gelassener und gleichmütiger Präsenz – höchste Aufmerksamkeit und Wertschätzung entgegen. Alles, was bei dieser nach innen gerichteten Fokussierung unser Bewusstsein erreicht, wird wertneutral und ohne jede Be- oder Verurteilung angenommen. Das Programm der achtsamkeitsbasierten Stressreduktion beinhaltet Atem- und Yogaübungen, Meditationen und langsame Bewegungsübungen. MBSR führt zur Stressverminderung und zu psychischem Ausgleich, kann chronische Schmerzen lindern, Burn-out therapieren, Ängste abbauen und sollte idealerweise den Übergang vom Beruf in den Ruhestand begleiten.

Die Praxisübung

In Anlehnung an ein berühmtes Gesundheitszitat von Friedrich Nietzsche kann man sagen: Achtsamkeit ist nicht alles, aber ohne Achtsamkeit ist alles nichts! Deshalb hier einige grundlegende Achtsamkeitsübungen zur Erhöhung der Lebenszufriedenheit und Verbesserung des Wohlbefindens, vor allem dann, wenn der Stressteufel wieder zupacken will.

Beginnen Sie mit Atemübungen. Wir atmen in der Regel viel zu flach. Kurze, unauffällige Brust- und Schulteratmung sind an der Tagesordnung. Unsere Atmung wirkt jedoch dann lösend und entspannend, wenn sie aus dem Bauchraum heraus über das Zwerchfell erfolgt. Dabei wird das gesamte Lungenvolumen ausgenutzt. Im Alltag haben wir uns angewöhnt, länger ein- als auszuatmen. Dieses Vorgehen sollten wir bewusst umkehren, wenn wir Stress reduzieren möchten. (Abb. 4.3)

Nun einige Vorschläge für Ihr persönliches Selbstmanagement in Atemtechniken. Bei konsequentem täglichen Üben ist Entspannung garantiert!

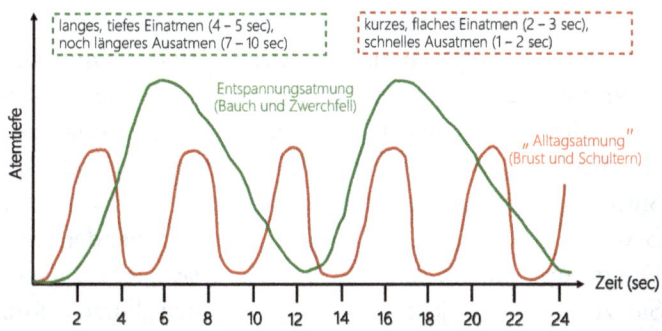

Abb. 4.3 Entspanntes Atmen als Gegenentwurf zur Alltagsatmung

Übung 1: Versuchen Sie es mit der „4711-Technik". Konzentrieren Sie sich voll und ganz auf Ihre Atmung. Atmen Sie 4 s lang ein und danach 7 s lang aus. Das Ganze über eine Dauer von 11 min. Wenn Sie sich dabei (noch) nicht wohlfühlen, dann beginnen Sie mit einer „3-5-8-Technik" (3 s ein- und 5 s lang ausatmen, über 8 min hinweg) und entwickeln diese stufenweise weiter.

Übung 2: Nehmen Sie eine entspannte Sitzhaltung ein und atmen Sie ruhig durch die Nase ein und durch den Mund wieder aus. Im „Normalbetrieb" atmen wir zwischen 11- und 14-mal in der Minute. Versuchen Sie in den nächsten Minuten die Anzahl der Atemzüge zu reduzieren: erst auf acht, dann vielleicht auf sechs. Wer schon etwas geübt ist, kommt auch mit vier Ein- und Ausatmungen in der Minute zurecht …

Übung 3: Führen Sie die oben vorgeschlagenen Übungen bei einem Spaziergang durch. Gehen Sie in Ihrem gewohnten Tempo. Jeder Schritt kommt dabei einer Zeiteinheit gleich. Beginnen Sie mit wenigen Atemzyklen, denn Ihr Körper muss sich erst an die neuen Verhaltensaufträge und Bedingungen anpassen. Zu mir persönlich passt mittlerweile ein Rhythmus aus 5 Schritten zum Einatmen und 10 Schritten zum Ausatmen.

Übung 4: Steigern Sie Ihre Selbst- und Fremdwahrnehmung während eines Spaziergangs, den Sie idealerweise im Wald machen. Gehen Sie neugierig und entspannt durch die Natur und öffnen Sie all Ihre Sinne den inneren und äußeren Reizen, Signalen und Bewegungen. Erfassen Sie zuerst hintereinander fünf Dinge im Außen, die Sie gerade *sehen*. Formulieren Sie zu jedem Objekt in Gedanken einen kurzen Satz. Konzentrieren Sie sich dann auf fünf aufeinanderfolgende Geräusche, Töne oder Laute, die Sie *hören*. Bilden Sie auch hier für jeden Sinneseindruck mental einen kurzen Satz. Ein Hinweis: Es müssen nicht ausschließlich Klänge aus der Natur sein, die Sie registrieren sollen, es können auch Eigengeräusche sein! Achten Sie dann auf fünf Gefühle; Regungen, die Sie innerlich *spüren* oder die durch äußere Umweltreize in Ihnen ausgelöst werden. Formulieren Sie auch dazu wieder jeweils kurze stumme Sätze. Dann wiederholen Sie in derselben Reihenfolge die Übung, allerdings nunmehr mit jeweils vier Bildern, Geräuschen und Empfindungen. Dann mit jeweils dreien, zweien und lassen die Übung mit jeweils einer Sinneswahrnehmung ausklingen. Nehmen Sie sich Zeit bei dieser Übung. Zu Beginn werden wohl mehr als 30 min vergehen, bevor Sie alle 45 inneren und äußeren Sinneseindrücke erfasst und eingesammelt, mental beschrieben und verarbeitet haben. Sollten Sie in der ersten Zeit Schwierigkeiten mit dem Auffinden der vielen unterschiedlichen Sinneseindrücke haben, dann sind auch Wiederholungen erlaubt. Doch immer daran denken: Erst stetiges Üben macht den Meister! Ihre Sinne werden geschärft, Ihr Geist wird trainiert und Ihre Empfindungsfähigkeit verbessert sich. Sie entkommen mit dieser sogenannten „5-4-3-2-1-Übung" sehr schnell und kreativ unangenehmen Grübelschleifen und speichern stattdessen sinnliche Ressourcen für spätere unangenehme Situationen. Letztlich werden Sie ein neues Körpergefühl entdecken und den Botschaften Ihres Körpers und Ihrer Umwelt automatisch mehr Aufmerksamkeit schenken. Und er wird es Ihnen mit größerer Vitalität, erhöhter körperlicher Leistungsfähigkeit und besserer mentaler Gelassenheit danken.

Den Zustand der Achtsamkeit kann man auch als „inneren Zeugen" bezeichnen, wie Jon Kabat-Zinn sagt. Die Zeugenschaft der Achtsamkeit begründet in gewisser Hinsicht eine Distanz zum inneren Erleben, weil sie vorurteilslos und kritikfrei annimmt, was ist, und keinen Einfluss auf die Dinge nehmen will, die geschehen.

Vielleicht ist das bereits ein kleiner Vorgriff auf die Lebensphase danach: die Zeit der Weisheit. Doch es gibt Momente, in denen möchten wir aktiv in das Weltgeschehen eingreifen – und stoßen dabei an die Grenzen unserer Selbstwirksamkeit.

4.3 Die Grenzen der späten Selbstwirksamkeit

Lieber leiden als anpassen?
Im Coaching kommt es nicht selten zu frustrierenden Äußerungen von Klienten, die meinen, mit ihrem Chef partout nicht klarzukommen. Sie weisen ihm die alleinige Schuld für das Elend des Berufslebens und das miese Arbeitsumfeld zu. Sie wünschen sich nichts sehnlicher als mystische Rituale oder überirdische Kräfte, um den Vorgesetzten nach ihren Vorstellungen zu verändern. Aus ihrer Opferrolle heraus möchten sie, vergleichbar wie mit einer Fernbedienung, den ungeliebten Menschen umprogrammieren. Oder sie wünschen sich vom Coach inständig, dass er sich diesen Menschen zwecks Umerziehung mal vorknöpft und auf wundersame Weise neu formt. Etwa so: „Ändern Sie für mich den anderen, den ich schon lange zu verändern versuche, aber bisher erfolglos." Aus der Distanz eines verständigen Dritten ist diese Wunschvorstellung natürlich unrealistisch. Menschen können nur in sehr begrenztem Maße Einfluss auf das ungeliebte Verhalten anderer Menschen nehmen. Und schon kaum auf das sozial differenzierte Verhältnis zwischen einem Vorgesetzten und einem Mitarbeiter. Oftmals erweist sich die Leidensfähigkeit aus erlebtem Schmerz und abgrundtiefer Verbitterung als äußerst hartnäckig und schier grenzenlos. Viele Menschen leiden

lieber, als dass sie nach selbstbestimmbaren Alternativen suchen. Sie hoffen weiter, dass sich die Quelle unangenehmer Empfindungen und Qualen von allein oder wie durch Geisterhand verändert. Dazu gesellt sich manchmal noch ein verdeckter Nutzen, der die anderen Elendswerte überwiegt und der selbst von einem erfahrenen Coach nicht aufgelöst werden kann. Fast nie am Beginn einer Sitzung fragt sich ein Coachee, was er selbst dafür tun könnte, um die unangenehme Situation mit eigenen Bordmitteln zu verbessern oder abzuändern. Die Einsicht, dass nur die Veränderung der persönlichen Einstellung, des eigenen Denkens und Verhaltens gegenüber der Konfliktperson Abhilfe schaffen kann, fehlt. Wenn nun der Wille zur Selbstanpassung nicht ausreicht und sich auch noch die Frustrations- und Ambiguitätstoleranz (siehe auch die Abschn. 2.4 und 2.5) auf einem niedrigen Niveau befinden, steckt der Coachee mitten in einem neurotischen Dilemma. Es mangelt ihm an einer auf das eigene Ich gerichteten Wirksamkeit.

Leider ist es vielfach so, dass wir all den Menschen, Dingen und Geschehnissen, die sich weit außerhalb unseres tagtäglichen Wirkungsbereiches befinden, einen unvergleichbar höheren Anteil an Aufmerksamkeit, Energie und Zeit widmen, als den Bereichen, auf die wir unmittelbaren Zugriff haben. Im Grunde wünschen wir uns nichts sehnlicher, als in vielen Lebensbereichen selbstwirksam zu sein. Am liebsten wollen wir die gesamte Welt nach unseren persönlichen Bedürfnissen verändern. Wir wollen erfahren und spüren wie es ist, wenn wir ein Geschehen in unserem Sinne beeinflussen und den unerwünschten Lauf der Dinge stoppen. Allzu gern möchten wir unser eigenes Erfolgsversprechen einlösen. Doch damit sich eine selbstwirksame Erwartung auch einstellt, bedarf es einer Reihe von Voraussetzungen, die der kanadische Psychologe Albert Bandura in den 60er Jahres des vorigen Jahrhunderts beschrieben hat. Zum einen sind da die positiven Erfahrungen der Vergangenheit, wie z. B. die Erfolgserlebnisse aus unserer Biografie. Des Weiteren die Vorbildwirkung von Personen, denen wir ähnlich sind, denen wir vertrauen und die uns eine positive Rückmeldung geben. Auch kann uns, so Bandura, die Neuinterpretation von bislang behindernden Umständen mit dem Mut und dem Optimismus ausstatten, den wir brauchen, um etwas bisher Unerreichtes aus eigener Kraft zu schaffen. Und zu guter Letzt spielt noch der Einflussbereich, in den wir uns befinden, eine nicht unerhebliche Rolle.

Das „Zonenmodell der Selbstwirksamkeit"
Selbstwirksamkeit ist ein erlernbares Verhalten, das jedoch schnell an seine Grenzen stoßen kann, wie nachfolgendes Modell zeigt. (Abb. 4.4)

Ursprünglich wurde das Modell als **„Circles of Control"** von Steven R. Covey, einem US-amerikanischen Hochschullehrer und Bestsellerautor, beschrieben. Die

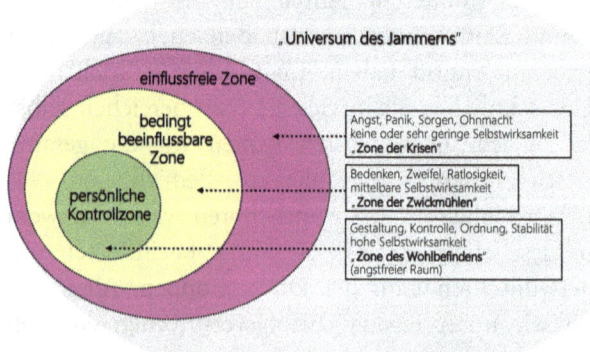

Abb. 4.4 Zonen der Selbstwirksamkeit (nach Steven R. Covey)

Kreise oder Zonen stehen hier für die Einflussbereiche unserer Selbstwirksamkeit. Je nachdem, in welchem Kontext wir unterwegs sind, welche Aufträge wir gerade erledigen oder mit welchen Personen wir kommunizieren: Der Grad unserer Einflussnahme wird situationsbedingt in unterschiedlichem Maße variieren. Die „Zonen der Selbstwirksamkeit" umfassen drei Bereiche. Und jenseits davon befindet sich noch das „Universum des Jammerns".

Der erste Bereich ist die **„Persönliche Kontrollzone".** Hier nehmen wir unmittelbaren Einfluss auf das laufende Geschehen, sind Beherrscher der Situation und können den Ereignisverlauf selbstständig verändern. In diesem zugegebenermaßen kleinsten Bereich sind wir selbst die Gestalter der Wirklichkeit – aus eigener Kraft und in aller Regel auch ohne fremde Hilfe. Es ist zugleich der Raum, der uns Stabilität gibt, in dem genau unsere ganz persönliche Ordnung herrscht und über den wir die vollständige Kontrolle haben. Es ist ein **angstfreier Raum,** eine Zone des persönlichen Wohlbefindens, in dem wir eine hohe Selbstwirksamkeit verspüren. Unser Einfluss ist unmittelbar nachvollziehbar, erfolgreich und an Zielvorgaben messbar. Alles, was wir tun, haben wir im Blick. Wir müssen keine Einschränkungen in unserer Gestaltungsfreiheit befürchten oder gar hinnehmen. Hier können wir uns entwickeln, wachsen und gedeihen. Auf diesen Bereich sollten wir auch unsere Energie konzentrieren, in ihm unsere Zeit investieren und unsere Selbstwirksamkeit ausgiebig genießen.

Im beruflichen Umfeld ist das für gewöhnlich der Bereich unserer fachlichen Expertise und unserer beruflichen Erfahrungen; unsere professionelle Wohlfühlzone. Hier sind wir Spezialisten und bewegen uns frei in der kognitiven Welt der Zahlen, Daten und Fakten, über die wir uns im beruflichen Leben definieren. Selbst Vorgesetzte haben nur oberflächlichen und beschränkten

Zugang zu dieser Zone und zu den Arbeitsinhalten darin, die unsere beruflich-soziale Position ausmachen. Eine hohe Selbstwirksamkeitserwartung ist hier regelmäßig vorprogrammiert.

Die nächstgrößere Zone umfasst ein Gebiet, in dem wir bedingt Einfluss ausüben können. Arbeiten, die wir anpacken, und Situationen, in die wir geraten, können wir nur partiell verändern und beeinflussen. In dieser **„Zone der Zwickmühlen"** plagen uns Zweifel am Gelingen von Projekten und Bedenken beim Lösen von Aufgaben. Es gibt Restriktionen und Fremdvorgaben, die wir beachten und einhalten müssen. Je weiter wir in diese Zone vordringen, umso geringer wird unsere Selbstwirksamkeit. Das führt häufig zu Kompromissen und Zugeständnissen; kann aber auch Rat- und Hilflosigkeit nach sich ziehen. In dieser nur **„bedingt beeinflussbaren Zone"** lohnt es sich, Herausforderungen anzunehmen, wenn ein Kompromiss tragbar erscheint, oder Widerstand zu leisten, wenn ein Zugeständnis inakzeptabel ist. Der Bereich eignet sich als Versuchsfeld zur Vergrößerung der eigenen Kompetenz und persönlichen Kontrollzone. Im Falle eines Scheiterns bewirkt jedoch die negative Erfahrung in der bedingt beeinflussbaren Zone einen Rückzug aus ungewissen Experimenten und das Scheuen vor weiteren Abenteuern.

Eine Parallele zur Arbeitswelt stellen z. B. Delegierungen in andere Fachbereiche oder Projektleitungen dar, mit denen wir betraut werden. Die Herausforderungen werden größer und wir müssen über unseren Tellerrand hinwegschauen. Wir sind angehalten, bisher unbekannte Aufgaben zu übernehmen und fremdartige Probleme zu lösen. Dritte beeinflussen unsere Arbeitswelt und erzeugen Bedenken und Zweifel. Lob bleibt weitgehend versteckt, Kritik wird einmal offen, ein andermal

mal verdeckt vorgetragen. Unsere Fähigkeiten treffen auf ihre Grenzen und der Stress nimmt regelmäßig zu. Auch schwindet das Gefühl der Selbstwirksamkeit zunehmend.

Den weitaus größten Bereich nimmt die **„einflussfreie Zone"** ein. In ihr haben wir so gut wie keine Möglichkeit, selbstbestimmt den Gang der Dinge zu verändern. Wenn doch, nur mit größerer zeitlicher Verzögerung. Allerdings ist dann ein kausaler Zusammenhang zwischen der persönlichen Einflussnahme und der eingetretenen Veränderung kaum mehr nachvollziehbar. Unsere Selbstwirksamkeit tendiert gegen Null, unsere Gedanken verirren sich in Grübelschleifen und unser Sorgentelefon klingelt permanent, wenn sich unsere Erwartungshaltung nicht einstellt. Dieser Bereich kann sogar zur **„Zone der Krisen"** werden, wenn wir uns nach mehreren erfolglosen Einflussversuchen unser persönliches Versagen eingestehen müssen. Aus Ohnmacht vor den sich aufbauenden Widerständen machen wir uns sogar existenzielle Sorgen. Und im schlimmsten Fall erleiden wir eine Störung von Krankheitswert, die sich in Angst, Panik und Depression manifestieren kann.

Als Beispiele im beruflichen Kontext dienen hier Wechsel in der Person des Vorgesetzten, Organisations- und Strukturwechsel oder auch strategische Neuausrichtungen im Unternehmen. Diesen Veränderungen stehen wir naturgemäß machtlos und ohnmächtig gegenüber. Innerer und äußerer Widerspruch gegen diese Art von Wandel bleibt zwangsläufig und weitgehend unwirksam. Schlussendlich leisten wir keinen Widerstand mehr und ergeben uns taten- und teilnahmslos der eingetretenen Situation.

Im Stress und in Krisensituationen werden wir von der „Sorgenzone" magisch angezogen. Wir tendieren dazu, unseren „Kontrollraum" zu verlassen und uns primär mit dem Unbeeinflussbaren auseinanderzusetzen. Dabei investieren wir viel Zeit und Energie in den Kampf gegen das Unvermeidliche. Denken wir einmal daran zurück, wie viel Kraft und Aufwand wir in der beruflichen Vergangenheit für Themen, Aufgaben und Probleme verschwendet haben, ohne unsere persönlichen Ziele zu erreichen. Für Ideen, Konzepte und Projekte, die wir gegen den Widerstand von Entscheidern durchsetzen wollten – und es am Ende doch nicht schafften. Im Sinne einer sich einstellenden Selbstwirksamkeitserwartung ist es erst einmal besser, innerhalb der eigenen Kontrollzone aktiv zu sein und zu handeln. Wenn wir allerdings über eine ausreichend gefestigte Resilienz verfügen, dann können wir den Schritt in die bedingt beeinflussbare Zone vorsichtig riskieren. Wenn wir genau hinschauen, dann findet ein ständiges Kommen und Gehen von Erfolg und Misserfolg statt. Hier entscheidet sich, ob wir ausreichende Durchsetzungsmacht besitzen oder ob unsere Handlungsohnmacht die Oberhand gewinnt. Es ist eine Zone der Auseinandersetzung mit den Alltagsproblemen, die unsere Selbstwirksamkeitserwartung stärken, aber auch beschädigen können. Selbstwirksam zu sein heißt: In seiner Kontrollzone erfolgreich Alltag und Beruf zu meistern; in der Zone der Zwickmühlen mit den Herausforderungen des Lebens umzugehen und in der Zone der Krisen zu prüfen, ob der Aufwand in einem ausgewogenen Verhältnis zum angestrebten Ergebnis steht.

Und das „Universum des Jammerns" strikt zu meiden. Oder es zu nutzen, um von Zeit zu Zeit angestauten Frust abzubauen und es als Rückzugsgebiet für den persönlichen Selbstschutz zu nutzen.

Sachdienliches Trennungsmanagement: Fehlanzeige

Mit dem Übergang vom Beruf in den Ruhestand erleben wir ein „Outplacement", eine Entlassung der besonderen, aber nicht unbedingt immer auch hilfreichen Art. Anstatt dem scheidenden Ruheständler ein brauchbares Startkapital für den Aufbruch in den Ruhestand mitzugeben, ihm Weiterbeschäftigungsangebote als Mentor zu unterbreiten oder ihm bei der Einarbeitung in selbstgewählte Freitätigkeiten zu unterstützen, entlassen die Arbeitgeber ihre Ruhestandskandidaten gewohnheitsmäßig im Rahmen feucht-fröhlicher Verabschiedungsrituale. Von tatkräftigem und wertschätzendem Trennungsmanagement, einem „Smooth Exit", keine Spur. Und so kommt es denn, dass der Übergang in die Späte Freiheit nicht zu einem positiven Übergangserlebnis gerät, sondern den Sprung ins kalte Wasser, in die unterschiedlichen Zonen der Selbstwirksamkeit, bedeutet. In der Regel befinden wir uns im Moment des Berufsaustrittes in der persönlichen Kontrollzone. Einigen gelingt der Übergang in den angstfreien Raum der nachberuflichen Kontrollzone, weil sie sich persönlich mit den Herausforderungen des Rentneralltages bereits vertraut gemacht haben. Doch es gibt einen nicht zu unterschätzenden Anteil von Ruhestandsanwärtern, die die Zone des beruflichen Wohlbefindens verlassen müssen, ohne Vorstellungen davon zu haben, wie und woran sie Selbstwirksamkeit im Alter spürbar erleben und messen können. Ein Großteil ihrer Gestaltungsmacht geht verloren, die Ordnung und Stabilität der beruflichen Strukturen löst sich in Luft auf. Insbesondere jene, die sich in der persönlichen Kontrollzone trefflich eingerichtet hatten und eine hohe Selbstwirksamkeit verspürten, finden sich nun im Ruhestand in einer bedingt beeinflussbaren Zone oder sogar im Sorgenbereich wieder. Sie fühlen sich aufs Abstellgleis geschoben, von sinnvoller Tätigkeit isoliert und von sozialer Teilhabe abgeschnitten. Zweifel und Ängste kommen auf: „Was, wenn ich die neue Alltagssituation nicht beherrsche? Was, wenn ich die Trauer über den Berufsverlust nicht überwinde? Was, wenn ich mit der Rente nicht ausreiche, um mein Leben in Würde weiterzuführen? Was, wenn ich Hilfe benötige – und sie nicht bekomme?"

Sie sollten im Ruhestand alles daransetzen, Ihre Energie auf die Lebensbereiche zu fokussieren, die Sie selbst kontrollieren und beeinflussen können. Die volle und uneingeschränkte Kontrolle besitzen Sie in jedem Fall über Ihre Gedanken. Nutzen Sie diese ausgiebig, um kreativ im Alter zu sein. Was alles könnten Sie tun, um vom Abstellgleis wieder auf die Hauptstrecke umzuspuren? Was, um von gefühlter Nutzlosigkeit wieder zu sinnhafter Beschäftigung zu finden? Was, um der Ausgrenzung zu entgehen und erneut angemessen am gesellschaftlichen Leben teilzunehmen? Wenn Sie realistisch in Ihren Ansprüchen bleiben, sich der eigenen Kompetenzen und Fähigkeiten wieder bewusstwerden, Ermutigungen annehmen und auch Misserfolge mit Humor ertragen, dann errichten Sie Ihre neue persönliche Kontrollzone. Erweitern Sie Ihren „Circle of Control" beständig, indem Sie Zweifel, Bedenken und negative Dauergedanken verbannen. Und sollten Sie doch hin und wieder in die Krisenzone abdriften, dann halten Sie es wie die Stoiker: Entziehen Sie den unerwünschten Gedanken und Ereignissen schnellstmöglich ihre nachteilige Kraft und Bedeutung. Akzeptieren Sie sie als objektiv gegeben. Lassen Sie sie in Ruhe und Gelassenheit auf sich zukommen und auch wieder vorbeiziehen. Verschwenden Sie keine unnötige Energie darauf, sich zu sorgen oder zu ängstigen. Die Aufregung über alle Dinge, auf die Sie keine oder nur wenig Kontrolle haben, schlägt einzig auf Sie allein zurück.

Die Praxisübungen
Schreiben Sie im ersten Teil der Übung alle Lebensbereiche auf, in denen Sie auch in Ihrer dritten Lebensphase einen (fast) uneingeschränkten Einfluss haben (werden). Testen Sie dann an einem Beispiel, ob es Ihnen gelingt, auch außerhalb Ihrer persönlichen Kontrollzone Einfluss auf Menschen und Ereignisse in Ihrem Sinne zu nehmen. Wagen Sie dann ein weiteres Experiment und begeben Sie sich im Ruhestandsalltag in die Krisenzone, in der Sie wenig Aussicht auf Einflussnahme und Selbstwirksamkeit haben. Wie fühlt sich das für Sie an? Macht es für Sie persönlich Sinn, in das Gefecht gegen übermächtige Gegner zu ziehen?

Im zweiten Teil der Übung, der sogenannten **„Kopfstandtechnik"**, gilt es, Ziele zu realisieren. Allerdings über einen Umweg! Benennen Sie zunächst ein konkretes Ziel, das Sie unbedingt erreichen wollen. Was genau müssen Sie nun tun, um dieses Ziel mit allen Mitteln zu verfehlen? Was müssen Sie zwingend noch unternehmen, um das Ziel auf gar keinen Fall zu erreichen? Welche Mittel und Methoden können Sie einsetzen, um das Ziel völlig unrealistisch werden zu lassen? Welche Menschen können Sie einspannen, um die Zielerreichung mit an Sicherheit grenzender Wahrscheinlichkeit zu untergraben? Erstellen Sie auf dem Arbeitsblatt eine ausführliche Liste Ihrer effektivsten **Zielverhinderungsaktivitäten**! (4.3.2). Schreiben Sie sie auf die linke Hälfte des Blattes. Drehen Sie nun die Aussagen inhaltlich um 180° herum. Finden Sie die jeweils adäquaten Gegenteile für das soeben Geschriebene und notieren Sie sie rechts neben den zielzerstörenden Aussagen. Wählen Sie dann aus den rechts notierten Zielerreichungsaktivitäten diejenigen aus, die Ihnen für die Realisierung Ihres Zieles am hilfreichsten und sinnvollsten erscheinen. Entscheiden Sie sich für mindestens eine Handlungsweise oder Tätigkeit, mit der Sie noch heute Ihre Zielerreichung in Angriff nehmen wollen.

Resilienz ist sowohl eine Haltung als auch ein stetiger Prozess. Sie stellt eine Reihe von Handlungsoptionen gegen Stress, Härte oder Dilemmata bereit und bietet viele Möglichkeiten zur Gestaltung eines stressfreien, krisenbewältigenden und problemfreien Lebens. Je resilienter, desto schneller können Sie zum normalen Alltagsrhythmus übergehen.

4.4 Resilienz als Verhaltensoption der reifen Persönlichkeit

Unterschiedliche Bewältigungsstrategien unserer Psyche

Stress ist eine Notfallreaktion – und so alt wie die Menschheit selbst. Als Auslöser für die Flucht, den Kampf oder das Totstellen war er einst die Lebensversicherung für das nackte Überleben. Doch sein Alltagspegel hat sich mit der Industrialisierung der Wirtschaft stark verändert. Lag er in den frühen Epochen der Menschheitsgeschichte auf einem relativ niedrigen Basisniveau und wurde durch existenziell bedrohliche Ereignisse schnell und kurzzeitig in die Höhe gepusht, so befindet sich das Grundrauschen der psychischen Belastung im Zeitalter der Industrie 4.0 auf einem dauerhaft erhöhten Level. Störgrößen aus unserem Umfeld, die streng genommen keiner sofortigen Abwehrreaktion bedürfen, häufen sich und führen zu einer vermehrten Produktion an Stresshormonen wie Adrenalin und Cortisol. Viele Menschen befinden sich so in einem Zustand von Dauerstress. Sie sind nur selten in der Lage, diese anhaltenden, belastenden Umstände zu kontrollieren, geschweige denn zu neutralisieren. Kommen dann noch außergewöhnliche Bedrohungen hinzu, sind wir nicht mehr in der Lage, diese Stressspitzen zu beherrschen – und wir werden krank.

Werden wir mit Stress konfrontiert, Problemen ausgesetzt oder durchleben wir eine persönliche Krise, dann können diese, vor allem die Psyche belastenden Phänomene, zu unterschiedlichen Reaktionen führen. Schauen wir uns eine Reihe beispielhafter Verhaltensverläufe auf dem nachfolgenden Diagramm an (Abb. 4.5):

Wird in Stresssituationen unsere nervliche Elastizitätsgrenze, die Barriere der seelischen Belastbarkeit, dauerhaft unterschritten, dann kommt es zu einem psychischen Zusammenbruch (Verlauf 1): Wir erleiden z. B. eine **Posttraumatische Belastungsstörung (PTBS)**. Ohne professionelle therapeutische Hilfe gelingt es uns in der Regel nicht, selbstständig aus dem Tal der Tränen zu entkommen. Sind wir jedoch in der Lage, die Situation mehr oder weniger gut zu meistern und stabilisiert sich unser psychischer Zustand oberhalb der Elastizitätsgrenze, dann kehren wir nach einer längeren Erholungsphase in unseren ursprünglichen Zustand robusten

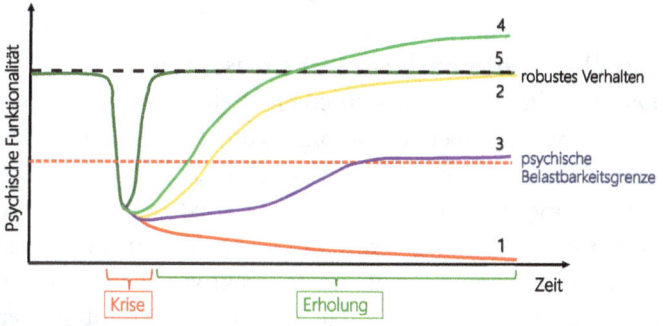

Abb. 4.5 Mögliche Stressfolgenverläufe (nach Hans R. Heinimann)

Verhaltens zurück (Verlauf 2). Erreicht unser Befinden diese Grenze allerdings nicht, dann neigen wir im Weiteren zu einer Anfälligkeit für geistige, körperliche und seelische Erschöpfungszustände, z. B. zu Burn-out-Syndromen (Verlauf 3). Darüber hinaus gibt es Menschen, die trotz eines hohen psychischen Drucks oder im Angesicht außergewöhnlicher Gefahren in angemessener Zeit in der Lage sind, ihr Leben auszubalancieren, neu zu ordnen oder sogar völlig auf den Kopf zu stellen. Sie erleben ein **Posttraumatisches Wachstum** (Verlauf 4), das sie psychisch gestärkt aus der Krise hervorgehen lässt. Jedoch gelingt das nur den wenigsten der Betroffenen. Der Königsweg aus der Krise heraus besteht in einer schnellen Überwindung des Tiefpunktes und einer beschleunigten Rückkehr in robustes Verhalten, und damit zurück zu den Alltagsaufgaben (Verlauf 5). Voraussetzung dafür sind jedoch resiliente Fähigkeiten. Dafür kann man sich bewusst entscheiden und sie dann entwickeln oder weiter vervollkommnen. Um nach den verschiedenen Widrigkeiten des Lebens etwas für einen schnellen Wiedereintritt in die Normalität zu unternehmen, kann man neben den Schlüsseln der Resilienz (siehe auch Abschn. 1.3.) auf Selbstregulatoren zurückgreifen: auf die Eigenwahrnehmung und die Selbstkontrolle.

Das „Resilienzmodell der Verhaltensoptionen"
Die Entscheidung, ob es zu einem seelischen und körperlichen Schadensbericht infolge von Problemen, Stress und Krisen kommt, fällt im Wechselspiel zwischen den beiden individuellen Qualitäten **Selbststeuerung** und **Selbstwahrnehmung.** Von ihrer beider Ausmaß und Intensität hängt sowohl unser reaktives Verhalten als auch der Zustand ab, in dem wir uns nach signifikanten emotionalen Ereignissen befinden werden. Resilienz ist dabei nur eine mögliche Option im Zusammenspiel

4 Probleme und Krisen erkennen – Stress ...

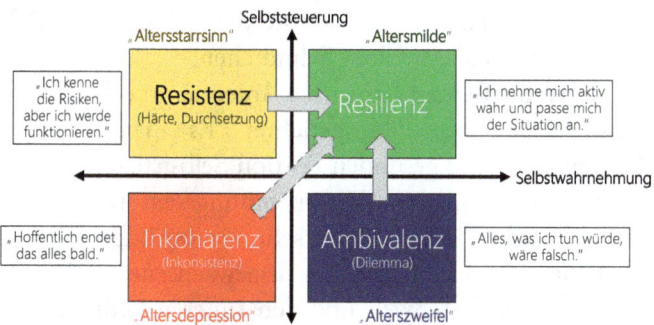

Abb. 4.6 Die Verhaltensoptionen der reifen Persönlichkeit

zwischen unserer Fähigkeit, die persönlichen Handlungen zu kontrollieren, und unserer Veranlagung, den eigenen Körper wahrzunehmen. Das daraus resultierende Modell unterscheidet insgesamt vier mögliche Ausprägungen: die **Resistenz,** die **Inkohärenz,** die **Ambivalenz** und die **Resistenz.** (Abb. 4.6)

Bei der **Resistenz** ist der Grad der Selbstempfindung, d. h. die Fähigkeit zu flexibler emotionaler Reaktion, verhältnismäßig gering. Dagegen ist der Wille zur Durchsetzung, zum Kampf gegen äußere Widrigkeiten und Barrieren – auch gegenüber dem eigenen Körper – relativ hoch. Resistente Menschen möchten mit Disziplin, Härte und Autorität das durchsetzen, was ihnen in der aktuellen Situation verstandesgemäß richtig und wichtig erscheint. Sie missachten dabei gern die Warnsignale ihrer Umgebung bzw. ihres Körpers. Sie sind fest zur Erreichung ihrer Ziele entschlossen und verfolgen sie mit aller Kraft. Fragt man sie nach ihrer Verhaltensmaxime, dann könnte die Antwort lauten: „Ich kenne zwar die Risiken, aber ich erfülle konsequent die mir gestellten Aufgaben. Ich werde funktionieren, mich haut nichts um!" Kommt es dann doch zum Versagen oder zum Zusammenbruch, fragen sich die Beobachter: „Wie konnte denn das passieren? Es lief doch bisher alles wie am Schnürchen!"

Die **Ambivalenten** haben die Antennen für ihre Eigenwahrnehmung besser ausgerichtet. Es mangelt ihnen allerdings an einer gesunden Portion Selbststeuerung. Ihre inneren und äußeren Wahrnehmungssensoren senden nur schwache, aber dafür sehr zwiespältige Signale. Sie befinden sich in einem ausgewachsenen Dilemma zwischen ihrer Innenwelt und den äußeren Bedingungen. Sie kommen nicht wirklich zu einem Entschluss und wirken wie hypnotisiert. Im Spannungszustand dieser Zwiespältigkeiten wirken sie unentschlossen, kraftlos und unwahrhaftig. Entscheidungen schieben sie immer weiter vor sich her und verlieren das Zeitgefühl für das eigene Handeln. Befragt, was sie als nächstes tun würden, antworten sie beispielsweise: „Ich befinde mich in einer Zwickmühle und kann mich nicht entscheiden. Alles, was ich jetzt oder später tun würde, wäre falsch." Außenstehende kommentieren dieses Verhalten mit: „Warum geht hier eigentlich nichts voran, warum tritt alles auf der Stelle?"

Wenn sowohl die Selbstkontrolle als auch die Selbstwahrnehmung einen geringen Wert aufweisen, dann bleiben sowohl die rationale Überzeugung als auch der emotionale Antrieb für lösungsorientiertes Handeln auf der Strecke. Diese Menschen sind blockiert in ihrem Denken und Tun, sie erkennen keine Auswege aus Krisen- und Problemsituationen. Ihnen fehlt ein Handlungsmuster, um sich aus dem Stress zu befreien. Und ihnen kommt der Sinnzusammenhang abhanden: die Einheit von Verstehbarkeit, Handhabbarkeit und Zweckdienlichkeit. Sie erleben das Gegenteil von dem, was im Abschn. 1.1. das Kohärenzgefühl ausmacht. Sie sind **inkohärent** oder inkonsistent, gelten als entgleist und es bleibt zu prüfen, ob sie bereits ein Fall für den Psychotherapeuten oder

Psychiater sind. Hinterfragt man ihre Motivation, dann erfährt man: „Ich weiß nicht weiter, ich bin völlig machtlos, hoffentlich endet das alles bald." Ein außenstehender Betrachter würde dann womöglich sagen: „Da ist Hopfen und Malz verloren, da geht nichts mehr!"

Menschen, bei denen die Wahrnehmungssensoren nach innen und außen feinjustiert sind, die das Zusammenspiel von externen Anforderungen und die eigene Bedürfnisbefriedigung unter Kontrolle haben, sind am besten gegen die Wechselfälle des Lebens gewappnet. Als aufmerksame Beobachter des eigenen Ichs und der sich permanent verändernden Umwelt gelingt ihnen die Aufrechterhaltung bzw. die Wiederherstellung der psychischen Gesundheit während oder nach einschneidenden Notlagen am schnellsten. Das ist Handeln aus einem **resilienten Zustand** heraus: Der Zugriff auf die passenden Ressourcen in genau den entscheidenden Belastungsmomenten und Krisensituationen, in denen sie benötigt werden. Ein Mensch mit hoher Resilienz würde von sich sagen können: „Ich nehme mich und die Umwelt kontinuierlich wahr, reflektiere und bewerte sie, reagiere flexibel und eigenverantwortlich auf Veränderungen. Ich passe mich der Situation ständig an." Umstehende würde voll des Lobes sein und meinen: „Der hat seinen Laden aber toll im Griff, den kann nichts so schnell umhauen."

Bevor das Kind in den Brunnen fällt
Versuchen wir herauszufinden, welche der vier Verhaltensoptionen für uns in verschiedenen Alltagssituationen und Lebensbereichen dominant ist. Jeder von uns verfügt über ein bestimmtes Vorzugsverhalten, das auf den biografischen Prägungen und dem persönlichen Erfahrungsschatz beruht. Der wenig selbstbewusste und unsichere Rentner kann sich nicht entschließen, entweder zur staatlichen Rentenversicherung oder zu einem unabhängigen

Rentenberater gehen, um seinen Rentenbescheid prüfen zu lassen (Ambivalenz). Dagegen wird ein vormals erfolgreicher und durchsetzungsstarker Manager sich nicht scheuen, einen Prozess darüber anzustrengen, ob seine hohen Steuerabzüge und Sozialabgaben rechtlich überhaupt zulässig sind (Resistenz). Ein vom Ruhestandsleben bereits enttäuschter Rentner wird die geringen Rentenzahlungen von vornherein als schicksalhaft empfinden und nichts unternehmen (Inkohärenz). Doch ein Rentner mit einem hohen Grad an Resilienz wird sein Netzwerk einschalten, Freunde befragen und Fachartikel lesen, um abzuwägen, welche realen Chancen ein Widerspruch gegen den Rentenbescheid wohl haben könnte.

Welche Verhaltensoptionen bevorzugen Sie – bewusst oder auch unbewusst – in den verschiedenen Lebenssituationen am meisten? Wäre es nicht sinnvoll, sich präventiv einige Wechselfälle des Lebens bereits vor ihrem Eintritt zu verdeutlichen und geeignete Maßnahmen für ihre Bewältigung zu konzipieren? Wie können wir aus einer späteren inkohärenten, resistenten oder ambivalenten Verhaltensoption in einen Zustand der Resilienz gelangen? Was sind typische Lebensumstände im Alter, die uns in Stress versetzen oder in eine Krise stürzen könnten? Schauen wir uns dazu im Übungskomplex einige wirklichkeitsnahe Alltagskonstellationen etwas näher an.

Die Praxisübungen
Zum Start eine gedankliche Vorübung für Sie. Stellen Sie sich vor, ein Freund bittet Sie, für das Amt des Vorstandes in einem gemeinnützigen Verein zu kandidieren. Denn Sie haben als frischgebackener Ruheständler ja alle Zeit der Welt und bringen als frühere Führungskraft genug Menschenkenntnis für den Posten mit. Wie würden Sie reagieren? Über welchen Grad an Selbststeuerung und Selbstwahrnehmung müssten Sie verfügen, um zuzusagen?

Und über welchen, um abzulehnen? Wie „diplomatisch", entschlossen oder ausweichend würde Ihre Antwort klingen, wenn Sie über ein hohes Maß an Selbstwahrnehmung und einen aktuell niedrigen Grad an Selbstkontrolle verfügten?

Denken Sie nun über eine Alltagssituation nach, in der Sie üblicherweise mit Härte und Durchsetzungsvermögen reagieren (man kann im fortgeschrittenen Erwachsenenalter auch „**Altersstarrsinn**" dazu sagen …). Für Sie wären möglicherweise ethische Grenzen überschritten, wenn Jugendliche und junge Erwachsene sehr freizügig den Christopher Street Day feiern würden und ordinär und provokant durch die Straßen zögen. Über welche Eigenschaften müssten Sie verfügen, um Akzeptanz für diese queeren Menschen zu entwickeln und dieses CSD-Forum des Frohsinns und des Protestes gegen das Establishment als selbstverständliche Alternative in einer freiheitlichen Gesellschaft zu tolerieren? Kurz: Was müssten Sie in Ihrem Denken verändern oder anpassen, um aus einer reifen, resilienten Position heraus zu urteilen? Welche neuen Denk- und Lebensweisen würden Sie in vergleichbaren Kontexten aus dem Zustand des Altersstarrsinns in den der **Altersmilde** versetzen? Suchen Sie für sich mindestens zwei Beispiele für den Übergang von der Resistenz zur Resilienz!

Wählen Sie einen weiteren Bezugsrahmen. Zum Beispiel diesen: Sie werden in etwa zehn Jahren in die Rente gehen und sind sehr verunsichert über die vielen Berichte und Diskussionen, in denen vor einer drohenden Altersarmut gewarnt wird. Sie befinden sich in einer zwiespältigen Position, denn einerseits betrachten Sie Ihre späteren Rentnerbezüge als durchaus auskömmlich, andererseits beunruhigen Sie die statistischen Daten über die große Zahl von Menschen, die auf späte Sozialhilfe angewiesen sind. Nach einiger Zeit kommen Sie aus dem Grübeln gar nicht mehr heraus, haben schlaflose Nächte und sehen sich in Gedanken wiederholt Anträge auf Unterstützung schreiben. Welche Möglichkeiten der Selbststeuerung hätten Sie, um vorausschauend etwas gegen den vermeintlichen Absturz zu tun? Wäre ein entschlossenes Bekenntnis zur privaten Geldanlage für Sie eine denkbare Alternative? Oder reicht es aus, Entspannungsübungen zu erlernen, um das Gemüt zu beruhigen, denn eine wirkliche persönliche Notlage im Alter erscheint Ihnen dann doch unrealistisch? Egal, was Sie tun: Verändern Sie Ihre abwartende Haltung und sorgen Sie aktiv für sich. Und finden Sie auch hier mindestens zwei persönliche Beispiele für den Übergang weg von der Ambivalenz und hin zur Resilienz.

Ein drittes Beispiel. Ihre Partnerin ist schwer erkrankt und wurde zum stationären Pflegefall. Sie sind am Boden zerstört und zutiefst unglücklich. Ihre Welt, die Sie beide über viele Jahrzehnte hinweg gemeinsam erlebt und gestaltet haben, ist zusammengebrochen. Sie unternehmen rein gar nichts mehr selbst. Wären nicht Ihre Kinder, Sie würden fast verhungern, denn Sie gehen schon kaum noch aus dem Haus. Sie laufen ernsthaft Gefahr, in eine schwere Altersdepression abzugleiten. Doch Sie werden noch gebraucht – jetzt mehr denn je! Denn Ihre Partnerin möchte Sie, wenn möglich, jeden Tag sehen und wartet auf Ihre Besuche am Pflegebett. Geben Sie sich nicht verloren – werden Sie auch aus dieser Situation heraus aktiv, zu Ihrer beider Nutzen. Und wenn die eigene Kraft dazu nicht ausreicht, lassen Sie sich helfen und suchen Sie sich professionelle psychologische Unterstützung. Akzeptieren Sie, was ist, suchen Sie mentalen und körperlichen Ausgleich und passen Sie Ihr Leben nach diesem unerwarteten Schicksalsschlag an. Resilienz ist dann am wirksamsten, wenn sie präventiv entwickelt und erlernt wird. Versetzen Sie sich in zwei Ausnahmesituationen hinein, mit denen auch Sie im wahren Leben konfrontiert werden könnten. Welche Vorkehrungen würden Sie treffen, welche Maßnahmen zur Selbststeuerung ergreifen und womit Ihr Selbstbewusstsein für problematische Zeiten stärken?

Resilienz ist u. a. die Fähigkeit zu intensiver Selbstwahrnehmung, die mit einem hohen Maß an Selbststeuerung einhergeht. Damit können Probleme und Krisen gut bewältigt werden. Was Sie noch weiter unterstützen kann, um zu mehr Gelassenheit und Lebenszufriedenheit zu gelangen, ist das Wissen um die persönlichen Stärken, die Ihnen innewohnen. Folgen Sie mir auf einer Entdeckungsreise zu unseren wertvollsten Qualitäten und Eigenschaften.

4.5 Charakterstärken sind Motoren der Lebenszufriedenheit

Persönlichkeit und Verhalten voneinander trennen
Wenn man den Begriff des Charakters googelt, dann erhält man eine Vielzahl von Definitionen, die sich erheblich voneinander unterscheiden. In zwei Dingen sind sie sich allerdings weitgehend einig: Er hat etwas mit unserer Persönlichkeit und unserem Verhalten zu tun. In der modernen Psychologie – so die Wikipedia – verstünde man unter dem Charakter „diejenigen persönlichen Kompetenzen, die die Voraussetzung für ein moralisches Verhalten bilden". Andere Quellen beschreiben den menschlichen Charakter als die Gesamtheit aller ererbten und erworbenen Eigenschaften eines Menschen, die sich in seiner Einstellung widerspiegeln und durch sein Handeln

äußern. Dabei treten nicht alle charakterlichen Prägungen und Eigenschaften unserer Persönlichkeit zugleich zutage, sondern immer nur eine kleine, situationsspezifische Auswahl, von der wir meinen, dass sie im Augenblick angemessen ist. Nicht immer ist unser Verhalten für Außenstehende nachvollziehbar und sozialkonform und wird deshalb auch von Zeit zu Zeit kritisiert und gerügt. Doch unerwünschtes Fehlverhalten bedeutet nicht, dass unser Charakter an sich schlecht ist und unsere Persönlichkeit dadurch ihren Ruf oder an Wert verliert. Einer der Begründer des Neuro-Linguistischen Programmierens (NLP), der US-amerikanische Mathematiker, Informatiker und Psychologe Richard Bandler, beschreibt das in einer der Grundannahmen des NLP etwa so: Der positive Wert des Individuums bleibt konstant, während der Wert und die Angemessenheit des inneren bzw. äußeren Verhaltens bezweifelt werden darf. Oder anders ausgedrückt: Die menschliche Persönlichkeit stellt weitaus mehr dar, als ihr Verhalten in einem bestimmten Kontext gerade offenbart. Deshalb ist es sehr wichtig, dass man das aktuell zweifelhafte Verhalten von der eigentlichen Person des Menschen trennt. Nur dann gelingt es uns, die Person in Gänze in vielen anderen Situationen und Kontexten weiter zu achten und zu wertschätzen.

Was macht nun die Stärke einer Persönlichkeit aus, was gibt ihr Halt, wenn das Verhalten ihres Besitzers in unterschiedlicher Weise und Intensität beurteilt, missbilligt oder gar getadelt wird? Was verbirgt sich hinter der Widerstandsfähigkeit und Beständigkeit einer Persönlichkeit? Was wissen wir von uns selbst hinsichtlich unserer Fähigkeiten und individuellen Merkmale? Was dominiert uns und was ist nachgeordnet? Und wie kann man nach der Kenntniserlangung der eigenen Stärken und Schwächen seine Persönlichkeit am besten weiterentwickeln?

Das „Modell der Charakterstärken"

Die Mayerson Foundation, eine gemeinnützige US-amerikanische Stiftung, wollte um die Jahrtausendwende herausfinden, wie man Jugendliche darin unterstützen könnte, ihr volles Wissens- und Verhaltenspotenzial auszuschöpfen. Doch die Initiatoren, unter Ihnen auch der bereits im Buch erwähnte Martin Seligman, merkten schnell, dass neue Erkenntnisse über eine optimale Potenzialentwicklung und -nutzung nicht nur in der Adoleszenz, sondern in allen Lebensphasen von herausragender Bedeutung sind. Deshalb gründete die o. g. Stiftung im Jahre 2000 das „VIA-Institut" (Values in Action – Werte in Aktion), das in den Folgejahren die verschiedenen Weltkulturen daraufhin untersuchte, was sie aus sozialwissenschaftlicher Sicht unter Stärke, Persönlichkeitswert und Verhaltenskompetenz verstanden. Die Wissenschaftler gingen der Frage nach: Was macht einen „guten Charakter" aus? Da der Begriff des Charakters ursprünglich durch die Philosophie geprägt wurde, musste für die psychologische Betrachtung ein neues Verständnis entwickelt werden. Die VIA-Forschungsgruppe bediente sich dabei positiv definierter Stärken, über die jeder Mensch in unterschiedlicher Anzahl und Intensität verfügt. Darauf aufbauend entwarf sie das **„Modell der Charakterstärken"**. Es beschreibt erwünschte, erstrebenswerte und universelle Eigenschaften oder Tugenden, zu denen alle Menschen kulturübergreifend klar und widerspruchsfrei „Ja!" sagen können. Diese Werte gelten als moralisch wertvoll und vereinen in sich vielfältige Kompetenzen positiver menschlicher Entwicklung.

Insgesamt haben die Forscher des VIA 24 Charakterstärken vorgefunden. In gewisser Weise stellen sie die positive Projektion der Diagnostikkriterien psychischer

Störungen dar, die in der „ICD 10" (ab 2022: ICD 11), der „Internationalen statistischen Klassifikation der Krankheiten und verwandter Gesundheitsprobleme", verankert sind. Die Charakterstärken bilden im Gegensatz zu den Störungsmerkmalen der ICD nicht die defizitären Aspekte des Lebens ab, sondern weisen auf die Fülle und den Reichtum menschlicher Existenz hin. Sie sind der Gegenentwurf zu Krankheitsdiagnosen und machen ein zentrales Konzept der Positiven Psychologie aus. Anstelle von Gesundheitsmängeln stehen Charakterstärken wie Tapferkeit, Selbstregulation oder soziale Intelligenz im Mittelpunkt und beschreiben die Faktoren positiven Erlebens. Die Gesamtheit der Stärken wurde auf der Grundlage philosophischer Traditionen und Weltreligionen zu sechs Kerntugenden zusammengefasst: **Mut, Transzendenz, Gerechtigkeit, Weisheit und Wissen, Mäßigung** und **Menschlichkeit.** (Abb. 4.7)

Die einzelnen Charakterstärken lassen sich in ihren jeweiligen Strukturfamilien oder Kerntugenden wie folgt beschreiben:

Abb. 4.7 Die sechs Kerntugenden und ihre 24 Charakterstärken (nach Martin Seligman und Christopher Petersen)

Weisheit und Wissen

1. *Kreativität* – die menschliche Fähigkeit, bei neuen Anforderungen neue Wege zu gehen und innovative Lösungen zu finden;
2. *Neugier* – die Motivation, offen zu sein, Neues zu entdecken, zu erlernen und die Welt zu erforschen;
3. *Offenheit* – die Eigenschaft, Sachverhalte zu durchdringen und sie aus verschiedenen Sichtwinkeln heraus zu betrachten;
4. *Liebe zum Lernen* – der Drang, sich neue Fertigkeiten und Fähigkeiten anzueignen und das bisherige Wissen zu erweitern;
5. *Weisheit* – die Fähigkeit und die Erfahrung, lebensnahe Ratschläge aus einem großen Wissenshorizont heraus und mit einem reifen Erfahrungshintergrund zu erteilen.

Mut

6. *Tapferkeit* – das Potenzial, Herausforderungen anzunehmen, Schwierigkeiten mutig anzugehen und vor Bedrohungen nicht zurückzuschrecken;
7. *Authentizität* – die Eigenschaft, zu tun, was man sagt, zum Gesagten zu stehen und andere nicht zu täuschen;
8. *Ausdauer* – die Kompetenz, Dinge trotz widriger Umstände und Probleme zu Ende zu bringen;
9. *Enthusiasmus* – die Begeisterung, seine ganze Energie zu konzentrieren, in ein Projekt zu investieren und keine halben Sachen zu machen.

Menschlichkeit

10. *Bindungsfähigkeit* – das Vermögen, menschliche Nähe herzustellen, Beziehungen aufzubauen, zu pflegen und andere zu lieben;
11. *Freundlichkeit* – die Eigenschaft, umgänglich, nett und ohne Hintergedanken zu sein und anderen zu helfen;

12. *Soziale Intelligenz* – das Gespür, sich seiner eigenen Gefühle sicher und der Motive der anderen bewusst zu sein.

Gerechtigkeit
13. *Teamfähigkeit* – die Lust, mit anderen in einer Gruppe loyal, vorurteilsfrei und an denselben Aufgaben und Zielen zu arbeiten;
14. *Fairness* – die Haltung, andere gleich und gerecht zu behandeln und allen dieselben Chancen einzuräumen;
15. *Führungsvermögen* – die Fähigkeit, Teams und Einzelpersonen zu motivieren, zu organisieren und erfolgreich zu machen.

Mäßigung
16. *Vergebungsbereitschaft* – die Eigenschaft, die Fehler anderer verzeihen zu können und ihnen eine zweite Chance zu geben, ohne sich rächen zu wollen;
17. *Bescheidenheit* – die Qualität, Erfolge und Kompetenzen für sich sprechen zu lassen und sich selbst zurückzunehmen;
18. *Vorsicht* – die Kompetenz, erst zu denken und dann zu handeln, und nicht das zu tun, was man später bereut;
19. *Selbstregulation* – die Fähigkeit, sein Verhalten selbst zu kontrollieren, Gefühle zu steuern und die eigenen Reaktionen bewusst zu steuern.

Transzendenz
20. *Sinn für das Schöne* – die Eigenschaft, Dinge und Menschen bewusst, achtsam und wertschätzend wahrzunehmen;
21. *Dankbarkeit* – das Gespür, sich der guten Dinge und Vorgänge bewusst zu sein, die uns umgeben, und das auch zu bekunden;

22. *Hoffnung* – die Überzeugung, dass das Beste eintritt und selbst aktiv auf eine positive Zukunft hinzuarbeiten;
23. *Humor* – die Fähigkeit, sich selbst nicht so wichtig zu nehmen und andere zum Lachen zu bringen;
24. *Spiritualität* – die Auffassung, dass wir Teil eines größeren Ganzen sind und es einen höheren Sinn im Leben gibt.

Die drei bis sieben Charakterstärken, die einen Menschen im Wesentlichen auszeichnen, bezeichnet man als **Signaturstärken**. Sie sind fest integrierter Bestandteil der Persönlichkeit und stehen in der Rangfolge ganz weit oben. Sie werden als besonders kraftvoll und erfüllend erlebt. Jeder Mensch kann sich in ihnen wiedererkennen, identifizieren und sagen: „Das bin genau ich!"

Die Charakterstärken umfassen die gesamte Bandbreite des emotionalen und rationalen Erlebens und können entweder nach innen (intrapersonal) oder nach außen (interpersonal) ausgerichtet sein. So ist z. B. die *Kreativität* eine stark intrapersonal, aber eher emotional bestimmte Charakterstärke, wo hingegen die Vorsicht interpersonal wirkt, aber hochgradig vom Verstand bestimmt wird.

Eigene Charakterstärken zielgerichtet zur Altersbewältigung einsetzen

Ich persönlich bin davon überzeugt, dass sich die Charakterstärken im fortgeschrittenen Erwachsenenalter in ihrer Reihenfolge nicht mehr erdrutschartig verschieben werden. Wer über eine hohe Bindungs- und Liebesfähigkeit verfügt, wird sie nicht über Nacht verlieren. Wer früher bereits einen Sinn für das Schöne und Gute entwickelt hat, wird als alternder Mensch nicht plötzlich zum Miesepeter in Sachen Kunst und Ästhetik. Und auch die „schwächeren Stärken" werden sich von heute auf morgen nicht signifikant in Richtung der dominierenden Signaturstärken verlagern. Deshalb erscheint es besser, nicht aufwendig seine Schwächen auszumerzen, sondern die bereits vorhandenen Stärken immer weiter auszubauen und intensiv zur Bewältigung der Herausforderungen im Alter einzusetzen.

Über alle Personengruppen hinweg betrachtet belegen die Forschungsergebnisse des VIA-Institutes, dass Freundlichkeit, Fairness, Dankbarkeit und Urteilsvermögen zu den häufigsten Stärken gehören. Hingegen treten Weisheit, Mäßigung und Selbstregulation eher selten auf. Ein signifikanter Zusammenhang zur Lebenszufriedenheit und zum Wohlergehen konnte hingegen für die Charakterstärken Bindungs- und Liebesfähigkeit, Neugier, Dankbarkeit, Hoffnung und Vitalität nachgewiesen werden. Indes trugen die Kreativität, die Liebe zum Lernen, die Bescheidenheit, der Sinn für das Schöne und das Urteilsvermögen weniger zur Lebensfreude und zum Wohlergehen bei.

Mit fortschreitendem Lebensalter treten unsere Tugenden, wie Aristoteles ursprünglich die menschlichen Stärken bezeichnete, immer deutlicher hervor. Unsere Fähigkeit, die eigenen Stärken klarer wahrzunehmen und zielgerechter einzusetzen, hilft uns bei der Erhaltung körperlicher und geistiger Gesundheit und korreliert mit einem höheren Maß an subjektiver Zufriedenheit. So stellt die Diplompsychologin und Autorin des Praxishandbuches „Positive Psychologie", Daniela Blickhan, fest, dass es eine enge Wechselbeziehung zwischen physischer Lebenszufriedenheit und den beiden Stärken Freundlichkeit und Humor gibt. Ähnliches trifft für den Sinn für das Schöne und die Liebe zum Lernen hinsichtlich der geistigen Lebensfreude zu. Also gilt es, den kleinen Bosheiten und Hindernissen im Leben humorvoll zu begegnen und sie mit einem Lächeln zu quittieren. Oder gerade im Ruhestand unsere fünf Sinne mit dem Guten, Schönen und Wahren zu verwöhnen. Als Puffer gegen Stress und Traumata haben sich besonders die Charakterstärken Hoffnung, Urteilsvermögen und Selbstregulation herausgestellt. Wer hier entsprechende Stärken ausgebildet hat, verfügt über mentale Vorteile gegenüber psychischen Überlastungen. Als Unterstützung für eine schnellere Erholung bei Krankheiten haben sich Mut, Freundlichkeit und Humor herausgestellt. Setzen wir also so viel davon ein, wie es unser Stärkenmix hergibt. Und abschließend: Eine Psychotherapie, die sich unserer Signaturstärken bedient, ist wirksamer als eine herkömmliche Therapie oder eine Therapie plus Antidepressiva. Doch wir müssen natürlich auch wissen, welche unserer Tugenden bereits gut entwickelt sind.

Die Praxisübung
Bestimmen Sie nun die Rang- und Reihenfolge Ihrer 24 Charakterstärken und stellen Sie fest, über welche fünf entscheidenden Signaturstärken Sie verfügen! Der vom VIA-Institut entwickelte Fragebogen umfasst zu jeder der Stärken 10 Fragen. Etwas Zeit müssen Sie schon mitbringen – aber es lohnt sich! Denn im Ergebnis erhalten Sie eine prozentual graduierte Bewertung Ihrer persönlichen Tugenden. Seit 2001 ist der Test frei verfügbar. Die deutsche Version finden Sie auf den Seiten der Universität Zürich unter www.charakterstaerken.org (Stand: Sommer 2021). Der Test eignet sich im Übrigen nicht als Vergleichstest mit anderen Personen, da er keine absoluten Werte, sondern nur relative Daten zur eigenen Persönlichkeit liefert. Als Antwort auf die Fragestellungen erhalten Sie eine exklusive Momentaufnahme Ihrer individuellen Charakterstärken. Die Ergebnisse sind prozentual aufgelistet und werden inhaltlich kommentiert. Schauen Sie

sich nach erfolgtem Test nicht nur die Rangfolge Ihrer Charakterstärken an, sondern auch die relative Nähe oder Ferne der dominantesten Stärken untereinander. Welche Charakterstärken liegen sehr eng beieinander, welche streuen sehr stark, welche liegen im ersten Viertel und welche im letzten.

Wenn Sie den Test zu einem späteren Zeitpunkt wiederholen, wird es zu einzelnen Rangverschiebungen kommen. Eine oder mehrere Stärken werden sich in den Plätzen verbessern, andere wiederum verschlechtern. Das ist in der Regel das Ergebnis veränderten Verhaltens bzw. der situationsbedingten Bewertung und hängt sicherlich auch mit dem fortschreitenden Alter zusammen. Grundsätzlich gilt jedoch, dass sich die Ergebnisse auch nach längerer Zeit recht stabil verhalten: die Re-Testkorrelationen erreichten bis zu 70 %.

Das „Modell der Charakterstärken" unterstützt uns bei der Bestimmung unserer persönlichen Vorzüge und Dominanzen. Für die Beantwortung der Frage, welche Faktoren unseren Charakter prägen, hilft uns ein weiteres interessantes Modell.

4.6 Die „Big Five" für Best ager

Sprache und Persönlichkeit hängen zusammen

Mit meinen ersten „Big Five" bin ich durch eine gute Freundin aus der gemeinsamen Coachausbildung in Berührung gekommen. Mit angemessenem Abstand, versteht sich, weil es sich dabei um große Säugetiere vom schwarzen Kontinent handelt: den afrikanischen Elefanten, das Spitzmaulnashorn, den afrikanischen Büffel, den Löwen und den Leoparden. Die Freundin ist vor einigen Jahren aus Deutschland nach Südafrika ausgewandert und hat dort ihr Glück gefunden. Sie ist als Scout unterwegs, aktiv mit der Wildhege befasst und bereits seit vielen Jahren als Touristenführerin auf Fotosafari durch den Busch unterwegs. Doch diese Art der Big Five steht in diesem Kapitel nicht im Mittelpunkt, obwohl es sicher eine ganze Reihe von Gemeinsamkeiten gibt. Gemeint im Kontext dieses Buches ist der psychologische Ansatz für ein diagnostisches System der Persönlichkeitsbeschreibung. Auf der Suche nach den grundlegenden Dimensionen und Strukturen der Persönlichkeit stellte man sich zu Beginn des 20. Jahrhunderts die Frage, ob aus Alltagswörtern sprachübergreifend Rückschlüsse auf die menschliche Persönlichkeit möglich seien. Was, wenn es einen signifikanten Bezug zwischen der Sprachausprägung und den individuellen Facetten eines Menschen gibt und sich deshalb die Persönlichkeit aus ihrer Sprache heraus beschreiben lässt? Als Träger der Beziehung standen vor allem die Eigenschaftswörter in Verdacht. In den Lexika fast aller europäischer Sprachen wurden daraufhin Wörter, vornehmlich eben Adjektive, dahingehend analysiert, ob sie persönlichkeitsspezifische Unterschiede aufwiesen. Aus anfangs 17.953 sich gerade noch unterscheidenden Eigenschaftswörtern wurden 4504 Begriffe extrahiert, die Bezüge zur individuellen Persönlichkeitsbeschreibung aufwiesen. Daraus wurden in einem weiteren Schritt 171 plausible Gegensatzpaare ausgefiltert, die dann Schritt für Schritt auf grundlegende Persönlichkeitsfaktoren reduziert und schlussendlich auf fünf robuste Kriterien zur Festlegung solider Grunddimensionen der Persönlichkeit eingedampft wurden. Zwischen 1987 und 1989 wurden die unabhängigen und weitgehend kulturstabilen Komponenten als „Fünf-Faktoren-Modell der Persönlichkeit" durch verschiedene Autoren publiziert. Um die Persönlichkeit etwas genauer beschreiben zu können, wurden den Faktoren jeweils sechs Unterskalen, die sogenannten Facetten, zugeordnet. Damit waren die **„Big Five"** als sprachenübergreifendes, diagnostisches System der Persönlichkeitspsychologie geboren. Heute stellt es ein international anerkanntes und universelles Standardmodell der Individualforschung dar. Und wenn man will, dann kann man durchaus Parallelen zwischen den fünf Faktoren des psychologischen Modells und den o. g. afrikanischen Großtieren finden …

Das „Modell der Big Five"
Das **„Fünf-Faktoren-Modell"** oder die „Big Five" sind das Ergebnis einer langen Entwicklungsgeschichte, an der eine Vielzahl von Sprachforschern und Psychologen beteiligt war. Zum Modell selbst wurden im Laufe der Jahrzehnte eine Reihe von Erfassungsbögen erarbeitet, die die Frage beantworten sollen, wie ausgeprägt die entscheidenden individuellen Persönlichkeitsfaktoren jeweils sind. Und das sind die Faktoren im Einzelnen:

1. der **Neurotizismus** – als Format für die emotionale Stabilität;
2. die **Extraversion** – als Maß für zwischenmenschliches Verhalten;
3. die **Offenheit** – als Verhältnis und als Haltung zu Erfahrungen;
4. die **Gewissenhaftigkeit** – als Fähigkeit zur Selbstkontrolle und
5. die **Verträglichkeit** – als Art und Weise interpersonellen Verhaltens.

Interessant ist nun die Frage, ob es Korrelationen zwischen den „Big Five" und der Stärke der psychischen Widerstandkraft gibt. Oder anders: Welche Persönlichkeitseigenschaften sorgen auch ohne spezielles Training für einen hohen Grad an „*Ruhe- oder Basisresilienz*"? Kann man aus dem Modell heraus vielleicht signifikante Persönlichkeitsfaktoren für eine wirksame Stressabwehr, die Bewältigung von Krisen und eine schnelle Überwindung von seelischen Traumata bestimmen? Und welche von ihnen sind gerade im fortgeschrittenen Erwachsenenalter besonders vorteilhaft und entscheidend für die Herausforderungen des Alters im Sinne einer hohen Lebensqualität?

Jede der Hauptdimensionen des „Big-Five-Modells" bewegt sich im Spannungsfeld zweier Extreme, die ihre Tendenz und Intensität beschreiben. Das hier modifizierte Modell spannt die Aktionsräume der Basisfaktoren beispielhaft auf einer Skala von 0 bis 20 auf. (Abb. 4.8)

Die nachfolgende Beschreibung der Persönlichkeitsdimensionen versucht die Faktoren zu bestimmen, die für die Resilienz von maßgeblicher Bedeutung sein könnten. Soll heißen: Welche der in den „Big Five" hinterlegten persönlichen Eigenschaften tragen in hohem oder sogar entscheidendem Maße zur Stärkung der Resilienz bei?

Der **Neurotizismus** umfasst die Variationsbreite zwischen *Sensibilität* (0) und *Unerschütterlichkeit* (20). Dem Neurotizismus sind die Facetten *Angst, Wut, Pessimismus,*

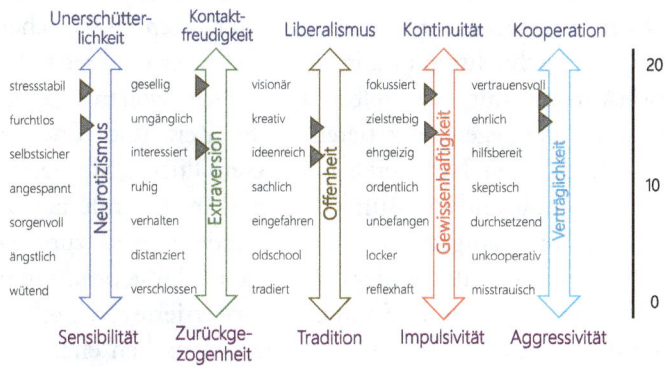

Abb. 4.8 Im Spannungsfeld der „Big Five"

Selbstbewusstsein, *Impulsivität* und *Empfindlichkeit* zugeordnet. Unerschütterliche Menschen sind weitgehend stressresistent und geben sich eher beherrscht, kontrolliert und gelassen. Infolge ihrer optimistischen Grundhaltung treten sie selbstsicher auf und sind in der Lage, ihre Gefühle zu steuern und ihre Impulsivität zu zügeln. Sensible Persönlichkeiten dagegen sind Sorgentypen und wirken ängstlich und angespannt. Aufgrund ihrer häufig pessimistischen Einstellung verkrampfen sie schnell, was sie an einer effektiven Lösungssuche hindert. Die Kühlen und Beherrschten verfügen indes über ein hohes Maß an Selbstwirksamkeit. Die Dickfelligen sind gegenüber den Dünnhäutigen in einer VUCA-Welt voller Flüchtigkeit, Mehrdeutigkeit, Komplexität und Unsicherheit klar im Vorteil, weil sie besonnener und unbefangener durchs Leben gehen und insgesamt belastbarer sind. Der ihnen innewohnende unbestreitbare Optimismus steigert gleichzeitig auch das Resilienzpotenzial seines Besitzers.

Die **Extraversion** pendelt zwischen innerer *Zurückgezogenheit* (0) und hoher *Kontaktfreudigkeit* (20) hin und her. Die Extraversion umfasst die Unterskalen *Freundlichkeit, Geselligkeit, Durchsetzungsvermögen, Aktivität, Risikobereitschaft* und *Heiterkeit*. Kontaktfreudige, herzliche und gesellige Menschen können Stress und Probleme besser wegstecken. Ein introvertierter Mensch ist eher reserviert, schüchtern und in sich gekehrt; er wird seelische Belastungen mit sich selbst ausmachen wollen. Extravertierte hingegen investieren mehr Zeit und Energie in ihre sozialen Netzwerke und deren Pflege. Sie lieben die Erregung und die Aufregung, sind im Grunde heiter, fröhlich und aufgeschlossen. Introvertierte sind zurückhaltender und hellen weder die eigene noch die Stimmung Außenstehender auf. Während introvertierte Menschen auf energiereiche Inputs von anderen Menschen eher verzichten, nutzen Menschen mit einem hohen Anteil an

Extraversion erfolgreich äußere Energiespender. Ein hoher Extraversionswert stimuliert den Aufbau von Netzwerken, deren Pflege zugleich einen wesentlichen Schlüssel der Resilienz ausmacht.

Der Persönlichkeitsfaktor der **Offenheit** (für Erfahrungen) schwankt zwischen den beiden Polen der *Tradition* (0) und des *Liberalismus* (20). Er bewegt sich in den Grenzen einer konservativen und einer innovativen Einstellung mit all ihren Zwischentönen. Der Offenheit sind die Facetten *Fantasie, künstlerisches Interesse, Emotionalität, Abenteuerlust, Intellekt* und *Liberalismus* nachgeordnet. Der Pragmatiker verharrt in Überlastungssituationen in altem, vertrautem Denken und sucht oft vergebens nach Auswegen. In einer sich rasch verändernden Umwelt erschafft sein visionärer und sich den Gefühlen öffnender Konterpart neue kreative Lösungen und stellt Althergebrachtes infrage. Damit erfüllt er gleichzeitig ein wichtiges Resilienzkriterium: die Lösungsorientierung. In dem Maße, wie der Visionär allzu sehr in seinen Emotionen gefangen bleibt, ist der Traditionelle eine Geisel seiner Sachzwänge und Konventionen. Für einen hohen Grad an Resilienz ist eine gute Mischung aus Pragmatismus und Emotionalität erforderlich. Der Skalenwert bei der Offenheit sollte daher insgesamt hin zu Veränderung und Kreativität tendieren, um eine positive Wirkung auf den Grad der Resilienz zu entfalten.

Die Persönlichkeitstypen mit der Hauptdimension **Gewissenhaftigkeit** bewegen sich zwischen den Extremwerten der *Impulsivität* (0) und der *Kontinuität* (20). In den Facetten der Gewissenhaftigkeit finden wir die *Kompetenz,* die *Ordnungsliebe,* das *Pflichtbewusstsein,* das *Leistungsstreben,* die *Selbstdisziplin* und die *Besonnenheit.* Der fokussierte Ehrgeizling verfügt über eine ausgeprägte Selbstdisziplin, gepaart mit einem hochentwickelten Pflichtbewusstsein und einem starken Leistungsstreben.

In angemessener Dosierung dürften diese Eigenschaften sehr wohl als Resilienz stärkende Kriterien gelten. Nach einer tiefen Krise oder einer seelischen Verletzung gelingt ihm der geordnete Neuaufbau besser als einem unorganisierten, hastigen und nachlässigen Menschen. Ein flüchtiger Umgang mit Problemen und planlose Krisenlösungsversuche sind Anzeichen für eine wenig entwickelte Impulskontrolle. Dagegen ist die in Krisenzeiten fokussierte, zielstrebige und beharrliche Art eines selbstbewussten Menschen für die Auseinandersetzung mit einem Problem weitaus effektiver und weist seine Lösungskompetenz aus. Besonnenheit bei der Auflösung von Konflikten ist allemal energiesparender als unbedachte Hast und Spontanität. Um den Herausforderungen des Lebens mehr Energie und Widerstand entgegenzusetzen, ist ein Skalenwert in der Nähe der Kontinuität sehr hilfreich.

Der Faktor der **Verträglichkeit** umfasst die Bandbreite der Eigenschaftswerte von *Aggressivität* (0) bis *Kooperation* (20). Die Verträglichkeit schließt die Unterskalen *Vertrauen, Moral, Altruismus, Kooperation, Bescheidenheit* und *Sympathie* ein. Sie hat unmittelbare Auswirkungen auf den Aufbau und die Stabilität sozialer Netzwerke. Vertrauen, Mitgefühl und Entgegenkommen sind entscheidende Säulen dieser Hauptdimension. Menschen, die misstrauisch sind und sich übervorsichtig gegenüber anderen verhalten, signalisieren damit ein geringes Interesse an Zusammenarbeit und werden als egozentrisch empfunden. Das Eigenwohl steht bei ihnen vor dem Gemeinwohl, die hohe Anspruchshaltung kennt nur wenig Bescheidenheit. Ihr wettbewerbsorientiertes Verhalten lässt kaum Spielraum für Kompromisse und ein von Partnern erwarteter Kooperationswille kann sogar in Aggressivität umschlagen. Der Kooperative hingegen legt seine Pläne offen und nennt die Dinge aufrichtig beim Namen. Resilientes Wachstum funktioniert nur über ein Mindestmaß an gleichberechtigter Zusammenarbeit und baut auf anerkannten sittlich-moralischen Normen auf. Es ist zu erwarten, dass ein hoher Verträglichkeitswert eine gute Voraussetzung für eine gelassene und erfolgreiche Lebensbewältigung darstellt.

Unterstützende Persönlichkeitsmerkmale für die Altersresilienz?
Welche konkrete Bedeutung haben nun die „Big Five" der Persönlichkeitspsychologie für den reifen, alternden Menschen? Welche der faktoriellen Ausprägungen beeinflussen besonders die Altersresilienz? Was wirkt sich vorteilhafter auf den Ruheständler auf seinem Weg zu besserer Anpassungs- und Integrationsfähigkeit in der dritten Lebensphase aus – und was eher nicht?

Betrachtet man Menschen im reifen Erwachsenenalter, ist ein möglichst hoher Wert für den **Neurotizismus** sinnvoll. Er sollte sich im höchsten Skalenviertel wiederfinden. Die Werte für die Unterskalen *Pessimismus*, *Angst* und *Empfindlichkeit* sollten möglichst niedrig liegen, die für das *Selbstbewusstsein* stark ausgeprägt sein. Ein mittleres Maß an *Impulsivität* befähigt dazu, sich gegen Unfairness und Diskriminierung im Alter zu wehren. Emotionale Stabilität verringert die Gefahr von Altersdepression, baut Frustrationen aus seelischen Verletzungen wegen des fortgeschrittenen Alters schneller ab und mindert die Versagensangst in Problem- und Krisensituationen.

Eine gut entwickelte **Extraversion** bewahrt vor allem vor Einsamkeit und Isolation im fortgeschrittenen Alter. Auch sie sollte einen möglichst hohen Skalenwert erreichen. Durch einen hohen Betrag in den Unterskalen *Aktivität* und *Durchsetzungsvermögen* fällt es den älteren Semestern leichter, Dritte in ihre Sorgen und deren Auflösung einzubeziehen. Die Facette der *Geselligkeit* sollte einen möglichst hohen Wert erreichen. Gerade aus der Kommunikation mit umfangreichen Sozialkontakten resultieren positive Stimuli für ein beglückendes Erlebensgefühl in der dritten Lebensphase. *Freundlichkeit* ist der Türöffner für die Anbahnung neuer Netzwerkkontakte; und eine Prise Humor sowie ein Schuss Selbstironie sorgen für eine leichte und beschwingte *Heiterkeit* in den Beziehungen zu anderen Menschen.

Mit dem Übergang in die Welt nach dem Beruf verändert sich zwangsläufig unsere innere und äußere Wertewelt. Unsere sozialen Rollen, die wir bisher besetzten, wandeln sich. Im Außen werden jahrzehntealte Handlungsstränge unterbrochen, die Kulissen verschoben und der Spielplan neu geschrieben. Im Innen entstehen neue Erwartungen und veränderte Altersbedürfnisse drängen an die Oberfläche. Diese unaufhaltsame Transformation sollte auch von einem möglichst hohen Wert für die **Offenheit** flankiert werden. Wer trotz seines Alters weiter neugierig bleibt, zu späten *Abenteuern* bereit ist, seine *Emotionalität* freier auslebt, *künstlerisches Interesse* bekundet und seiner *Fantasie* zur Gestaltung der dritten Lebensphase ausreichend Platz einräumt, ist klar im Vorteil im Vergleich zu denen, die nicht von alten Rollen loslassen können und ihrer früheren Welt nachtrauern. Erstrebenswert für Senioren wären wohl Werte zwischen 12 und 14. Denn dann bleibt noch ausreichend Spielraum für alte Gewohnheiten und die Wehmut über die verstrichenen Lebensphasen …

Durch den Wegfall von externen, zeitgetriebenen Aufträgen und ergebnisorientierten Herausforderungen können im Ruhestand Ideen und Altersprojekte besser durchdacht und in Ruhe angegangen werden. Ohne äußeren Druck entwickelt sich fast schon automatisch ein höherer Grad an *Besonnenheit*. Viele nehmen das gewohnte *Pflichtbewusstsein* aus der Arbeitswelt mit in den dritten Lebensabschnitt. Das projiziert schon einmal eine gewisse *Ordnung* in den Rentneralltag und trägt zur notwendigen Umstrukturierung der neuen Zeitabläufe bei. Ruheständler, die dazu noch ein starkes Maß an *Selbstdisziplin* mitbringen, können sich z. B. leichter an gesundheitliche Einschränkungen anpassen. Sie halten medizinische Anordnungen strikter ein und befolgen therapeutische Auflagen mit größerer Akkuratesse. Ein hoher Grad an **Gewissenhaftigkeit** lebt von einer jahrzehntelangen *Kompetenz* in allen Lebenslagen und schafft eine gute Grundlage für den späteren Übergang in unsere vierte und letzte Lebensetappe: die Weisheit.

Eine ausgeglichene **Verträglichkeit** fördert den Kontaktaufbau und die Kontaktpflege. Wer anderen aufrichtig gegenübertritt, darf mit erwiderter *Sympathie* und Wertschätzung rechnen. Gerade im fortschreitenden Alter werden die gegenseitige Unterstützung und Hilfeleistung untereinander immer wichtiger. Der *Altruismus,* uneigennütziges Handeln und die Fähigkeit zur *Kooperation* in kritischen Lebenslagen erlangen zunehmende Bedeutung im ruheständischen Miteinander. Im Rentnerstand entfällt der Wettbewerb untereinander; so kann man sich gegenseitig die Tricks und Kniffe zur Lebensbewältigung guten Gewissens offenlegen. Zwar ist ein gesundes Misstrauen gegenüber Dritten im Alter angebracht, da kriminelle Elemente unser Älterwerden ausnutzen könnten. Doch nur eine auf grundsätzlichem *Vertrauen* basierende Einstellung führt unter Seinesgleichen zu gegenseitigem Verständnis und sozialer Harmonie.

Leider wurden die Veränderungen der Persönlichkeitsmerkmale im mittleren und höheren Erwachsenenalter bisher kaum untersucht. Die wenigen Erhebungen sind kaum belastbar. Sie deuten jedoch darauf hin, dass sich die *Extraversion* nach einem moderaten Anstieg im jungen

Erwachsenenalter stabilisiert und ab dem 60. Lebensjahr langsam verringert. Die *Offenheit für Erfahrungen* erreicht zu diesem Zeitpunkt ihren Höhepunkt und fällt danach stark ab. Der *Neurotizismus* nimmt bis zur Lebensmitte zu und bleibt dann mit zunehmendem Alter relativ stabil. Die *Verträglichkeit* erfährt nach dem 50. Lebensjahr einen spürbaren Zuwachs und hält danach das erreichte Niveau. Die *Gewissenhaftigkeit* steigt über alle Lebensphasen an und erreicht nach dem 60. Geburtstag ihre größten Zuwächse. Obwohl wir unseren Charakter nicht nach Belieben an das beschriebene Ideal des „Big-Five-Modells" anpassen können, sollten wir dennoch gut über unsere Persönlichkeitsstruktur Bescheid wissen. Vielleicht können wir ja die eine oder andere Facette unserer Persönlichkeit ein wenig nachjustieren …

Die Praxisübung
Viele Big-Five-Testkonstrukte, die im Internet zu finden sind, sind kostenpflichtig. Ich empfehle kostenlose Versionen, die als CC-Lizenz („Creative Commons-License") durch den Urheber veröffentlicht wurden und ohne gesonderte Genehmigung zu nichtkommerziellen Zwecken genutzt werden können. Meine persönliche Auswahl fiel auf einen Testbogen, den Sie unter https://bigfive-test.com/de finden können (Stand: Juni 2021). Insgesamt sind 120 Fragen zu beantworten, zu jeder der sechs Facetten vier. Im Ergebnis erhalten Sie eine beschreibende Auswertung Ihres Persönlichkeitsprofils. Jede Facette wird dem Level „hoch", „neutral" oder „niedrig" zugeordnet. Zusätzlich werden sowohl eine grafische Zusammenfassung der „Big Five" als auch skalierte Diagramme für jede einzelne Persönlichkeitsfacette bereitgestellt.

Zurück zu den Parallelen der persönlichkeitsbezogenen Big Five mit den afrikanischen Großsäugern. Für mich ist der Elefant Afrikas ein Pendant zum Neurotizismus. Das Spitzmaulnashorn identifiziere ich mit der Extraversion und den Löwen mit der Offenheit. Beim Leoparden als ideenreichen Jäger plädiere ich für die Gewissenhaftigkeit und beim Büffel als Herdentier für die Verträglichkeit. Neben diesen beiden „Big-Five-Modellen" gibt es aber noch einen weiteren psychologischen Bezug. Darüber mehr im nächsten Kapitel.

4.7 Sprüche + Klopfen als Mittel der Selbstfürsorge im Alter

Stresssituationen zwischen Beruf und Ruhestand
Den Wunsch nach einer entspannten und unaufgeregten Zeit bis zum Eintritt in die Rente haben hunderttausende Menschen. Sie fürchten sich davor, kurz vor der „Ziellinie" zu erkranken und dadurch in der Rentenzeit die vielen Pläne und Projekte, die sie bereits lange mit sich im Kopf herumtragen, nicht mehr umsetzen zu können. „Ich will die wenigen Jahre, die mir noch bis zur Rente bleiben, ruhig und gelassen weiterarbeiten und vor allem gesund bleiben. Das kann ich aber nicht, weil mein Chef wiederholt sinnlose Neuerungen einführt und meine Einwürfe dagegen nicht ernstnimmt! Wenn das so weitergeht, werde ich krank und dann wird der Ruhestand zur Belastung, anstatt zur schönsten Zeit meines Lebens." So etwa klang der Hilferuf einer leitenden Angestellten, die mich um eine Sitzung bat, nachdem sie bereits einige Coachings gegen die vermeintliche äußere Bedrohung erfolglos durchlaufen hatte. Doch die Liste der Vorwürfe und enttäuschten Erwartungen war damit noch nicht komplett. „Dass er mich mit seiner Personalpolitik vor den Kopf stößt und fast immer die falschen Leute an Positionen

setzt, die sie fachlich gar nicht ausfüllen können, macht mich mittlerweile komplett fertig. Nun will er auch noch ein Direktmarketing einführen, obwohl er doch wissen müsste, dass sich die alternde Belegschaft damit schwertut. Wenn er so weitermacht, dann wird er den Betrieb ruinieren, den ich seit Jahrzehnten mit aufgebaut habe." Nach unserem ersten Gespräch wurde mir klar, dass es aussichtslos sein würde, ihr zu einer ernsthaften internen Aussprache oder zu einem späten Betriebswechsel, wenige Jahre vor der Rente, zu raten. Dass man den Chef nicht entfernen, bekehren oder gar per Fernsteuerung verändern konnte, realisierte sie dann schnell. Hier musste eine Selbsthilfetechnik her. Ein Selbstmanagementtool wurde benötigt, das für die Übergangszeit bis zur Rente das seelische Gleichgewicht wieder herstellen und einen ausreichenden Selbstschutz bieten konnte.

Das „Bifokale Modell der Prozess- und Embodimentfokussierten Psychologie"

Mit der **„Prozess- und Embodimentfokussierten Psychologie"**, kurz PEP®, die vom deutschen Arzt, Psychiater und Psychotherapeuten Dr. Michael Bohne entwickelt wurde, steht uns ein Instrumentarium zur Veränderung dysfunktionaler Denk-, Fühl- und Verhaltensmuster zur Verfügung. Damit können sowohl belastende, unvorteilhafte, hemmende oder bedrohliche Gefühle und Gemütszustände als auch unvorteilhafte oder unbefriedigende Beziehungsmuster bearbeitet, entmachtet und beseitigt werden. PEP® unterstützt die Stressbewältigung und löst mentale Blockaden durch die Stimulation von Körperpunkten bei gleichzeitiger Aktivierung der emotional belastenden Situation. Dabei nutzt PEP® die Erkenntnis, dass es effektiver ist, reine prozessorientierte Interventionen, wie Akupunktur oder Klopftechniken, um multiple, neuronale Stimulationen, wie Zählen, Summen oder das Aussprechen von positiven Selbstzuschreibungen (Affirmationen), zu ergänzen. Psychisches Erleben wird so dem Körper *und* dem Geist verständlich gemacht. Die resultierenden multisensorischen Stimulationen führen durch die Verstörung der emotionalen Netzwerke im Gehirn zur Wiederverkopplung getrennter Hirnareale und zur Neuverschaltung von Neuronen. Damit leisten sie den entscheidenden Beitrag zur Reduktion belastenden psychischen Erlebens. Durch einen humorvollen und spielerisch leichten Umgang mit den körperlichen und verbalen Interventionen kommt es zusätzlich zur Ausschüttung von Glücks- und Beziehungshormonen wie Oxytocin, Serotonin und Dopamin – so die „neurohumorale" Wirkhypothese von Dr. Michael Bohne. (Abb. 4.9)

Im Zentrum von PEP® steht ein bifokales Modell, das seine Aufmerksamkeit zwei unterschiedlichen Brennpunkten schenkt: den emotionsverarbeitenden und den

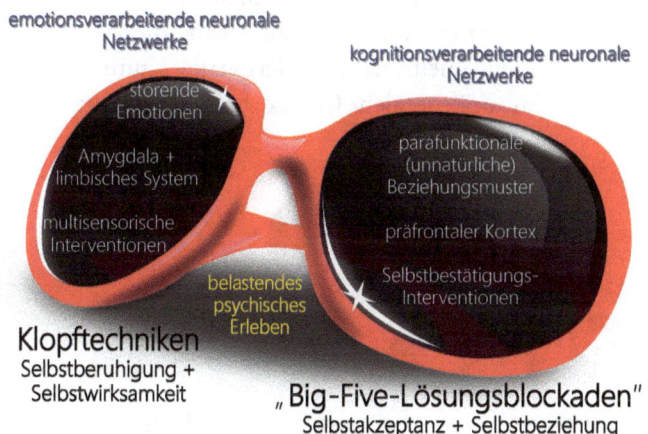

Abb. 4.9 Das „Bifokale Erklärungsmodell der Prozess- und Embodimentfokussierten Psychologie" (PEP®, nach Dr. Michael Bohne)

kognitionsverarbeitenden neuronalen Netzwerken. Handelt es sich bei der seelischen Belastung um Phänomene, die auf störende Emotionen und Stressoren zurückzuführen sind, dann reichen in der Regel **Beruhigungs- und Klopftechniken** aus, um den psychischen Zustand messbar zu verbessern. Der Klient verspürt sehr schnell die Selbstwirksamkeit seiner eigenen Aktivitäten. Der Prozess verläuft weitgehend nonverbal ab und wird überwiegend über das emotionsverarbeitende limbische System gesteuert. Unser Körper verfügt über 16 Klopfpunkte, die nacheinander mit dem Zeigefinger oder/und Mittelfinger jeweils etwa 5- bis 15-mal selbstbeklopft werden, während man gleichzeitig an die störenden Probleme denkt. Die Akupressur mit den Fingern sollte solange erfolgen, bis die psychische Belastung – gemessen auf einer Skala von 0 bis 10 – spürbar nachlässt. Zwischen den Klopfintervallen erfolgen verschiedene Entspannungsübungen. (Abb. 4.10)

Gesellen sich jedoch zu den emotionalen Aufregern und Stressoren noch Lösungsblockaden und schädliche Beziehungsmuster hinzu, ist Klopfen allein nicht mehr ausreichend. Hier kommen zusätzlich die kognitionsverarbeitenden neuronalen Netzwerke zum Einsatz, die sich im präfrontalen Cortex befinden. Dort ist die

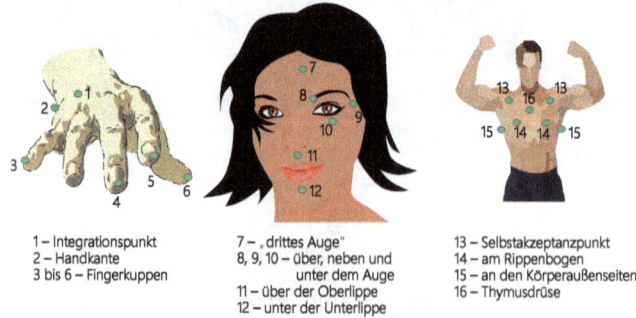

1 – Integrationspunkt
2 – Handkante
3 bis 6 – Fingerkuppen

7 – „drittes Auge"
8, 9, 10 – über, neben und unter dem Auge
11 – über der Oberlippe
12 – unter der Unterlippe

13 – Selbstakzeptanzpunkt
14 – am Rippenbogen
15 – an den Körperaußenseiten
16 – Thymusdrüse

Abb. 4.10 Klopfpunkte am Menschen

Vernunftssteuerung des Menschen beheimatet, dort wird geplant, dort werden die Bewegungen koordiniert. Der präfrontale Cortex macht aus uns eine kontrollierte und sozial handelnde Person. Zusätzlich zu den sensorischen Interventionen werden ihm für die Veränderung unserer Denk-, Gefühls- und Verhaltensmuster selbstbestätigende Zusprechungen, **sog. Affirmationen,** angeboten. Welche das sind hängt, von der Art der gestörten Beziehungsmuster ab. Und genau hier beginnt der Auftritt der **„Big-Five-Lösungsblockaden".** Im Einzelnen sind das die **Selbstvorwürfe,** die **Fremdvorwürfe,** das **Verharren in dysfunktionalen** (falschen) **Erwartungen anderen gegenüber,** das **innere Schrumpfen** (Altersregression) und die **parafunktionalen** (unangebrachten) **Loyalitäten.** Hat man die vorgenannten Blockaden identifiziert (in unserem Setting mit der Prokuristin sind das übrigens gleich zwei: die Fremdvorwürfe und das Verharren in falschen Erwartungen), dann kommen Selbstakzeptanz- oder **Selbstbestätigungsübungen** zur Anwendung. Selbstbestätigungen sind erforderlich, um bestimmte Grundbedürfnisse, die bisher nicht erfüllt werden, doch noch zu befriedigen. Zu ihnen gehören die *fehlende Sicherheit,* eine *mangelnde Autonomie* und/oder eine *gestörte Beziehung.* Die Satzaussagen sollen die unangenehme Situation (Vorgang, Verhalten) mit energiespendenden und individuell akzeptablen Zielbildern der eigenen Persönlichkeit verbinden. Musterhaft könnte die Affirmation zu unserem Beispiel so lauten*: „Auch wenn ich dem Chef vorwerfe, er führe sinnlose Neuerungen im Unternehmen ein, bleibe ich in meiner Kraft* (Sicherheitsbedürfnis); *bestimme ich allein, was für mich gut ist* (Autonomiebedürfnis); *akzeptiere und liebe ich mich so, wie ich bin* (Beziehungsbedürfnis)." Diese selbststärkenden Sätze werden laut ausgesprochen. Dabei wird gleichzeitig der Selbstakzeptanzpunkt, der sich links oder rechts unter dem Schlüsselbein befindet, mit kreisenden Handbewegungen leicht massiert. Diesen Vorgang nennt man auch Kurbeln. In Abhängigkeit von der konkreten „Big-Five-Lösungsblockade" werden sodann feststehende, prozessuale Formeln ausgesprochen und durch vorgegebene Körpergesten ergänzt.

Beim **Selbstvorwurf** verhalten wir uns so, als wollten wir uns selbst bekämpfen. Deshalb bedarf es hier nachdrücklicher Selbstakzeptanz- und Verzeihübungen. Sie basieren auf der Annahme, dass wir es zum Zeitpunkt des Entstehens des Selbstvorwurfes nicht besser oder anders konnten, wollten oder wussten. Doch wir können uns jetzt laut und selbstbewusst die Absolution erteilen: *„Auch wenn ich mir xyz vorwerfe, schätze und akzeptiere ich mich so, wie ich bin. Konnte, wollte oder wusste ich es nicht anders? (Pause) Und jetzt verzeihe ich mir, weil mir klar wird, dass ich es nicht anders konnte, wollte oder wusste. Und dazu stehe ich!"*

Machen wir anderen Menschen **(Fremd-)Vorwürfe**, dann befinden wir uns oftmals in einer Opferrolle. In diesem Fall schlägt PEP° vor, nur den Eigenanteil an der „Schuld" zu übernehmen und den anderen Teil der Verantwortung verbal und körperlich dem anderen zu überlassen; egal, ob derjenige es anders vermochte oder nicht: *„Völlig egal, ob der andere es nicht anders konnte, wollte oder wusste – ich lasse seinen Teil der Verantwortung bei ihm und übernehme nur meinen Teil der Verantwortung für mich".*

Erwartungshaltungen an andere zu haben bedeutet, dass sie uns gegenüber eine bestimmte Leistung erbringen sollen, ohne dass wir darauf Einfluss nehmen können. Tun sie das nicht, dann überlassen wir ihnen Macht über unsere Gefühle und wir machen uns von ihnen weitgehend abhängig. Hier ist das Mittel der Wahl die möglichst humorvolle oder überspitzte Loslösung vom falschen Vertrauen in andere sowie die Formulierung einer selbstbestimmten und befreienden Selbstüberzeugung. *„Auch* *wenn ich mich im festen Glauben, sie müsse mich für meine Treue unendlich lieben, hilflos und verletzlich gemacht habe, bestimme allein ich, was gut für mich ist."*

Das **innere Schrumpfen** gleicht einem Rückfall in naive, frühkindliche Entwicklungsstadien. Wir machen uns kleiner und chancenloser als wir als reife und erwachsene Menschen tatsächlich sind. Unsere Rückbesinnung auf die große Lebenserfahrung und das aktuelle Alter können hier Abhilfe schaffen: *„Auch wenn ich in der Situation xyz schrumpfe und mein wirkliches Alter vergesse, freue ich mich, der erwachsene Mann zu sein, der ich bin."*

Parafunktionale Loyalitäten erlauben uns nicht, glücklicher, zufriedener, gesünder oder erfolgreicher zu sein, als andere Menschen oder Vertreter früherer Generationen. Wir fühlen uns mit ihren Ansichten, Glaubenssätzen und Defiziten solidarisch verbunden und halten fatalerweise an ihnen fest. Hier gilt es, den persönlichen Sinn der falschen Verbundenheit oder des Mitleidens zu hinterfragen und an die eigene Potenzialentwicklung zu denken: *„Auch wenn ich ein erfolgreiches und erfülltes Leben führen darf, obwohl es meiner Schwester nicht vergönnt war, bleibe ich doch liebevoll und wertschätzend mit ihr verbunden."*

Manchmal reichen die multisensorischen Interventionen und die Methoden zur Verbesserung der Selbstbeziehung nicht aus, um die energieraubenden Abhängigkeiten und inneren emotionalen Quälgeister loszuwerden. Dann kommt bei PEP® als dritte Interventionsstufe der sog. **„Kognitions-Kongruenz-Test" (KKT)** zur Anwendung. Mit ihm werden vorbewusste und unbewusste Blockaden und Widerstände aufgespürt und die Selbstbestimmungsaffirmationen auf ihre innere Stimmigkeit überprüft. Da der KKT nicht im Selbstmanagement erfolgen kann, sei an dieser Stelle auf weiterführende Literatur von Dr. Michael Bohne verwiesen:

„Psychotherapie und Coaching mit PEP", erschienen 2021 im Carl-Auer Verlag.

Lösungsblockaden im Alter
Es gibt keine Lebensphase, in der wir nicht gegen die „Big-Five-Lösungsblockaden" im Sinne von PEP® gefeit sind; auch nicht im Ruhestand. So kommt es u. a. zu Selbstvorwürfen in Partnerschaften, wie: „Ich bin schuld daran, dass mein Mann so schwer erkrankt ist. Nun leidet er, und ich bin todunglücklich darüber. Hätte ich doch nur besser auf ihn aufgepasst, ihn zu einschlägigen Vorsorgeuntersuchungen ermutigt und besser auf seine Ernährung achtgegeben." Dieser Selbstvorwurf erhärtet sich mit der Zeit, die Selbstakzeptanz schwindet und diese und andere Schuldzuweisungen entwickeln sich zu hartnäckigen Denkmustern. Versuchen Sie zunächst, die Gefühle, die den Selbstvorwurf begleiten, genau zu benennen und im Körper zu verorten. Verstärken Sie dann das Gefühl etwas und stellen Sie Ihre seelische Belastung auf einer Skala zwischen 0 und 10 fest. Beginnen Sie als Nächstes mit den Entspannungs- und Klopfübungen, die weiter unten in der Praxisübung detailliert beschrieben werden. Verbessert sich auch nach vielfachen Wiederholungen Ihr Zustand nicht merklich (z. B. von 8 auf 3), dann gehen Sie zur „Big-Five-Lösungsblockade" über. Finden Sie eine selbstbestätigende Aussage für sich und nutzen Sie die nachfolgenden Formeln: *„Auch wenn ich mir vorwerfe, nicht ausreichend auf die Gesundheit meines Partners geachtet zu haben, liebe und akzeptiere ich mich, so wie ich bin. Konnte ich nicht anders, wollte ich nicht anders, wusste ich es nicht anders, oder war's eine Mischung aus allen dreien?"* Dann heben Sie die rechte Hand und sagen: *„Und jetzt verzeihe ich mir aus aller Kraft und aus ganzem Herzen, weil mir klar wird, dass ich nicht anders konnte/*

wollte/musste! Dazu stehe ich!" Wiederholen Sie diese **Verzeihformel** noch ein weiteres Mal.

Hier einige weitere, in der reifen Erwachsenphase auftretende Beispiele für den Umgang mit den „Big-Five-Lösungsblockaden":

„Auch wenn ich mich in der Auseinandersetzung um meine Rechte als Rentnerin betrogen und zutiefst diskriminiert fühle, und in dieser Situation etwas schrumpfe und vergesse, wie alt und erwachsen ich tatsächlich bin, achte und schätze ich mich so, wie ich bin. Jetzt freue ich mich, auch vor diesem Hintergrund die erwachsene Frau zu bleiben, die ich bin." (Schrumpfen, Altersregression)

„Auch wenn ich mich als alter Mensch stets zurücknehme und mich immer wieder den Meinungen anderer anschließe, weil ich es von den Eltern so gelernt habe, liebe und respektiere ich mich, wie ich bin. Jetzt gewinne ich Abstand zu den Vorgaben aus der Kindheit und bleibe meinen Eltern herzlich verbunden." (falsche Loyalität)

„Auch wenn ich mir immer wieder vorwerfen lassen muss, meiner Partnerin auf den Rentnertreffs ins Wort zu fallen und sie ständig zu verbessern, bestimme ich allein, was mir guttut und liebe und akzeptiere mich so, wie ich bin." (Fremdvorwurf)

„Auch wenn ich von den jüngeren Generationen Wertschätzung und Anerkennung für meine Lebensleistung erwarte, sie aber niemals hören und fühlen werde, genüge ich meinen Ansprüchen, bin ich mit meiner Leistung zufrieden und achte und schätze ich mich so, wie ich bin." (falsche Erwartungshaltung)

Die Praxisübung
Der deutsche Neurobiologe und Buchautor Dr. Gerald Hüther soll einmal gesagt haben, es sei unterlassene Hilfeleistung, PEP[*] nicht gemacht zu haben. Deshalb ergänzen Sie unbedingt Ihr Resilienz- und

Wohlfühlinstrumentarium um Klopf- und Entspannungstechniken. Los geht's!

1. Suchen Sie sich einen ruhigen Ort für die Übung, setzen Sie sich bequem hin und konzentrieren Sie sich fest auf ein Thema, das unangenehme Gefühle in Ihnen auslöst.
2. Bewerten Sie Ihre aktuelle psychische Belastung auf einer Skala von 0 (kein Stress) bis 10 (maximales Unbehagen).
3. Schlagen Sie nun die Beine übereinander: Rechts über links oder umgekehrt, und entscheiden Sie sich für die angenehmere Variante *(Überkreuzübung)*.
4. Führen Sie etwa in Augenhöhe die Fingerspitzen Ihrer beiden Hände langsam zusammen und stellen Sie sich gedanklich eine Balkenwaage im Gleichgewicht vor. Konzentrieren Sie sich auf Ihren Atem; atmen Sie zwei Minuten lang ruhig über die Nase ein und über den Mund wieder aus *(Fingerberührübung)*.
5. Finden Sie eine selbstbestätigende Affirmation für Ihr unangenehmes Gefühl, und wählen Sie die Formel für eines der erstrebenswerten Grundbedürfnisse aus: *„Auch wenn ich* (belastendes Ereignis oder Gefühl einfügen), *liebe und schätze ich mich so, wie ich bin* (Beziehung)/*bleibe ich in meiner Kraft und Energie* (Sicherheit)/*bestimme ich allein, was gut für mich ist* (Autonomie)." *(Selbstakzeptanzübung)*
6. Während Sie Ihren Selbstakzeptanzansatz laut sprechen und immer wieder ein wenig variieren, reiben Sie Ihren Akzeptanzpunkt links oder rechts unterhalb des Schlüsselbeins *(Kurbeln)*.
7. Klopfen Sie dann mit dem Mittel- und Zeigefinger nacheinander die 16 Akupunkturpunkte, die in Abb. 4.10 gezeigt sind. Jeder Punkt kann 5- bis 25-mal geklopft werden. Stellen Sie fest, bei welchen Punkten

die entspannende Wirkung am besten ist. Sollten Sie „Lieblingspunkte" feststellen, dann konzentrieren Sie sich bei weiteren Klopfdurchgängen gezielt auf diese Stellen *(Klopfübung)*.
8. Legen Sie nach jedem Klopfdurchgang eine Zwischenentspannung ein: Schließen Sie die Augen und öffnen Sie sie wieder. Schauen Sie erst nach rechts und dann nach links unten. Lassen Sie die Augen 360° linksherum und dann 360° rechtsherum kreisen. Summen Sie ein paar Töne oder eine angenehme Melodie. Zählen Sie von 7 an rückwärts und summen Sie abschließend wieder. Klopfen Sie dabei stets den Integrationspunkt Ihrer Hand. Er befindet sich auf dem Handrücken zwischen dem kleinen und dem Ringfinger.
9. Schließen Sie die Augen und öffnen Sie sie wieder. Schauen Sie für jeweils 5 s nach oben zur Decke und wieder nach unten auf den Boden. Schließen Sie die Augen, holen Sie tief Luft und atmen Sie geräuschvoll aus *(Abschlussentspannung)*.
10. Bestimmen Sie nun auf einer Skala von 0 bis 10 Ihre aktuelle Anspannung; dabei wäre < 3 optimal. Wenn nicht, dann wiederholen Sie die komplette Übung.

Sollten Sie allein mit den multisensorischen Interventionen keine spürbare Verbesserung Ihrer störenden Emotionen erreichen, liegen vermutlich parafunktionale Beziehungsmuster vor und die „Big-Five-Störungsblockaden" sollten zum Einsatz kommen. Auch dafür empfehle ich das weiter oben bereits erwähnte Buch von Michael Bohne.

Bleibt noch nachzutragen, dass das Coaching mit der leitenden Angestellten nach fünf Sitzungen in der gemeinsamen Evaluation als hilfreich und entlastend eingeschätzt wurde. Die Klopftechniken wandte die Coachee erfolgreich und gern auch später bei negativen Gefühlslagen an. Und die selbstbestätigende Affirmation, die wir gefunden hatten, hat ihr bis zum Renteneintritt immer wieder Kraft gegeben, gesund und stabil zu bleiben: „Auch wenn ich dem Chef vorwerfe, dass er den Betrieb vielleicht ruinieren wird, bleibe ich zuversichtlich, in meiner Energie und verbringe die Zeit bis zur Rente gelassen und entspannt."

Die Sinnfindung gehört zu den entscheidenden Fähigkeiten, um ein erfülltes und gewinnendes Leben zu führen. Ein neuer Zweig der Psychologie, die „Positive Psychologie" kann dabei helfen, unsere Fragen nach dem Sinn des Lebens zu beantworten. Folgen Sie mir dazu bitte in den letzten Buchabschnitt.

Weiterführende Literatur

Berne, E. (1967). *Spiele der Erwachsenen*. Rowohlt.
Blickhan, D. (2015). *Positive Psychologie. Ein Handbuch für die Praxis*. Junfermann.
Bohne, M. (2011). *Bitte klopfen*. Carl-Auer.
Bohne, M. (2021). *Psychotherapie und Coaching mit PEP*. Carl-Auer.
Dehner, U, & Dehner, R. (2013). *Transaktionsanalyse im Coaching*. managerSeminare.
ETH Zürich. https://www.nsl.ethz.ch/das-forschungsprogramm-future-resilient-systems-des-eth-singapore-centres-startet/. Zugegriffen: 25. Mai 2021.
Harris, T. A. (1973). *Ich bin o.k. Du bist o.k*. Rowohlt.
Integrierte Grafiken: Pixabay.
Kabat-Zinn, J. (2012). *Achtsamkeit für Anfänger*. Arbor.
Klaus Pertl Mentales Coaching. https://klauspertl.com/charakterstaerken/. Zugegriffen: 11. Juni 2012.
Lifelong Investment GmbH. https://www.transaktionsanalyse-online.de/wp-content/Uploads/2017/09/Antreiber-Test.pdf/.

MARJORIE-WIKI. https://marjorie-wiki.de/wiki/Prozess-_und_ Embodimentfokussierte_Psychologie. Zugegriffen: 23. Juni 2021.

Modernmind. https://modernmind.de/lerne-loesungsorientiertes-denken/.

Neosmart Consulting AG. https://www.zentrum-der-gesundheit.de/krankheiten/psychische-erkrankungen/angst/eft-klopfakupressur. Zugegriffen: 24. Juni 2021.

NLP Labor. VPE Verein für persönliche Entwicklung. https://nlplabor.ch/axiome/. Zugegriffen: 10. Juni 2021.

Otto, A. (2021). Ich über mich. *Psychologie heute, 47*(10).

Pinquart, M. Uni Marburg. https://www.die-bonn.de/zeitschrift/42013/erwachsenenbildung-05.pdf. Zugegriffen: 15. Juni 2021.

Resilienz Akademie. https://www.resilienz-akademie.com/innere-antreiber/.

Resilienz Kongress 2020. https://2020.resilienz-kongress.de/speaker/petra-lewe/. Zugegriffen: 26. Mai 2021.

Roediger, E. (2010). *Raus aus den Lebensfallen*. Junfermann.

Rubynor. https://bigfive-test.com/de. Zugegriffen: 16. Juni 2021.

Satow, L. https://www.drsatow.de/test/persoenlichkeitstest/B5T-Testdokumentation.pdf. Zugegriffen: 16. Juni 2021.

Trausmuth, C. G. https://claudia-trausmuth.at/angebote/prozess-und-embodimentfokussierte-psychologie-pep-nach-dr.-bohne/. Zugegriffen: 22. Juni 2021.

Universität Zürich. Psychologisches Institut. https://www.charakterstaerken.org. Zugegriffen: 9. Juni 2021.

Quellenverzeichnis

Integrierte Grafiken: Pixabay, Fotos: Wolfgang Schiele

5

Lebenssinn behutsam erschließen – Gelassenheit genussvoll ausleben

„Die beiden wichtigsten Tage deines Lebens sind der Tag, an dem du geboren wurdest, und der Tag, an dem du herausfindest, warum." (Mark Twain)

5.1 Sinnquellen für's Alter

Wie sinnvoll ist das Altern?
Mit fortschreitendem Alter denken wir fast schon automatisch darüber nach, wozu wir überhaupt auf der Welt sind, was den Sinn des Lebens ausmacht und ob wir in ihm Erfüllung fanden. Viele bewerten ihren zurückgelegten Lebensweg als ganz passabel und betrachten die Ruhestandsphase als erstrebenswerten Höhepunkt.

Ergänzende Information Die elektronische Version dieses Kapitels enthält Zusatzmaterial, auf das über folgenden Link zugegriffen werden kann https://doi.org/10.1007/978-3-658-36149-5_5.

© Der/die Autor(en), exklusiv lizenziert durch Springer
Fachmedien Wiesbaden GmbH, ein Teil von Springer Nature 2022
W. Schiele, *Selbstmanagement im Ruhestand*,
https://doi.org/10.1007/978-3-658-36149-5_5

Andere meinen jedoch, gerade das Altwerden sei entbehrlich und sinnlos, weil man entberuflicht ist, langsam von der Welt vergessen wird und auch noch mit diversen Gebrechen zu kämpfen hat. Woran sollen wir nun festmachen, was sinnhaft war und was noch sinnvoll sein könnte? Dazu begeben wir uns auf die Suche nach der Definition des Sinns. Befragt man die einschlägigen Suchmaschinen und digitalen Lexika nach der Beschreibung des Sinns, erhält man erschreckend wenige und vor allem nur sehr dürftige Erklärungen. Man gewinnt den Eindruck, dass der Sinn als Wertekategorie entweder nicht so wichtig sein kann oder aber unbeschreiblich ist. Und da er uns offensichtlich auch nicht als Beipackzettel mitgegeben wurde, müssen wir uns persönlich auf die Suche nach unserem Lebenssinn begeben. Hinweise, was es mit dem Sinn auf sich hat, findet man u. a. beim österreichischen Begründer der Logotherapie und Existenzanalyse, bei Viktor E. Frankl. Sinn, so Frankl, kann weder gegeben, noch verschenkt oder gar verordnet werden. Er ergibt sich nicht aus unseren Fragen an die Welt, sondern durch die Fragen, die die Welt an uns und unser Leben stellt. Wir müssen den Lebenssinn also selbst, jeder für sich, finden. Das kann, folgt man Frankl, über drei Wege erfolgen: Über die Eindrücke und Erfahrungen aus dem sinnlich Erlebten (Erlebniswerte), die Befriedigung über Selbsthervorgebrachtes und das Eigengut (Schaffenswerte) und die Beziehung zu unseren Gedanken und Gefühlen (Einstellungswerte). Mit dem Streben nach dem eigenen Sinnerleben können wir dem Drama des Lebens eine Wendung geben und unser Los selbst bestimmen. Frankl schreibt uns Menschen sogar ein „Sinn-Organ" zu, das uns die einzigartige und fehlerfreie Wahrnehmung richtiger und falscher, sinnhafter und sinnloser Entscheidungen ermöglichen soll.

Sinn umfasst all die Qualitäten, durch die wir uns als zugehörig, bedeutsam, kohärent, absichtsvoll, zweckorientiert und erfüllend empfinden. Bis ins hohe Alter. Auch wenn wir meinen, der restliche zeitliche Raum, der uns noch bleibt, sei im Vergleich zum bereits durchschrittenen zu eng und klein für die Sinnerfüllung. Doch gerade deshalb sollten wir flink noch alle Möglichkeiten der persönlichen Sinnfindung und Sinnverwirklichung nutzen, weil wir die Restlaufzeit unserer Zukunft nicht kennen. Auf die Großartigkeit des noch zu Tuenden kommt es dabei nicht an. Jeder von uns kann in jeder Lebensphase seine individuelle Sinngröße und Sinntiefe bestimmen. Wir können uns lange darüber unterhalten, ob das Altern einen Sinn macht; besser ist es, einen Sinn im Alter(n) zu finden.

Das „Modell der Lebensbedeutungen"
Seit der Jahrtausendwende denken Forscher ernsthaft darüber nach, welche Motivatoren und Impulsgeber als Sinnquellen für unser Leben bedeutsam sind. Eine Vorreiterrolle in der Sinnforschung spielt u. a. Prof. Dr. Tatjana Schnell von der Universität Innsbruck. Sie hat die Sinnhaftigkeit des Daseins im Zusammenhang mit Werten und Lebensbereichen untersucht. Daraus entstand das **„Modell der 26 Lebensbedeutungen"**, die in uns sinnstiftende Wirkungen von unterschiedlicher Intensität hinterlassen können. Die 26 Lebensbedeutungen sind zu fünf Gruppen zusammengefasst; es sind die **Selbstverwirklichung,** die **vertikale** und **horizontale Selbsttranszendenz,** die **Ordnung** und das **Wir- und Wohlgefühl.** (Abb. 5.1)

Beginnen wir bei der **Selbstverwirklichung** – einen Begriff, den der US-amerikanische Psychologe Abraham H. Maslow an die Spitze seiner sogenannten Bedürfnispyramide gestellt hat. Sie ist bei ihm die finale Talent- und

Abb. 5.1 Die Lebensbedeutungen (nach Tatjana Schnell)

Potenzialentfaltung, die uns ein Leben mit Sinn und Eigensinn ermöglicht. Da es zur Selbstverwirklichung eines Unterbaus, einer Reihe von materiellen und ideellen Voraussetzungen bedarf, um über verschiedene Bedürfnisstufen ganz nach oben zu gelangen, ist wahrhaftige Selbstverwirklichung wohl erst im fortgeschrittenen Alter möglich. Welch tröstliche Aussichten! Die Selbstverwirklichung umfasst acht Kategorien an Lebensbedeutungen:

die **Herausforderung** – die Suche nach Neuem, nach Abwechslung sowie die Bereitschaft, Risiken einzugehen;
den **Individualismus** – die Ausprägung der persönlichen Geisteshaltung und das Ausleben individueller Potenziale und Eigenarten;
die **Macht** – die physische und psychische Ausübung von Handlungsoptionen, deren Durchsetzung anderen gegenüber und das Erreichen der eigenen Ziele;
die **Leistung** – die Umsetzung persönlicher Kompetenzen und Fertigkeiten sowie die Überprüfung des Erreichten durch geeignete Erfolgsparameter;

die **Freiheit** – die Unabhängigkeit von externen Vorgaben, Geboten und Verboten sowie das selbstbestimmte Denken und Handeln in der Welt;

das **Wissen** – die Aneignung von Informationen und die Hinterfragung von Zusammenhängen, um uns und die Welt im Wandel zu verstehen;

die **Kreativität** – die Ausnutzung der Fantasie und die Umsetzung von Aufgaben und Zielen durch innovatives Denken und schöpferisches Tun;

die **Entwicklung** – das persönliche Wachstum in allen Lebensphasen und die Zielstrebigkeit, Dinge zu erschaffen und zu vervollkommnen.

Es folgt die **vertikale Selbsttranszendenz** – dahinter steht die Auffassung, dass der Mensch Teil eines größeren Ganzen ist, dessen Aufbau und dessen Gesetzmäßigkeiten sich unserem Verständnis aktuell entziehen. Sie lässt den Spielraum dafür offen, dass es außer unseren wissenschaftlichen Erkenntnissen noch Dinge und Mächte gibt, die wir nicht begreifen und auf die wir keinen Einfluss haben. Die vertikale Selbsttranszendenz zeichnet sich durch zwei Lebensbedeutungen aus:

die **explizite Religiosität** – die Verbundenheit mit einer höheren Macht, in der Regel mit einem Gott, sowie der Glaube an eine nicht erklärbare oder beweisbare Realität;

die **Spiritualität** – die Orientierung an einer anderen Wirklichkeit und der Glaube an das individuelle Schicksal.

Des Weiteren haben wir die **horizontale Selbsttranszendenz** – darunter sind alle Lebensbedeutungen erfasst, die eine hohe Verantwortung für die Gesellschaft darstellen und sich für Werte einsetzen, die über den persönlichen Bedürfnissen stehen. Das schließt u. a.

mit ein, dass das Individuum beispielsweise in Gesundheitsfragen, im sozialen Gefüge oder in der persönlichen Selbstfindung von ihnen profitiert und persönlich daran wachsen kann. Die zur Gruppe zählenden fünf Lebensbedeutungen weisen und reichen über das eigene Ich hinaus und besitzen eine große Bedeutung für die Gesellschaft:

das **soziale Engagement** – das aktive Eintreten für das Gemeinwohl der Gesellschaft und die Menschenrechte in der Welt;
die **Naturverbundenheit** – das Leben im Einklang mit der Natur sowie alle Aktivitäten, um sie zu achten, zu schätzen und zu schützen;
die **Gesundheit** – die Prävention und Erhaltung von körperlicher und seelischer Gesundheit sowie die Förderung geistiger und physischer Fitness;
die **Generativität** – das Hinterlassen von Spuren mit bleibendem Wert und die Weitergabe von Erfahrungen und Erkenntnissen an nachfolgende Generationen;
die **Selbsterkenntnis** – die Suche nach dem eigenen Selbst und die Auseinandersetzung mit der eigenen Persönlichkeit.

An vierter Stelle steht die **Ordnung** – das sind die Lebensbedeutungen, die unserem Dasein einen Rahmen, Halt und Orientierung geben. Sie sind nicht ganz so bedeutsam für die Sinnfindung im Leben wie die anderen Gruppenkategorien, aber dennoch nicht zu unterschätzen; sind sie doch eng an unsere Gefühlswelt gekoppelt und beinhalten Regeln und Vorgaben für moralisches Verhalten in der Gemeinschaft. Da wären:

die **Vernunft** – das durch das Denken bestimmte Vermögen des Menschen zur Erkenntnis und das Abwägen von Entscheidungen;

die **Tradition** – das Festhalten an bewährten und gewohnten Handlungsmustern und Glaubensvorstellungen sowie die Bewahrung von Althergebrachtem;

die **Bodenständigkeit** – die Heimatverbundenheit, die Sachbezogenheit und der Pragmatismus, das zu tun, was nötig ist und was tatsächlich funktioniert;

die **Moral** – eine Lebenshaltung, die sich von klaren Richtlinien und Wertvorgaben leiten lässt.

Und zu guter Letzt das **Wir- und Wohlgefühl** – es fasst die nach innen gerichteten Lebensqualitäten eines Menschen zusammen. Sie haben unmittelbaren Einfluss auf die Selbst- und Nächstenliebe. Einerseits erfüllen die hier angesiedelten Lebensbedeutungen die persönlichen Bedürfnisse, andererseits verbinden sie das Individuum mit den verschiedenen gesellschaftlichen Gruppen. Und das sind sie:

die **Gemeinschaft** – all das, was menschliche Nähe, Freundschaft und Beziehung ausmacht und Menschen durch ein „Wir-Gefühl" verbindet;

der **Spaß** – der Humor und das Vergnügen, Dinge und Ereignisse genießen zu können sowie durch das Erleben Genugtuung zu empfinden;

die **Liebe** – die Zuneigung und Wertschätzung, die man anderen Menschen entgegenbringt sowie die Romantik und Intimität bei Paaren;

die **Wellness** – das Wohlbefinden nach einem sinnlichen oder körperlichen Genuss oder nach einer Entspannung;

die **Fürsorge** – die uneigennützige Hilfsbereitschaft und das wertschätzende Kümmern um andere Menschen;

das **bewusste Erleben** – die Achtsamkeit Menschen und Dingen gegenüber und das Zelebrieren fester Rituale im Alltag;

die **Harmonie** – die Ausgewogenheit, der innere Gleichklang und die persönliche Balance in Leben.

Spezielle Lebensbedeutungen im Ruhestand
Die Lebensbedeutungen können sich in Abhängigkeit von der Persönlichkeit unterschiedlich stark auf die Sinnfindung im Alter auswirken. Beispielhaft habe ich neun impulsgebende Sinnquellen mit der Zeit des Ruhestands in Beziehung gesetzt.

Die Herausforderung Um sie kommt kaum jemand herum, denn die maßgeblichen Strukturen und Zeitgeber für den Lebensablauf fallen mit dem Ausstieg aus dem Beruf schlagartig weg. Für Menschen, die es bisher gewohnt waren, von Dritten Aufträge zur Bearbeitung zu erhalten, kann das ein echtes Handicap bedeuten. Sie müssen eine veränderte Zeitplanung, eine neue Alltagsstruktur und eine sinnvolle Aufgabenteilung im Verhältnis zum Partner ersinnen und realisieren. Es beginnt eine Zeit der Doppelrollen und der Selbstbeauftragung: Der Rentner wird – wie bereits weiter vorn angemerkt – zum Chef *und* Mitarbeiter seines „Unternehmens Ruhestand". Die Suche nach neuen Lebensinhalten, erstrebenswerten Alterszielen und Sehnsuchtsprojekten kann aber auch sehr erhellend und spannend sein. Alle, die sich den vielfältigen Herausforderungen offen, neugierig und mit einer gewissen Risikobereitschaft stellen, sind im Vorteil und schaffen in der Übergangsphase zum Ruhestand die Grundlagen für eine sinnerfüllte und glückliche dritte Lebenszeit.

Das Wissen Unser Wissen mussten wir uns seit unserer frühesten Kindheit nach uniformen Lehrplänen, Curricula und Unternehmensvorgaben aneignen. Es gab nur wenig Spielraum für einen freiwählbaren Lernstoff. Zudem fehlte uns die Übersicht über die Vielfalt und das Ausmaß des erfassbaren Wissens. Viele von uns hätten gern etwas anderes gelernt und auf Wissen verzichtet, das nicht zu unseren Talenten passte und sich oftmals als wenig alltagstauglich erwies. Wir lernten nicht für unser individuelles Leben, sondern im Sinne gesellschaftlicher Normvorstellungen. Die Voraussetzungen für das Lernen sind mit dem Einstieg in den Ruhestand erfreulicherweise völlig andere: Wir sind frei in der Auswahl von Wissen und im Wollen beim Wissenserwerb. Wir haben die einmalige Chance, uns genau über das zu informieren, was uns bis dahin verschlossen blieb, Dinge zu hinterfragen, die bisher unbeantwortet sind und Fähigkeiten zu erwerben, die uns bis dahin vorenthalten wurden. Das verbessert unser Selbstverständnis und unsere persönlichen Erkenntnisse über die Welt. Nutzen wir also die Exklusivität dieser Lebensphase, die unbegrenzte Freiheit der Wissenswahl und die Unabhängigkeit von jeglicher Wissenskontrolle als wichtige Sinnquelle im Alter.

Die explizite Religiosität Für Menschen, die im fortschreitenden Alter erkranken, geht es darum, die Beschränkung der Gestaltungs- und Handlungsmöglichkeiten zu akzeptieren und darin einen Sinn zu finden. Ein dankbarer Rückblick auf ein gelungenes und autarkes Leben mit einem hohen Grad an Sinnerfüllung kann den Umgang mit einer beginnenden Sinnkrise erleichtern. Manchen Menschen hilft dabei auch ein „Sinnerfüllungsparadoxon". Wenn man die Selbstkontrolle mehr und mehr verliert und selbst kontrolliert werden muss, kann eine religiöse oder spirituelle Komponente, eine

Selbsttranszendenz, nützlich sein: Indem man seine persönliche Kontrolle gerade dadurch wiedererlangt, dass man das kränkelnde Leben in die Hände einer höheren Macht legt.

Das soziale Engagement Sinnfördernd in der „autoritär-sozialen" Lebensphase, wie man den Abschnitt zwischen dem 50. und 70. Geburtstag auch nennt, ist für viele Menschen die aktive Betätigung in gemeinnützigen oder ehrenamtlich arbeitenden Organisationen. Die wichtigsten persönlichen Entscheidungen im Leben sind längst getroffen und umgesetzt, freie Zeit steht regelmäßig zur Verfügung. Für viele beginnt eine Phase der Uneigennützigkeit und Solidarität, insbesondere im Verhältnis zu Menschen der eigenen Generation. Die Rückgabe dessen, was man von der Gesellschaft erhalten hat, ist eine wirksame und nachhaltige Form der Sinnerfüllung. Auch deshalb, weil das Geben und Unterstützen mit einem Antwortgefühl, das der deutsche Trainer, Autor und Mimikexperte Dirk W. Eilert einmal als „Positivitätsresonanz" bezeichnet hat, reichlich belohnt wird.

Die Naturverbundenheit In meiner persönlichen Wahrnehmung suchen ältere Menschen immer öfter den engen Kontakt zur Natur. In einer Zeit, in der wir bald selbst wieder in ihr aufgehen werden, zieht es viele hin zum bewussten Erleben und Erfühlen der uns umgebenden Schöpfung. Noch heute können wir die heilende Wirkung von Naturstoffen decodieren und uns zunutze machen. Neben den sinnlichen Eindrücken nehmen wir aus der Natur die Erkenntnisse von ewigen Kreisläufen und die Symbolkraft des steten Werdens und Vergehens mit. Wir erleben uns als Bestandteil und gleichzeitig Mitschöpfer der Natur – insbesondere dann, wenn wir uns aktiv für den Erhalt und die Pflege derselben einsetzen.

Die Bodenständigkeit Bodenständig sein bedeutet, mit beiden Beinen fest im Leben zu stehen, klare Prinzipien zu verfolgen und in fixen Strukturen zu leben. Warum sollte man einen alten Baum noch umpflanzen? Viele Menschen im fortgeschrittenen Alter erachten es als befremdlich und stressig, noch einmal in eine komplett neue Umgebung hineinzuwachsen. Noch immer wünschen sich die meisten Alten, dass sie so lange wie möglich in ihrem vertrauten Umfeld bleiben können und den Kontakt mit bekannten Menschen und Dingen weiterpflegen dürfen. Unerwünschte Verpflanzungen führen dagegen oftmals mitten hinein in eine Sinnkrise.

Der Spaß Spaß macht in fast jeder Lebenslage Sinn, denn er ist ein Garant für die geistige und körperliche Fitness. Es ist wissenschaftlich sehr gut belegt, dass ein Mensch mit Heiterkeit, Lebensfreude und Humor – auch wenn's mal kriselt – sein Leben besser beherrscht. Neben den vielen Plänen und Projekten im Ruhestand ist es sinnvoll, dem Vergnügen einen angemessenen Platz einzuräumen. Denn Spaß „produziert" Dopamin und Oxytocin – beide Neurotransmitter tragen zu Harmonie und Geselligkeit bei und damit auch zur Verbesserung des individuellen Wohlfindens.

Die Liebe Wir möchten alle geliebt werden – auch, und erst recht im Alter! Die Liebe wird sich mit der Zeit wandeln, vielleicht nicht mehr ganz so stürmisch und leidenschaftlich sein, wie in jüngeren Jahren. Sie wird sich womöglich in neuen Gesten und Berührungen ausdrücken und sich durch neue Zärtlichkeiten und Näheerfahrungen manifestieren. Vielleicht treten die sexuellen Momente in den Hintergrund und die wertschätzenden Augenblicke nehmen zu. Die Spanne der Möglichkeiten ist groß.

Gegenseitige Achtung, Sinnlichkeit und Erotik werden immer kraftvolle Sinngeber des Lebens sein und bleiben.

Bewusstes Erleben Das bedeutet, jeden der wertvollen Lebensmomente auszukosten, sie in Gelassenheit und Gleichmut zu genießen. Ohne Hast und Eile, ohne die Absicht, dem Erleben eine Definition geben zu müssen oder ihm eine Bedeutung zuzuschreiben. Wenn wir unsere Welt mit all unseren Sinnen staunend aufnehmen, achtsam und ohne Wertung oder Urteil, dann verstehen wir die Wunder dieser Welt erst richtig. Nicht im Erklären und Deuten, sondern im Achten, Beachten und Beobachten beginnt die wahre Sinnsuche, erschließt sich der Sinn der Welt und des Lebens …

Die Praxisübung
Wie für fast alle Modelle, so gibt es auch für die Einordnung der Lebensbedeutungen Tests und Fragebögen. Sie sind mehrheitlich kostenpflichtig und sehr umfangreich. Deshalb geht es in der Übung auf dem Arbeitsblatt „Lebensbedeutungen" (5.1.2) weniger methodisch als vielmehr intuitiv zu. Schätzen Sie ein, welche der 26 Lebensbedeutungen starke und weniger starke Sinnquellen für Sie sind. Wählen Sie auf einer Skala einen Wert zwischen 0 (sinnlos) bis 10 (sinnerfüllend) und markieren Sie die Stelle. Wo liegen Ihre „Defizite", welche sind Ihre fünf wichtigsten Sinnquellen? Welche der fünf Hauptgruppen dominiert bei Ihnen? Was können Sie dafür tun, dass Ihre wichtigsten Sinnquellen im Alter nicht nur nicht versiegen, sondern noch kräftiger weitersprudeln?

Ist Sinnforschung aber auch gleich Glücksforschung? Und muss es immer auch einen Lebenssinn geben, um ein glückliches und erfülltes, ein erstrebenswertes und engagiertes Leben zu leben? Wieder ist es Tatjana Schnell, die zu erstaunlichen Erkenntnissen gelangt.

5.2 Wie viel Sinn braucht der Mensch?

Wie viel Sinn muss das Leben haben oder machen, damit wir glücklich und zufrieden sind? Müssen wir erst das Sinn-Los ziehen, um ein erfülltes Leben leben zu können? Oder können auch Sinnesfrust oder Sinnverweigerung zu einem ausgeglichenen und harmonischen Leben führen? Der Begründer der dritten Wiener Schule der Psychotherapie, Viktor E. Frankl, hatte da ganz klare Vorstellungen: Dass nämlich der Sinn eine der mächtigsten menschlichen Triebkräfte und ein gewaltiger Stimulus für die eigene Lebenserhaltung ist. Als Überlebender von Konzentrationslagern wusste er, wovon er sprach. Nach Studien von Tatjana Schnell darf man an der Ausschließlichkeit eines existenziellen Sinnzwanges für ein zufriedenes und glückliches Leben jedoch zweifeln. In einer ihrer Untersuchungen wurden 603 deutsche Teilnehmer nach ihren Lebensbedeutungen und zu ihrem Lebenssinn befragt. Man wollte u. a. eine Antwort darauf finden, ob fehlende Sinnerfahrung zu seelischem Leidensdruck führt und sich ggf. negativ auf die Gesundheit auswirkt. Die befragten Personen hatten die Wahl zwischen vier aktuellen Zuständen: sinnerfüllt ohne Sinnkrise, nicht sinnerfüllt und in einer Sinnkrise, nicht sinnerfüllt und nicht in einer Sinnkrise sowie sinnerfüllt, aber auch gleichzeitig in einer Sinnkrise befindlich. Im Ergebnis erlebten etwa 61 % ihre Existenz als sinnerfüllt, 4 % litten unter einer Sinnkrise und 35 % vermissten weder einen Lebenssinn noch waren sie auf der Suche nach ihm. Letztere, bei denen sowohl die Sinnerfüllung als auch die Sinnkrise nur sehr schwach ausgeprägt waren, bezeichnete Schnell als **existenziell Indifferente.** Erstaunlicherweise verfügten die Indifferenten nicht über eine schlechtere Stimmung, waren ähnlich zufrieden wie sinnerfüllte Menschen und zeigten nicht mehr Angst- oder Depressionsanzeichen als die Sinnorientierten. Allerdings befanden sich ihr Kompetenzerleben und ihre Selbstwirksamkeitserwartung auf einem niedrigeren Niveau und sie maßen den Lebensbedeutungen insgesamt ein geringeres Gewicht bei. Wobei die Skalenwerte für die Generativität (Erschaffen von Dingen mit bleibendem Wert), das bewusste Erleben (Achtsamkeit und Rituale), Harmonie (Ausgewogenheit und Gleichklang mit sich selbst und anderen), die Selbsterkenntnis (Suche nach und Auseinandersetzung mit dem wahren Selbst) sowie die Entwicklung (Zielstrebigkeit und Wachstum) signifikant geringer waren als die der Sinnsuchenden (siehe auch Abschn. 5.1).

Das „Hierarchische Sinnmodell"
Die empirische Sinnforschung hat untersucht, wie Sinn im psychologischen Kontext entstehen kann und welche Stufen dabei durchschritten werden. Im Ergebnis entstand an der Uni Innsbruck das **„Hierarchische Sinnmodell"** nach Tatjana Schnell. (Abb. 5.2)

Sinn, so der Ansatz, wird permanent konstruiert. Es beginnt mit der Verarbeitung äußerer Reize durch unser Gehirn. Den Reizsignalen an sich wohnt noch kein

Abb. 5.2 Das „Hierarchische Sinnmodell" (nach Tatjana Schnell)

Sinn inne. Die Reize werden verarbeitet, mit bereits vorhandenen Informationen abgeglichen und zu einer für das Bewusstsein verständlichen *Wahrnehmung* verschmolzen. Ist diese Wahrnehmung stark und wichtig genug, dann erfolgt eine Reaktion gegenüber unserer Umwelt: Wir kommen ins Handeln. Das kann chaotisch und zusammenhangslos sein oder es wird gewollt und zielgerichtet eingesetzt. Aus an sich banaler Betrachtung von Bildern in einer Galerie entsteht z. B. die Idee, selbst ein Kunstwerk zu schaffen. Unser triviales *Tun und Handeln* – das Herumwandern in den Ausstellungsräumen – erhält einen *„Bedeutungsüberschuss"* (T. Schnell). Das ist ein qualitativer Überhang, der Sinn generiert, übergeordnete Ziele hervorbringt und zu strukturierter Tätigkeit, wie z. B. die Beschäftigung mit den Malstilen Alter Meister und die Auseinandersetzung mit der Farbenlehre, führt. Dieser Vorgang der *Zielbestimmung* ist intrinsischer Natur, d. h. der Wunsch zu malen entsteht in uns selbst. Das macht die Zielverfolgung für uns sinnvoll. Anders wäre es, wenn uns das Malen als extrinsisches Ziel von Dritten aufgedrängt würde, ohne dass wir darin einen attraktiven Anreiz erkennen. Aus eigenem Antrieb heraus verfolgte Ziele sind ein klares Zeichen dafür, dass sie für uns bedeutsam sind. Dann engagieren wir uns für sie und wenden Zeit und Energie für ihre Erreichung auf. Dieses aktive persönliche Engagement, unser inneres Bedürfnis und das stete Streben nach Meisterschaft im Malen, macht den nächsten qualitativen Überhang in der Zielerreichung aus und schlägt eine Brücke zu unseren *Lebensbedeutungen.* In unserem Beispiel sind es die Herausforderung und die Kreativität, die den Wunsch nach Malen erzeugen. Auf der Suche nach Abwechslung und Neuem sowie im Ausleben unserer Fantasie und unseres Schöpfertums im Malprozess finden wir Orientierung und persönliche Lebensausrichtung.

Unser Kompass des Lebens wird neu genordet auf die Sinndimension der Selbstverwirklichung. Je mehr wir unsere Neuausrichtung als richtig, stimmig und kohärent empfinden, desto mehr trägt sie zu unserem Lebenssinn bei und kann zu einer individuellen *Sinnerfahrung* führen.

Ohne durchgängige qualitative Überhänge oder Bedeutungsüberschüsse ist Lebenssinn nicht erfahrbar. Hier ein Beispiel, das keinen individuellen Lebenssinn hervorbringt. Wenn ich mich aufgrund beginnender Gelenkschmerzen und Dauermüdigkeit (Wahrnehmung) entschließe, mehr für die Beweglichkeit und für meine Ausdauer zu tun und täglich zwei längere Spaziergänge unternehme (Handeln), kann ich zwar Vorsätze fassen. Ich kann mir vornehmen, täglich 10.000 Schritte zu tun und meinen Atemrhythmus zu verbessern (Ziel). Dann gehe ich diese Strecken täglich, um mein schlechtes Gewissen zu beruhigen, messe diesen Aktivitäten aber keine höhere Bedeutung bei. Es ist dann nur eine Routine, die ich abarbeite, ohne ihr eine übergreifende Nützlichkeit oder ein qualitativ höheres Gewicht beizumessen. Ich bleibe sozusagen unterhalb der Sinngrenze stecken. Nicht anders wäre die Situation, wenn mir ein Dritter mit erhobenem Zeigefinger dringend mehr Sport anraten würde. Das bedeutet für mich nämlich noch lange nicht, dass ich es für richtig, notwendig und letztendlich sinnhaft erachte. Es käme vielmehr einer Strafandrohung gleich.

Die Lebensbedeutungen und die individuelle Sinnfindung haben einen großen Einfluss auf die Qualität unseres Sinnempfindens. Wir können unser Leben als sinnvoll, sinnleer oder sinnneutral wahrnehmen. *Sinnerfüllt* sind wir dann, wenn wir davon überzeugt sind, in dieser Welt gut integriert zu sein, eine angemessene Kontrolle über die Ereignisse um uns herum zu haben und für andere Menschen und Organisationen wichtig und bedeutsam zu sein. Wenn wir dann in den verschiedenen

Lebensbereichen noch ein Gefühl der Stimmigkeit und Widerspruchsfreiheit wahrnehmen, erleben wir Sinnhaftigkeit. Das Gegenteil davon ist die *Sinnleere*. Dann befinden wir uns in einer Sinnkrise, sehnen uns aber zugleich nach einem Lebenssinn, der zu uns passt, doch gerade nicht verfügbar ist. Wenn wir uns weder in einer Sinnkrise befinden und zugleich keine oder nur geringe Sinnerfüllung verspüren, dann gehören wir zu den existenziell indifferenten Menschen. Als solche erleben wir die Welt zwar weitgehend sinnfrei. Doch es geht uns gut, wir fühlen uns durchschnittlich zufrieden und glücklich.

Der Ursprung des Wortes Sinn liegt im Althochdeutschen. Dort steht der Begriff „sinnan" für reisen, streben, trachten. Danach wäre die Suche nach ihm eine Sehnsuchtsreise, auf der wir unser Ziel auch verfehlen können. Wer es gewohnt ist, in der rationalen Welt stets erfolgreich zu sein und seine Ziele zu erreichen, dem erscheint das mühselige Streben nach Lebenssinn nicht nur wenig attraktiv, sondern eher absurd. Bei allen Interpretationen darf man eines nicht vergessen: Sinn bedeutet nicht zugleich auch finale Sinnfindung mit garantierter Zielerreichung. Denn mit dem Ankommen kann ein vorher entdeckter und durchlebter Sinn paradoxerweise auch zunichte gemacht werden. So empfindet der Multimillionär nach vielen Jahren der Profitanhäufung plötzlich sein aktuelles Dasein als sinnentleert; der Empfänger von Almosen sein Leben ohne Reichtümer jedoch als erfüllend und liebenswert, weil ihm die Sorgen der Geldvermehrung und des damit verbundenen Sicherheitsbedürfnisses fremd sind.

Sinnerfahrungen verschieben sich über die Lebenszeit
Die bisherigen Untersuchungen beinhalten leider nur wenige Hinweise darüber, ob es im Längsschnitt über die verschiedenen Generationen lebenszeitliche

Besonderheiten bei der Sinnsuche und in der Sinnerfahrung gibt. Fest steht, dass vor allem die Jugend zu den Sinnzweiflern zählt: Fast 50 % erfahren ihr Leben nicht als sinnvoll, sie zeigen wenig Engagement – weder für ihre eigenen Belange noch gegenüber anderen. Beobachtet wurde auch, dass im Alter die existenzielle Indifferenz etwas abnimmt. Aber in welche Richtung? Kann es vielleicht sein, dass bei der älteren Generation mit der schmerzhaften Erkenntnis der eigenen Endlichkeit der Drang nach Lebenssinn entfacht wird und eine späte Sinnsuche einsetzt? Dann könnten die Lebensbedeutungen der vertikalen und horizontalen Selbsttranszendenz zu Treibern einer erfolgreichen Sinnsuche werden. Oder ist es genau umgekehrt: Verwerfen wir womöglich unsere sinnsuchenden Bestrebungen in Anbetracht sich verstärkender Hilflosigkeit und Ohnmacht durch Krankheit, Nutzlosigkeit und fehlender Wertschätzung im Alter? Und verlöschen deshalb die bisherigen Sinnlichter und Sinnerfahrungen, weil unsere Enttäuschung über die eigene Biografie und die Verzweiflung über unsere geringe Kontrollfähigkeit und Selbstwirksamkeit angesichts des nahenden Todes zu groß geworden sind?

Im beruflichen Leben werden im Allgemeinen die Lebensbedeutungen der Sinndimension *„Ordnung"* dominieren (siehe auch Abschn. 5.1): Das Abwägen von Lösungsalternativen und das Fällen rationaler Entscheidungen (Vernunft), die Orientierung an betrieblichen Vorgaben, Verhaltensnormen, Zeitvorgaben und Arbeitsrichtlinien (Moral) sowie das Festhalten an Entscheidungshierarchien, am Gewohnten und Bewährten (Tradition). Wer diesen Lebensbedeutungen aus dem beruflichen Kontext anhängt und in ihnen einen entscheidenden Lebenssinn gesehen hat, könnte beim Übergang in den Ruhestand in Schwierigkeiten geraten. Wer also mit der Firma „verheiratet" war, steht gewissermaßen vor der Entscheidung, sich andere sinnvolle Lebensziele zu suchen und neue Sinnerfahrungen zu machen. Er kann aber auch als moderat zufriedener und glücklicher Mensch in das Lager der existenziell Indifferenten wechseln. Im schlimmsten Fall rutscht er in eine Sinnkrise hinein.

Entwickeln wir ein Beispiel am hierarchischen Sinnmodell von Tatjana Schnell. Angenommen, die erstrebenswerte Sinnerfüllung wäre die **persönliche Autonomie im Alter,** die relative Unabhängigkeit von Hilfe, Pflege und Fremdbestimmung. Dann sollten wir auf der Ebene der *Wahrnehmung* unsere Sinne schulen und unseren körperlichen und geistigen Zustand überprüfen. Gleichzeitig sollten wir uns von den einschlägigen Klischees über das Alter und dem negativen Mainstream schwindender Alterskompetenzen trennen. Schon auf dieser untersten Ebene sollten wir einen inneren Impuls verspüren, der uns aktiviert und zum Handeln veranlasst. Auf der *Handlungsebene* angekommen, können wir damit beginnen, unsere gesundheitliche Konstitution zu verbessern oder zumindest zu festigen: Durch viel Bewegung an der frischen Luft, eine ausgewogene Ernährung, die Pflege des Netzwerkes, die Förderung geistiger Fitness und die Aneignung neuen Wissens. Empfinden wir unser Tun als sinnvoll und zweckmäßig, dann entwickeln wir aus uns selbst heraus erstrebenswerte Ziele. Auf der Ebene der *Zielbestimmung* werden die altersgerechte Anpassung unserer Lebensqualität, der Erhalt unserer Mobilität und Vitalität sowie die Verbesserung unserer psychischen Belastbarkeit in den Vordergrund rücken. Stimmen mehrere dieser Ziele mit unseren übergeordneten Lebensbedeutungen überein, dann verspüren wir sie als sinnhaft und geboten. Die vorgenannten Ziele werden von den *Lebensbedeutungen* der Gesundheit, der Freiheit und – mit Einschränkungen – der Selbsterkenntnis getragen. Lebensbedeutungen bedürfen, so Schnell, eines gewissen

Vertrauensvorschusses; sie benötigen die grundsätzliche Überzeugung und Anerkenntnis ihrer Sinnhaftigkeit. Liegt diese Akzeptanz nicht vor, so wird in Problem- und Krisensituationen der gesamte Unterbau des Sinnmodells infrage gestellt und stürzt womöglich in sich ein. Dann wären auch unsere Anstrengungen zur Erreichung der persönlichen Autonomie im Alter als Lebenssinn umsonst gewesen.

Die Praxisübung
Die „Erforschung" des eigenen Lebenssinns gelingt am besten, wenn man sich an einem Leitfaden entlanghangelt. Einen strukturierten Fragebogen finden Sie auf der Sinnforschungsseite von Tatjana Schnell unter https://www.sinnforschung.org/mein-lebenssinn/leitfaden (Stand: 07/2021). Die in vier Abschnitten zusammengefassten 51 Fragen bespricht man am besten mit einer Person seines Vertrauens, die vor allem in den ersten beiden Abschnitten immer wieder mit vertiefenden „Warum-Fragen" nachfassen sollte, um die relevanten persönlichen Überzeugungen zum jeweiligen Sachverhalt herauszuarbeiten. Tatjana Schnell nennt die Methode die „Leitertechnik", da sie den Kernmotiven Leitersprosse für Leitersprosse hinab bis auf den Grund gehen will.

Wer in einer Lightversion seinen individuellen Lebenssinn erforschen möchte, der nehme einen Stift und ein Blatt Papier (gern auch das mehrfach erwähnte Notizbüchlein) zur Hand und beantworte die folgenden Fragen:

1. Was war meine früheste bewusste Erfahrung, an die ich mich erinnern kann? Welche persönlichen Gefühle hingen damit zusammen?
2. Welches Geschenk des Lebens habe ich als besonders wertvoll erlebt? Was genau hat es so außerordentlich exklusiv und kostbar gemacht?

5 Lebenssinn behutsam erschließen ...

3. Welches war mein schlimmstes Erlebnis im Leben? Wodurch habe ich dieses Ereignis überwunden und wer hat mich dabei unterstützt?
4. Welche Momente gehörten zu den glücklichsten in meinem Leben? Was hat das mit mir gemacht?
5. Was war ein entscheidender Wendepunkt in meinem Leben, der zu wesentlichen Veränderungen in meiner weiteren Entwicklung geführt hat? Wodurch genau kam dieser Umbruch zustande und was war danach anders?
6. In welchem Zusammenhang habe ich den größten Moment der Freiheit erlebt?
7. Worin besteht der Grundgedanke, das Motto meines Lebens?
8. In welchem Zusammenhang und mit welchen Menschen habe ich die größte Verantwortung in meinem Leben gespürt? Was hat das mit mir gemacht?
9. Was war mein allergrößter Erfolg im Leben? Wie bin ich damit umgegangen?
10. Welche war die schwerste Niederlage, die ich in meinem Leben einstecken musste? Welche Beziehung hat mir in dieser Situation am meisten geholfen?
11. Wann habe ich den Sinn des Lebens am offenkundigsten verspürt? Welche entscheidenden Lebensbedeutungen waren für mich damit verbunden?
12. Welche Rituale pflege ich? Was ist mir bei der Zelebrierung von Ritualen besonders wichtig?
13. Für welche höhere Aufgabe oder Mission fühle ich mich in dieser Welt berufen? Wer oder was könnte das (mit-)bewirkt haben?
14. Welchen Gruppen von Menschen fühle ich mich zugehörig? Was bedeuten mir die Menschen, die diesen Gruppen angehören?

15. Welche Werte und Überzeugungen erachte ich für mich als existenziell wichtig? Warum ist das so?
16. Wie würde ich die Perspektive der Menschheit beschreiben? Was erwarte ich noch von den Menschen als Ganzheit?

Die Auseinandersetzung mit einer derart abstrakten Kategorie, wie es der Sinn ist, gehört zu den schwierigsten, die wir kennen. Nicht umsonst hat Irvin Yalom, ein US-amerikanischer Psychotherapeut und Verfasser des Buches „Existenzielle Psychotherapie", sinngemäß zum Ausdruck gebracht, dass man anfangs einen Sinn erfinden muss, der als stabile Basis für das Leben im Allgemeinen und die Psyche im Speziellen dienen kann. Um dann, zum Lebensende hin, die eigene Urheberschaft an diesem Sinn subtil und zugleich schmerzhaft wieder zu leugnen.

5.3 Mit PERMAnenz durch die dritte Lebensphase

Das Leben als Geschenk der Welt an uns betrachten
Im Abschn. 4.2. mit dem abschreckenden Hundeexperiment haben sie ihn bereits kennengelernt: Martin Seligman, den langjährigen Psychologieprofessor an der University of Pennsylvania. In den 60er Jahren machte er die „erlernte Hilflosigkeit" – das Festhalten an und das Verharren in naturgegebenen, schicksalhaften und selbstabwertenden Überzeugungen – als eine Ursache für Depressionen aus. Seligman konnte in Laborversuchen nachweisen, dass Menschen in künstlich ausgelösten ausweglosen Situationen eindeutige Symptome für klinische Depressionen zeigen. Ursächlich dafür seien die frühen und meist schlechten Erfahrungen im Umgang mit unangenehmen Situationen und das

persönliche Versagen bei Entscheidungen, die zu falschen Erwartungen in der Zukunft führten. Infolge seiner vertiefenden Beschäftigung mit Störungen, die Menschen als selbstverschuldet, typisch und anhaltend erlebten, geriet er in einen Zwiespalt: Was, wenn er sich ausschließlich mit Pessimismusforschung befasste, ohne gleichzeitig auch Auswege und Alternativen zu Hilflosigkeit und Ohnmacht aufzuzeigen? Seligman nahm einen inneren Perspektivenwechsel vor. Die Gelegenheit war günstig; er wurde 1998 zum Präsidenten der American Psychological Association (APA), der größten Psychologenorganisation der USA, gewählt. Dort wollte und konnte er etwas bewegen, was neu und anders war als die bekannten Themen der bisherigen Psychologie. Anstatt sich vorrangig auf Krankheiten und Defizite zu fokussieren, sollten sich Psychologen besser auf die Voraussetzungen und Faktoren konzentrieren, die den Menschen stärken und das Leben lebenswert machen, so Seligman. Positive Psychologie sollte jedoch nicht als Trugbild einer schöngeredeten heilen Welt betrachtet werden, sondern als bislang fehlende Ergänzung zur Forschung über menschliches Leid und Unglück. Eine Psychologie, die die menschlichen Stärken hinterfragt, sich auf die positiven Eigenschaften und Erfahrungen besinnt und Parameter bestimmt, die ein erfüllendes Leben ermöglichen. Die sich ihrer positiven Basisemotionen, wie Freude, Dankbarkeit, Zufriedenheit, Interesse, Stolz, Vergnügen, Inspiration, Ehrfurcht und Liebe vergewissert.

Doch sind wir für die Ideen und Hypothesen der Positiven Psychologie überhaupt schon offen und bereit? Investieren wir nicht eine Unmenge an Zeit, Arbeit und Geld in die Absicherung unserer materiellen Werte und in unsere physische Existenz? Wir Deutschen sind ausgemachte Bestandshüter und unverbesserliche Rückversicherer für jegliche Wechselfälle des Lebens. Wir leben in permanenter Angst davor, dass uns etwas zustoßen oder unser Wohlstand Schaden nehmen könnte. Doch wie viel tun wir selbst für unser Glück? Warum verstehen es nur wenige Menschen, das Leben als ein Geschenk zu betrachten, das es auszupacken gilt, um persönlich aufzublühen und zu genießen? Warum werden wir uns so wenig der Fülle unserer psychischen Möglichkeiten bewusst, um das menschliche Dasein reicher und schöner zu gestalten? Was eigentlich hindert uns daran, das innere Wohlbefinden zu verbessern, die psychische Leistungsfähigkeit zu steigern und persönliches Wachstum zu stärken?

Das „PERMA-Modell des Wohlbefindens"
Bereits vor Jahrtausenden haben sich die Griechen mit der Frage auseinandergesetzt, was denn das bessere Leben ausmacht: der sinnliche Genuss oder der tugendhafte Wissenserwerb. Während Aristoteles den eudaimonischen, den rechtschaffenen Weg dorthin verteidigte, vertrat Epikur die Idee vom Hedonismus, von der Sinnenfreude, die zu einem glücklichen Leben führt. Erst die Positive Psychologie konnte eine Brücke zwischen den beiden Lagern schlagen und fand im *„engagierten Leben"* einen brauchbaren Kompromiss. Hinter dieser Form der Annäherung steht u. a. das „Modell des Wohlbefindens", das im Jahre 2011 von Seligmann auch als **„PERMA-Modell"** bezeichnet wurde. PERMA steht als Kunstwort für die Anfangsbuchstaben der englischen Begriffe **„Positive emotions"** (positive Emotionen), **„Engagement"** (persönlicher Einsatz), **„Relationship"** (Beziehung), **„Meaning"** (Sinn) und **„Achievement"** (Zielerreichung durch Leistung). Manche nennen das Modell auch eine Formel für das Glück; denn im Grunde geht es um nichts anderes als Lebenszufriedenheit, Wohlergehen und Glücksempfinden. (Abb. 5.3)

5 Lebenssinn behutsam erschließen ...

P	ositive emotions	positive Basisemotionen leben Handlungsspielräume erweitern Gegenwart genießen und Glück empfinden
E	ngagement	spannende Interessen entwickeln Menschen achtsam begegnen herausfordernden Tätigkeiten nachgehen
R	elationship	sich mit Menschen verbinden Mitgefühl und Empathie aufbringen gelingende Beziehungen gestalten
M	eaning	Leben und Welt als sinnhaft erleben Lebenswert und Lebenszweck entdecken Rückbindung an Dinge finden
A	chievment	Leidenschaft für erstrebenswerte Ziele entwickeln aus Erfolgen der Vergangenheit Zukunft gestalten Erfolge im Großen und Kleinen feiern

Abb. 5.3 Das „PERMA-Modell" (nach Martin Seligman)

Die *positiven Emotionen* sind nicht etwa dafür da, Probleme durch die rosarote Brille zu betrachten oder eine unangenehme Situation zu verharmlosen. Die guten Gefühle sollen ein Gegengewicht zu den etablierten und oftmals behindernden Überzeugungen herstellen. Unsere kognitiven und emotionalen Defizite, die die erlernte Hilflosigkeit auslösen können, sollen durch positive Emotionen, wie Zuversicht und Hoffnung oder Dankbarkeit und Wertschätzung, um handlungserweiternde Einsichten und Verhaltensweisen ergänzt und damit ausbalanciert werden. Geschieht dies nicht, dann bewegen wir uns in Problem- und Krisensituationen immer wieder in einem Teufelskreis, der von Aussagen, wie „Das Problem bin ich, es ist allgegenwärtig und unveränderlich" bestimmt ist. Oder: „Mir gelang schon früher nichts, jetzt bin ich unfähig und werde es auch in Zukunft zu nichts bringen." Positive Emotionen hingegen dienen der Erweiterung der eigenen Handlungsspielräume. Damit erlauben sie uns einen wohlmeinenden Blick in die Vergangenheit, lassen uns die Gegenwart glücklicher und zufriedener erleben und bereiten das Feld für eine optimistische Zukunftserwartung vor.

Um Zufriedenheit und Lebensfreude zu spüren ist es wichtig, eine Tätigkeit auszuüben, die für uns interessant, spannend und attraktiv ist. Dann *engagieren* wir uns für deren Inhalte und Ziele. Karl Marx und Bob Dylan sollen einmal sinngemäß gesagt haben, dass der Mensch dann frei und erfolgreich ist, wenn er zwischen dem Aufstehen und dem Schlafengehen genau das tut, was ihm gefällt. Dieses Tun sollte uns weder überfordern noch darf es zu reiner Routine verkommen. Die anstehenden Aufgaben sollten unsere Stärken herausfordern und dazu beitragen, dass wir in unserer Arbeit aufgehen und uns am rechten Platz fühlen. Wenn wir es schaffen, den Dingen unserer Umwelt achtsam und wertschätzend zu begegnen und mit anderen Menschen gemeinsame Ziele zu verfolgen, fühlen wir uns glücklich und integriert bei unserer Tätigkeit.

Als soziales Wesen benötigt der Mensch die Interaktion mit anderen Menschen. Das Modell des Wohlbefindens geht davon aus, dass jeder Mensch *Beziehungen* zu anderen benötigt, sich dadurch selbst besser fühlt und gleichzeitig dieses Gefühl mit anderen teilen kann. Im gegenseitigen Miteinander entwickelt sich ein tieferes Mitgefühl, eine größere Empathie und eine wachsende, gruppenbezogene Verbundenheit. Wenn es uns gelingt, den Energieräubern ade zu sagen und uns mit wahren Unterstützern zu verbünden, dann werden wir zu Gestaltern einer Welt der gelingenden und sich gegenseitig befruchtenden Beziehungen.

Wenn wir unser Denken und Handeln als sinnhaft empfinden, erhöht sich der eigene Lebenswert und das Verständnis für das Große und Ganze unserer Welt. Wenn uns unsere Arbeit zudem noch Spaß macht, wir sie aus tiefstem Herzen nach außen vertreten können und sie der Gesellschaft nützt, machen wir positive *Sinnerfahrungen*. Ist diese Tätigkeit neben ihrem individuellen Sinnbeitrag auch noch geeignet, Spuren zu hinterlassen und nachfolgenden Generationen etwas von Dauer und Bedeutung mitzugeben, dann wachsen wir über uns selbst hinaus. Es entsteht – gleichsam auf einer höheren Bedeutungsebene – eine nachhaltige Rückbindung zu den von uns erschaffenen Dingen.

Sich Ziele zu setzen und diese auch zu erreichen ist ein Kernpunkt im PERMA-Modell von Seligman. Die *Zielerreichung durch eigene Leistung* gibt dem Selbstbewusstsein Kraft und erhöht den persönlichen Selbstwert. Sie bestätigt die Richtigkeit unserer Bemühungen und die Hartnäckigkeit unserer Leidenschaft. Deshalb sollten wir auch kleinere Erfolge feiern und darauf aufbauend neue, größere Ziele anpeilen. Aus den Erfolgspflänzchen der Vergangenheit wachsen die früchtetragenden Bäume der Zukunft heran. Um jedoch die Selbstwirksamkeit eigener Anstrengungen zu erleben, müssen wir uns zuerst realistische Ziele setzen. Bevor wir dann Stufe um Stufe unsere Ansprüche auf eine höhere Zielqualität heben können.

Der US-amerikanische Psychologe Corey Keyes hat die These aufgestellt, dass allein die Abwesenheit von psychischen Krankheiten noch keine psychische Gesundheit bedeutet. Er ergänzt den klassischen Ansatz zwischen seelisch gesund und psychisch krank um die Dimension menschlicher Entfaltungsoptionen. Er bringt also eine weitere Skalierung auf: Sie erstreckt sich zwischen den Polen des **„Verkümmerns"** (im Englischen: languishing) und des persönlichen **„Aufblühens"** (im Englischen: flourishing). Unabhängig von einer krankhaften Störungsdiagnose können Menschen über eine eingeschränkte psychische Leistungsfähigkeit verfügen oder aber voll leistungsfähig, d. h. liebes-, arbeits- und genussfähig sein. Treffen seelische Gesundheit und ein hohes psychologisches Potenzial zusammen, dann blühen Menschen im wahrsten Sinne des Wortes auf. Eine frühere Schätzung ergab, dass etwa 20 % aller Menschen zum „Flourishing" fähig sind, 12 % sind psychisch gestört, verängstigt bzw. depressiv und verkümmern. Die Positive Psychologie hat sich u. a. zur Aufgabe gemacht, insbesondere die sich zwischen den Polen befindlichen Menschen zum Aufblühen zu bringen. Dazu bedarf es einiger Kernvoraussetzungen des „PERMA-Modells": der positiven Emotionen, des Engagements und des Lebenssinns. Hinzu kommen mindestens drei von sechs Eigenschaften geistiger Gesundheit, die die Psychologin Felicia A. Huppert von der University of Sydney identifiziert hat. Dazu gehören der Optimismus, die Resilienz, ein gewisser Grad an Vitalität, wertschöpfende Beziehungen zu anderen Menschen oder Gruppierungen, der freie Zugang zu den im Leben erworbenen allgemeinen und speziellen Kompetenzen und eine hohe emotionale Stabilität gegenüber den Wechselfällen des Lebens.

Hier überlagern sich die Ergebnisse der Resilienzforschung mit den Ansätzen der Positiven Psychologie. Beide setzen ein gutes Beziehungsnetzwerk, ein robustes Gemüt und eine kräftige Portion an gesundem Optimismus voraus. Resilienz ist in der Positiven Psychologie ein wichtiger Baustein für ein aktives und erfülltes Dasein, während im Gegenzug einige Merkmale der psychischen Gesundheit eine stärkende Wirkung auf die Resilienz ausüben. Wird beides trainiert und zielgerichtet weiterentwickelt, dann werden immer mehr Menschen auf der Welt aufblühen können.

Alterskompetenzen nutzen, der Einsamkeit aktives Handeln entgegensetzen

Alter muss in unseren Breitengraden, in unserer Gesellschaft neu gedacht werden! Während in unzähligen Kulturen der Welt bereits seit Jahrtausenden Ältere um Rat gefragt, als Weise geschätzt, geachtet und sogar über ihren Tod hinaus als lebenskluge moralische Instanz verehrt werden, scheinen wir mit dem Beginn der Rente mit einem Verfallsdatum auf der Stirn durch die Welt zu laufen. Einerseits hören wir von jüngeren Generationen die Floskel „Endlich bist du im Ruhestand, du hast es geschafft!" Sie meinen, uns damit ein Kompliment zu machen und ersehnen selbst den Zeitpunkt des eigenen Ruhestandes als seligmachende Lebenszeit herbei. Andererseits wird das Altern nach dem beruflichen Ende von großen Teilen der Gesellschaft als Beginn des geistigen und körperlichen Niedergangs betrachtet und mit dem Verlust von Lebenskompetenzen gleichgesetzt. Deshalb sind weder Wirtschaft noch Politik wirklich bereit noch in der Lage, die interessierten und noch arbeitswilligen Vertreter der älteren Generation in einen altersgerechten Tätigkeitskreislauf zu reintegrieren. Doch die kristalline Intelligenz der älteren Generationen hat noch einiges zu bieten! Wie die Forschungen der Positiven Psychologie eindrucksvoll nachweisen, entwickeln sich insbesondere unsere Altersfähigkeiten im Erkennen von Mustern und Schemata sowie im Umgang mit Heuristiken – mit dem Ersinnen praktikabler und alltagstauglicher Lösungen in kurzer Zeit bei begrenztem Problemwissen. Wir sind gerade als lebenserfahrene Alte in der Lage, das „Big Picture" einer Problemstellung zu erkennen und eine Vorstellung darüber zu entwickeln, welchen wahrscheinlichen Ausgang komplizierte Abläufe haben könnten. Unser intuitives Handeln in einer komplexen und unbeständigen Welt ist oftmals sicherer und genauer als die Ergebnisse algorithmisierter Verfahren. Zugleich bleiben unser Langzeitgedächtnis, unser akademisches Wissen, unsere Lesefähigkeiten, unser Hörverständnis und unser sprachlicher Ausdruck auf einem sehr hohen Niveau erhalten. Sind wir älteren Menschen zusätzlich noch offen für lebenslanges Lernen und neue Einsichten, so die Deutsche Gesellschaft für Positive Psychologie (DGPP), dann erschließen sich uns zusätzliche kreative Potenziale. Dass Kreativität mit fortschreitendem Alter tatsächlich weiter zunehmen kann, beweisen u. a. all die Menschen, die weit jenseits ihres 50. Lebensjahres noch zu Nobelpreisehren gekommen sind.

Allerdings hat die Psychologie des Wohlbefindens und des Glücks auch festgestellt, dass die Generation der Babyboomer hinsichtlich einer ernsthaften Bedrohung Hilfe und gesellschaftliche Unterstützung braucht. Denn in Deutschland lebt ein Drittel aller Menschen über 60 als Single. Viele Einsamkeitsgefährdete leiden nach eigenen Angaben unter Hilflosigkeit, Ängsten, Schuld- und Schamgefühlen. Psychologen befürchten, dass Isolation und Vereinzelung breite Schichten der alternden Bevölkerung treffen kann und die Einsamkeit zur seelischen Volkskrankheit Nummer eins wird. Um gegenzusteuern, können die Modelle der Positiven Psychologie, allen voran das „PERMA-Modell", wertvolle Impulse für die Zurückdrängung negativer Gefühle und Denkmuster liefern. Sowohl präventiv als auch einsamkeitsmindernd wirken vor allem die Bausteine „Engagement" und „Relationship" aus dem „Modell des Wohlbefindens". Menschen mit drohender Altersisolation sind daher aufgefordert, selbst aktiven Anteil am Leben um sich herum zu nehmen. Das beginnt im kleinen Kreis der Nachbarschaft und sollte bis hin zu Mitgliedschaften in Vereinen und Selbsthilfegruppen gehen. Im zwischenmenschlichen Miteinander sollte der Fokus dabei auf einzelnen Beziehungen liegen, die das

Leben durch inhaltlich wertvollen Austausch und gegenseitige Wertschätzung bereichern (Relationship). Es gibt immer eine oder mehrere Möglichkeiten, gemäß seiner individuellen Fitness körperliche Aktivitäten zu pflegen, die Spaß machen und den Gesundheitsmotor auf Touren bringen. Handarbeiten, Tiere betreuen, Spazierengehen oder Wandern, Radfahren oder Schwimmen, Tanzen oder Basteln – die Palette der sinnreichen Beschäftigungen ist unerschöpflich. Auch eine späte Lernbereitschaft kann Einsamkeit vermeiden oder vertreiben. Der Besuch von Volkshochschulkursen oder die Gasthörerschaft an Universitäten ergänzt den eigenen Wissensstand, weitet die Erkenntnislandschaft und führt oftmals auch zu unerwarteten Bekanntschaften. Die engagierte Teilnahme an sozialen Projekten, die sich mit dem eigenen Älterwerden befassen und zu neuen Einsichten führen, ist doppelt wertvoll (Engagement). Vieles vom Vorgenannten mag erst einmal banal klingen, und trotzdem mangelt es oftmals am ersten aktiven Schritt – weg von drohender Isolation und Einsamkeit. Doch wenn mehrere Einzelschritte nacheinander oder auch parallel gegangen werden, dann hat man gute Karten, die eigenen einsamkeitsbedrohenden Verhaltensmuster zu überlisten.

Die Praxisübung
Nichts ist wichtiger als ein guter Freund in schwierigen Zeiten. Das SINUS-Institut für Markt- und Sozialwirtschaft in Heidelberg und das britische Markt- und Meinungsforschungsinstitut YouGov wollten 2018 wissen, wie viele Freunde die Deutschen haben. Im Durchschnitt pflegt jeder von ihnen 3,7 enge Freundschaften, 11 Menschen gehören zum erweiterten Freundeskreis und 42,5 werden den entfernten Freunden zugerechnet. Dazu kommen noch Hunderte von flüchtigen Bekanntschaften in den sozialen Netzwerken. Schreiben Sie auf, wie viele

Freundschaften der unterschiedlichen Verbundenheitsstufen Sie aktuell pflegen. In welcher Gruppe gibt es die meisten Schwankungen? Welche Freundesgruppe würden Sie zukünftig stärken wollen und wo könnten Sie dafür neue Kontakte knüpfen und Verbündete kennenlernen? Was ist Ihnen am wichtigsten an einer Freundschaft? Welche Themen würden Sie teilen und für welche Interessen engagieren Sie sich in einer Freundschaft? Benutzen Sie dafür das vorbereitete Arbeitsblatt (5.3.2).

Ich bin fest davon überzeugt, dass wir alle Einfluss auf unseren sozialen Erfolg und unsere persönliche Erfüllung nehmen können. Wir sollten eine bewusste Entscheidung darüber treffen, welcher Lebensphilosophie unsere weitere Entwicklung folgen sollte, auch wenn unsere Biografie bereits an einem Punkt angekommen ist, der weit hinter der Lebensmitte liegt. Gut, dass es trotz fortgeschrittener Lebenszeit wissenschaftliche Erkenntnisse darüber gibt, dass sich unsere Lebenszufriedenheit jenseits der 60 noch steigern kann. Denn die gute Botschaft lautet: Es gibt noch ein Glückshoch, das uns bevorsteht!

5.4 Welches Leben hätten Sie denn gern?

Das Glück am Ende der Lebenskurve
Wenn man Menschen im mittleren Erwachsenenalter fragt, wann sie sich ihre Sehnsuchtswünsche erfüllen wollen, dann erhält man oft die Antwort: „Dafür ist im Ruhestand genügend Zeit. Dann werde ich all das tun können, wozu ich während meiner beruflichen Karriere nicht gekommen bin." Nun ist es jedoch so, dass nach den Daten des Statistischen Bundesamtes jeder siebte Deutsche sein gesetzliches Rentenalter nicht erreicht.

14,4 % aller im Jahre 2019 Verstorbenen war weniger als 65 Jahre alt. Läge das Eintrittsalter in die gesetzliche Rente heute bereits bei 67 Lebensjahren, dann würde sogar jeder Sechste seinen Ruhestand nicht erleben. Da stellt sich doch die Frage, warum so viele Menschen ein „aufgeschobenes Leben" praktizieren (wollen). Haben sie keine Möglichkeit, ihr Leben so einzurichten, dass ihre Herzenswünsche und Kindheitsträume bereits während der Berufsphase Wirklichkeit werden? Ist der späte Wunsch, den Renteneintritt auf den frühestmöglichen Zeitpunkt vorzuziehen – wenn auch mit Abschlägen – ein verzweifelter Entschluss und letzter Rettungsanker, um sich die aufgeschobenen Lebenswünsche jetzt endlich zu erfüllen? Oder liegt es daran, dass mit dem Beginn der 60er Lebensjahre die Glückskurve im Leben einem zweiten Maximum entgegenstrebt? Im Abschn. 1.2. „Lebenszufriedenheit stimmig modellieren" ist vom U-förmigen Verlauf unserer Glückskurve die Rede. An dieser Stelle sei sie nun auch bildlich vorgestellt und auf ihren Verlauf aus biografischer Sicht näher eingegangen. (Abb. 5.4)

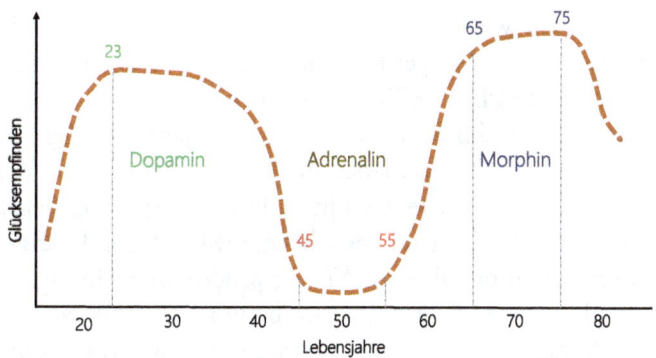

Abb. 5.4 Die „Lebenszufriedenheitskurve"

Wie zu erkennen ist, erleben wir einen tiefen Einbruch in unserer Lebensmitte: Etwa zwischen dem 45. und 55. Lebensjahr verringert sich unsere Lebenslust auf ein Minimum. Hat das damit zu tun, dass uns Arbeit allein nicht glücklich macht? Warum gelingt es uns nicht, dieser Lebensphase mehr Lebensfreude und individuelle Genugtuung abzugewinnen? Leben wir in dieser Zeit an unseren eigenen Erwartungen vorbei, verdrängen wir unsere Bedürfnisse und Sehnsüchte zugunsten unserer Karriere? Schaffen wir es nicht, ein ausgewogenes Verhältnis zwischen den beruflichen Anforderungen, familiären Verantwortlichkeiten und persönlichen Neigungen herzustellen? Woran mangelt es, die legendäre „Work-Life-Balance" zu verwirklichen und auch durchzustehen? Sind wir bereits in diesen Jahren in einer Art Wartestellung, hält uns die Aussicht auf den am Horizont auftauchenden Ruhestand davon ab, alles dafür zu tun, dass sich unser Wohlbefinden schon jetzt auf einem höheren Niveau bewegt? Schieben wir unser Wunschpaket in der Hoffnung vor uns her, es mit dem beginnenden Ruhestand gelassener auspacken, bewundern und umsetzen zu können? Und nehmen wir deshalb eine Periode der relativen Unzufriedenheit und Verdrossenheit in Kauf? Warten wir wie das Kaninchen vor der Schlange auf das „finale Glück des Vermächtnisses", wie es der deutsche Neurowissenschaftler Tobias Esch bezeichnet?

In den ausklingenden 50er Lebensjahren steigt die Wohlbefindenskurve wieder an. Wir durchleben eine Zeit zunehmenden Glücks bis hinein in die 70er Lebensjahre. Das hat wohl auch mit den hormonellen Veränderungen zu tun, denn der alternde Körper produziert mehr eigenes Morphin – im Gegensatz zur beruflichen Zeit, als uns zur Bewältigung von Herausforderungen und zur Lösung von Problemen vordergründig Adrenalin und Cortisol beflügelt haben. Als junge Alte sind wir noch weitgehend vital und fit. Doch die Kurve zeigt uns auch unsere Grenzen auf: Ab Mitte 70 geht es bergab; das Zufriedenheitsfenster schließt sich bereits nach 10 bis 15 Jahren wieder. Ist es da nicht dringend angebracht, die Strategie des eingangs erwähnten „aufgeschobenen Lebens" ernsthaft zu überdenken?

Das „Modell des sinnvollen Lebens"
Der kanadische Psychologe Paul T. P. Wong gehört zur zweiten Generation der Vertreter der Positiven Psychologie. Er entwickelte das **„Modell des sinnvollen Lebens"**. Es bewegt sich im Spannungsfeld von Erfolg und Misserfolg auf der einen Seite und zwischen Leere und Erfüllung auf der anderen Seite. Nach seiner Überzeugung ist der Lebenssinn eine wesentliche Voraussetzung für das Gedeihen und Aufblühen von Menschen. Sinn, so Wong, besitzt die Fähigkeit, Schmerz und Pein zu lindern oder gar auszukurieren. Gleichzeitig unterstützt der Lebenssinn präventiv die Vermeidung neuer Leiden. Schlussendlich sei Sinn sogar in der Lage, Probleme neu zu bewerten, sie erträglich zu gestalten und sogar in ihr Gegenteil zu verkehren. Wong beschreibt vier verschiedene Lebenskonzepte. (Abb. 5.5)

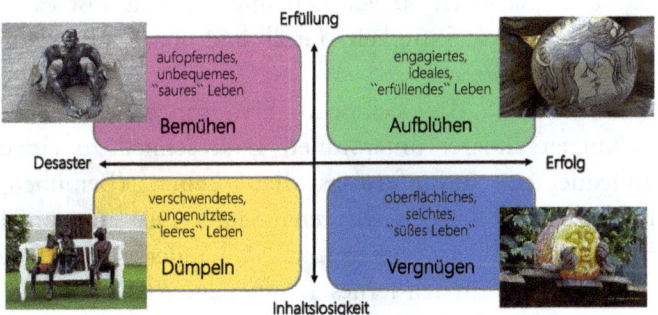

Abb. 5.5 Das „Modell des sinnvollen Lebens" (nach Paul T. P. Wong)

Beginnen wir mit dem **süßen Leben,** dem Vergnügen. Es schwelgt im Genuss und hat wenig Tiefgang. Menschen, die sich diesem seichten, oberflächlichen Leben zuwenden, leben seiner Auffassung nach für den Augenblick, laufen dem Glück hinterher und nehmen schon bald nicht mehr wahr, dass sie auf einer ständigen, nie endenden Hatz nach Erfüllung sind. Sie erwarten nach einem kurzen Moment der Zufriedenheit eine immer noch größer werdende Fülle an Hochgefühlen, die jedoch bald ausbleibt. Sie folgen nicht ihren intrinsischen Impulsen, sondern fremdgenährten Bedürfnissen, die zu immer geringerer Befriedigung längst überschriebener eigener Sehnsüchte führen.

Ein Leben, in dem wir darauf warten, dass uns Geschenke gereicht und Verlockungen dargeboten werden, sieht Wong hingegen als ungenutztes und leeres, als **verschwendetes Leben,** als Dümpeln an. Zwar können Menschen mit dieser Lebensphilosophie nur wenig falsch machen, weil sie keine folgenschweren Entscheidungen treffen müssen. Aber ihnen bleibt auch die Positivitätsresonanz verwehrt, die innere Freude und Glücksgefühle auslöst. Ein solches Leben wird seiner Ansicht nach in Monotonie und Biederkeit verlaufen. Es bleibt oberflächlich und plätschert so vor sich hin. Oftmals löst es im Lebensrückblick Bitterkeit, Groll und sogar Abneigung gegen uns selbst aus.

Ein Leben, das sich den Erwartungen und Vorstellungen anderer unterordnet, gerät schnell zu einem unbequemen, **aufopferungsvollen Leben** (Bemühen). Im Extremfall werden wir vereinnahmt und ausgenutzt. Es lindert wohl die Sorgen und Nöte anderer Menschen, doch es wird ein Ich-fernes Leben sein. Am Ende kann es zu größter Befriedigung über das eigene altruistische Handeln führen, aber auch zu tiefster Reue und Selbstverachtung über die ausgelassenen eigenen Chancen und verpassten Freuden. Menschen, die sich diesem „sauren" Leben unterwerfen, haben sich klar entschieden: ihnen liegt das Wohlergehen und das Glück anderer mehr am Herzen, als das eigene.

Für Wong macht das **ideale, engagierte und erfüllende Leben** ein sinnvolles Dasein aus. Ideal bedeutet bei ihm: Das Leben ist die gelungene Kombination aus der positiven Auseinandersetzung mit sich selbst und der aktiven und konstruktiven Mitgestaltung seines sozialen Umfeldes. Menschen, die ein engagiertes Leben praktizieren, nehmen immer wieder einen Abgleich zwischen ihrer persönlichen Selbstentfaltung und der aktuellen Umweltentwicklung vor. Sie passen sich laufend den Rückmeldungen aus ihrer Umgebung an und überprüfen die Stimmigkeit ihres Selbstbildes. Durch die positive Fremd- und Eigenresonanz infolge ihres Denkens und Handelns schöpfen sie Kraft, Freude und Gelassenheit und blühen damit zu voller Reife auf.

Ein sinnvolles Leben wird nach Wong gestützt durch vier wichtige Pfeiler: die *Bestimmung,* das *Verständnis,* die *Verantwortung* sowie die *Freude und Bewertung.* Hinter der Bestimmung stehen unsere persönlichen Werte, unsere darauf aufbauenden Ziele und die Reihenfolge ihrer Wichtigkeit. Sowie die Frage: Welchem Lebensentwurf folgen wir und welche persönliche Mission verbirgt sich dahinter? Sinnvoll ist Leben vor allem dann, wenn wir ein wohlwollendes Verständnis zu unserer persönlichen Rolle im Leben, über das Verhalten anderer Menschen und für die jeweiligen Lebenssituationen entwickeln. Die Reflexion der eigenen Lebensführung und mögliche Haltungskorrekturen führen fast zwangsläufig zu einem Kohärenzerlebnis. Im idealen Leben funktioniert die Freiheit des Einzelnen nur im Zusammenspiel mit der persönlichen Verantwortung gegenüber dem Großen und Ganzen. Das gilt besonders in Krisenzeiten und

Notsituationen und ist eine Frage von Ethik und Moral. Selbstbestimmung und Wahlfreiheit können nur dann von Bestand sein, wenn sie im Konsens mit den gesellschaftlichen Normen und Geboten stehen. Wohlbefinden und Lebenszufriedenheit, Gelassenheit und innere Balance gehören folgerichtig zur Bilanz eines sinnvollen, engagierten Lebens. Stete Reflexion und Lebensbewertung führen zur psychischen Reifung und zum weiteren Aufblühen der Persönlichkeit. Damit sind alle Voraussetzungen gegeben, um ein glückliches und erfülltes Leben zu durchlaufen.

Drei Fragen für den späten Sinneswandel
Welchem Leben haben wir uns bisher gewidmet? Welchem wollen wir uns noch zuwenden? Einem Leben aus einer losen Aneinanderreihung vorbeiziehender fader Ereignisse, einer dritten Lebensphase mit sich fortschreibender Fremdbestimmung oder einer Zukunft mit aktiver Selbstentfaltung und Selbstverwirklichung? Ein Ausstieg oder Umstieg ist jederzeit möglich! In dem Weltbestseller „Das Café am Rande der Welt" von John Strelecky werden dem gestrandeten Helden drei Fragen gestellt, mit denen er sich bis dahin noch niemals befasst hatte. Dementsprechend lange dauert seine Auseinandersetzung mit der Speisekarte, auf der diese drei Fragen stehen. Die erste befasst sich mit den inneren und äußeren Werten und lautet: „Führst du ein erfülltes Leben?" Die zweite beleuchtet seine Identität als Mensch und liest sich so: „Hast du Angst vor dem Tod?" Und die letzte – und wohl schwerwiegendste – heißt: „Warum bist du hier?" Wobei keineswegs nur der aktuelle Aufenthaltsort hinterfragt wird, sondern die geistige Verortung in dieser Welt. Es ist eine Frage nach dem Sinn. Spätestens an der Schwelle zum Ruhestand, gern aber schon viel früher, sollten wir uns auf die Suche nach schlüssigen Antworten

machen. Auf eine bedeutsame Selbsterkundung, zu der nur die wenigsten von uns im Leben aufgefordert oder aus ihrem Innersten heraus bisher aktiv wurden. Nur wir selbst können uns auf den Weg machen, weil die Sinnsuche nach John Strelecky eine Frage der Authentizität ist. Lediglich nachdenken und hoffen, dass sich das ideale Leben mit einem Donnergrollen von allein einstellt, reicht nicht. Wir müssen uns dafür bewusst handelnd einsetzen.

Es ist hilfreich, sich auf der Suche nach seiner *Bestimmung* an Vorbildern oder Lehrmeistern auszurichten. Was bewundern wir an anderen Menschen? Ihren Forschergeist, ihr Engagement für eine gerechte Rente, ihren Einsatz für den Klimaschutz, ihr Wirken für ein Altern in Würde und Geborgenheit? Was genau macht den Unterschied zwischen ihnen und den Satten und den Bequemen und den Sorglosen aus? Welche Prioritäten setzen sie, auch wenn sie im Alter nur noch eingeschränkt mobil sind? Wie erfinden sie sich immer wieder neu, bleiben unglaublich aufgeschlossen und kommunikativ? Wie schaffen sie es, ihr Verständnis von der Welt immer weiter zu vertiefen und ein Gefühl dafür zu entwickeln, was die Welt stimmig, schlüssig und kohärent macht? Wo stellen sie sich auch nach dem Beruf weiter der gesellschaftlichen Verantwortung und wägen zwischen Freiheit und Pflichtgefühl ab? Schauen wir uns um nach bewundernswürdigen Menschen, nehmen wir ruhig einmal Kontakt mit ihnen auf und tauschen wir uns aus. Es kann nicht falsch sein, ihnen dann viele Fragen zu stellen und ihren Antworten aktiv zuzuhören.

Oder lassen wir positive Erinnerungen auf uns wirken. Die Bilder, die wir aus den bedeutsamsten Momenten unseres Lebens in uns gelistet und gespeichert haben, können eine große Macht entfalten. Besinnen wir uns der Episoden und Geschichten, die uns nachdrücklich geprägt haben und die zuverlässig in unserem Kopf abgelegt sind. Sie sind eine wahre Fundgrube für die wohlmeinende Bewertung unseres zurückgelegten Lebens sowie ein Kraftquell und Impulsgeber für kommende Altersprojekte. Natürlich im Rahmen unserer späten Möglichkeiten. Allerdings bleiben sie eine Illusion, wenn wir auf den großen Knall warten, der sie auf wundersame Weise umsetzen soll. Es führt kein Weg um die Selbstverantwortung drum herum. Nutzen wir deshalb jede freie Minute für die Sinnentfaltung – jede einzigartige und bedeutsame Minute wiegt schwerer und fühlt sich besser an, als eine versäumte oder verschwendete. Das Abenteuer Leben ist mit dem Anbruch des Ruhestandes keinesfalls vorbei; gerade dann gilt es, weitere kostbare und einzigartige Erkenntnis- und Erlebnisminuten einzusammeln. Wenn wir diese Weisheit beherzigen, dann können wir – selbst in der knappen noch verbleibenden Zeit – ein bis dahin vielleicht suboptimales in ein erfülltes und engagiertes Leben im Sinne von Paul Wong umwandeln.

Die Praxisübung
Obwohl wir im Verlauf dieses Buches schon einige von ihnen erwähnt haben – einen letzten Beitrag zum Thema der „Big Five" möchte ich noch hinzufügen. Er stammt ebenfalls aus der Feder von John Strelecky und beinhaltet eine Art Lebenskonzept, das sich aus der Beengtheit und Anspruchslosigkeit seines früheren Lebens heraus entwickelt hat. Es sind „The Big Five for Life". Ein Buch über den Lebenszweck und die Lebensfreude. Die Idee dahinter ist, fünf wichtige Dinge zu finden, die man im Leben noch machen oder erreichen möchte, um kurz vor dem Abschied von dieser Welt sagen zu können: „Das habe ich verwirklicht, darauf bin ich wirklich stolz, das ist

mein ganz persönlicher Erfolg!" Etwas, das man nicht deshalb anpackt, um den Erwartungen anderer zu genügen oder um die Aufträge Dritter zu erfüllen, sondern um eigene Gelassenheit, Lebenszufriedenheit, Freude und innere Genugtuung zu erfahren. John Strelecky selbst fand seine ganz persönlichen „Big Five" in folgenden Bestimmungen: in der Pflege liebevoller Beziehungen, im Bereisen der Welt, in der Fähigkeit, sich selbst zu erkennen und authentisch zu sein sowie darin, andere Menschen mit seinen Geschichten zu inspirieren und – einen Song für die Top Ten der Pop-Charts zu schreiben. Finden Sie für sich jetzt fünf Dinge, Vorsätze, Handlungen bzw. Ziele, die Sie in der Ihnen verbleibenden Zeit noch erledigen, erleben oder erreichen wollen. Notieren Sie sie möglichst in der Reihenfolge ihrer Wichtigkeit. Und setzen Sie sich realistische Termine für ihre Erledigung. Überprüfen Sie, ob diese „Big Five for Life" Ihren Qualitätsansprüchen an ein ideales Leben genügen. Und beginnen Sie unverzüglich nach dem Aufschreiben mit dem ersten Schritt Ihres wichtigsten Vorhabens!

Wenn es uns manchmal nicht so gut geht und wir an uns verzweifeln wollen, dann sollten wir uns an ein Zitat von Friedrich Nietzsche erinnern, der zeitlebens kränkelte: „Hat man sein Warum des Lebens, so verträgt man sich fast mit jedem Wie." Wer dann seinen Lebenssinn zur Hand hat, wird schnell merken, dass es viel einfacher ist, eine seelische oder körperliche Krise zu überstehen. Und noch eine weitere, fundamentale Voraussetzung kann entscheidend zur erfolgreichen Problem- und Krisenbewältigung beitragen: Ein stabiles Gebäude, in dem ein fortgeschrittenes Leben in fruchtbarer Beziehung möglich wird.

5.5 Einzug in das Haus der gelingenden Beziehungen

Agile Unternehmen als Vorbild fürs Privathaus
Um im Trubel und in der Dynamik der vierten industriellen Revolution nicht unterzugehen, müssen sich Organisationen und Unternehmen an die rasanten inneren und äußeren Veränderungen anpassen. Der Leitspruch von der agilen Transformation als Herausforderung an Management und Mitarbeiter ist in aller Munde. Vielleicht erleben auch Sie kurz vor Ihrem Renteneintritt dieses Veränderungsmanagement mit mehr oder weniger großer Sorge. Gut, wenn Sie dann einem Unternehmen angehören, dass ich die *„Organisation der gedeihenden Arbeitswelt"* nenne. Sie ist sowohl ein Vorgriff als auch eine Assoziation zu dem Beziehungsmodell, das weiter unten vorgestellt wird. Sollten Sie also das Glück haben, einer solchen Organisation anzugehören, wäre das eine gute Voraussetzung dafür, die verbleibenden Arbeitsjahre unaufgeregt zu absolvieren, um dann entspannt und gelassen in den Ruhestand hinüberzuwechseln.

Wodurch wird eine gedeihliche Organisation geprägt? Die Grundlage dieser Arbeitswelt bildet ein wertschätzender und achtsamer Umgang miteinander. Sowohl auf vertikaler als auch auf horizontaler Unternehmensebene. Es sollte Chefsache sein, für ein Klima des Respekts und der Wertschätzung zu sorgen und die Menschen ihren Fähigkeiten entsprechend dort einzusetzen, wo sie sich wohlfühlen, selbstmotivierend arbeiten und den größten betriebswirtschaftlichen Beitrag beisteuern können – erst recht, wenn sich im Betrieb viele ältere Semester befinden. Jedem Mitglied der Firma sollten all die Informationen zur Verfügung stehen, die es für die Erfüllung seiner Aufgaben, das Erkennen der Ziele der Unternehmung und den Sinn und Zweck seiner Tätigkeit benötigt. Oder anders gesagt: Eine transparente Kommunikation und ein umfassender Informationszugang sind die Voraussetzungen für die erfolgreiche Bewältigung der Herausforderungen, die die VUCA-Welt an alle Mitarbeiter stellt. In Zeiten wachsender Agilität und zunehmender Volatilität müssen flache Hierarchien und ein großes Maß an Selbstverantwortung die Effizienz des Unternehmens bestimmen. Kooperation anstelle von Konkurrenzdenken ist angesagt. Flexible Arbeitsbedingungen sollten sowohl als Reaktion auf äußere Veränderungen als auch zur Erhöhung der Mitarbeiterakzeptanz selbstverständlich sein. Durch die größere Verantwortung und den höheren Entscheidungsdruck, dem die Beschäftigten in der Organisation der gelingenden Arbeitswelt ausgesetzt sind, muss auch eine neue Fehlerkultur heranreifen können. Etwaige Fehlentscheidungen sollten daher als Lernchancen begriffen und bisherige Standardabläufe und Routinen einer schöpferischen Überarbeitung unterzogen werden. Eine Organisation, in der die Arbeitswelt gedeiht, lernt aus sich selbst heraus. Sie erfährt einen ständigen Zugewinn an organisationaler Resilienz. Sie steht in der Erwartung und gleichsam unter dem Zwang, sich selbst neu erfinden zu müssen. Das wird dann gelingen, wenn jeder Einzelne sich als Mikrounternehmer betrachtet und versteht, dass nur die kreative Umgestaltung für ihn eine berufliche Zukunft bedeutet. Für die in den Ruhestand wechselnden Mitarbeiter verkörpert die Zugehörigkeit zu einer Organisation der gedeihenden Arbeitswelt einen versöhnlichen Abschied und den harmonischen Übergang in die nächste Lebensphase. Aus einem derartigen Umfeld heraus können die Ruhestandsanwärter weitgehend stressfrei, zufrieden und zuversichtlich in Rente oder Pension übergleiten.

Das Modell des „Hauses der gelingenden Beziehungen" (The Sound Relationship House)

John M. Gottman, ein US-amerikanischer Psychologe und Vertreter der Positiven Psychologie, hatte wohl weniger den Bezug zu Organisationen und Wirtschaftsunternehmen im Blick, als er ein Gedankengebäude schuf, das er „The sound relationship house", das **„Haus der gelingenden Beziehungen"**, nannte. (Und nahm auf sozialer Ebene bereits das vorweg, was sich auf der gesellschaftlichen Bühne in einer transformierenden Wirtschaft schon wenig später tat.) Er baute das Modell auf seiner jahrzehntelangen Erfahrung aus der Arbeit mit Paaren und den festgestellten Voraussetzungen für eine gedeihliche Partnerschaft auf. Es ist ein beziehungsgestaltendes Bauwerk für das harmonische und sich gegenseitig befruchtende Miteinander von Menschen, für eine konstruktive Konfliktbewältigung in intimen Gemeinschaften und für den Aufbau hilfreicher Kommunikationsmuster. Es soll Halt, Schutz und Hilfe vor allem in Krisenzeiten und Problemsituationen bieten und dient als Bollwerk für die Umsetzung der psychosozialen Bedürfnisse. Gottman schichtete die miteinander korrespondierenden Ebenen wie Etagen eines Hauses übereinander. Es steht auf einem soliden Fundament, das er „Build love Maps" nannte.

Sinngemäß ins Deutsche übertragen transportiert sein Leitgedanke für ein erfolgreiches Beziehungsnetzwerk diese Botschaft: „Lerne die (neue) Welt des anderen kennen!" Denn mit den Jahren des Zusammenlebens schleichen sich Gewohnheiten ein, die die frühe Zeit der Verliebtheit und Leidenschaft überschreiben. Aktives Interesse und Neugier am anderen lassen nach und das Verständnis für die Überzeugungen, Werte und Haltungen des Partners verblasst. Vertrautheit und Verbundenheit leiden mit der Zeit, Innigkeit geht im Alltagsgeschehen

5 Lebenssinn behutsam erschließen ... 299

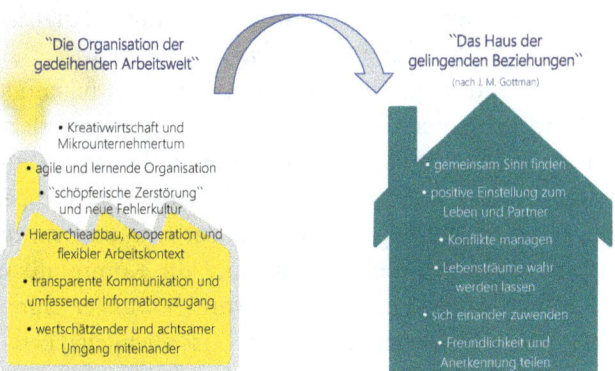

Abb. 5.6 „Das Haus der gelingenden Beziehungen" (nach John M. Gottman)

verloren und frühere Eintracht verwandelt sich auch einmal in Streit. Um dennoch positive Beziehungen wiederbeleben, pflegen und sogar weiterentwickeln zu können, durchschreitet Gottman mit uns die verschiedenen Geschosse seines solide konstruierten Hauses, das die Metapher beherbergt. (Abb. 5.6)

Als Basis, quasi als Untergeschoss jeder gelingenden Beziehung, dient Gottman die gegenseitige **Freundlichkeit** im Umgang miteinander sowie die wechselseitige **Anerkennung,** die sich Menschen über ihre Leistungen und Erfolge entgegenbringen sollten. Die Freude an den gemeinsamen schönen Momenten, aber auch das gemeinschaftliche Aushalten weniger erfreulicher Ereignisse gehören zu den Basics einer langen und erfolgreichen Beziehung. Sich gegenseitig ehrliche Bewunderung zu schenken und liebevolle Wertschätzung entgegenzubringen, sollen (wieder) zur Regel werden.

Auf der „Love-Map-Ebene zwei" steht die **gegenseitige Zuwendung** – hin zu den Emotionen und Gedanken des anderen. Gottman beschreibt drei mögliche Kommunikationsmuster unter langjährigen Partnern. Sich *„dagegen wenden"*, sich den Ideen, Argumenten und Handlungen des anderen aktiv entgegenstellen, ist äußerst destruktiv und selbstwertverletzend. Dieser Umgang greift den Partner an und setzt ihn zutiefst herab. Aber auch die zweite Verhaltensweise, die passive Form der Ablehnung, das *Wegwenden vom anderen,* unterbricht vorsätzlich den Kontakt und die Kommunikation. Es zeugt vom Desinteresse, von bewusster Ignoranz und von der Missachtung der Persönlichkeit. Erst eine Kommunikationshaltung, die sich offen und interessiert dem Gegenüber zuwendet, signalisiert echtes Interesse an der Person, deren Themen und Problemen. Damit wird dem Partner klar signalisiert, dass man aufgeschlossen für die Bedürfnisse und Sorgen und neugierig auf die Interessen des anderen ist.

Besonders wichtig ist Gottman eine **positive innere Haltung** der Hausbewohner. Jede vermeintlich zweifelhafte Handlung des anderen sollte vor jeglichem Urteil auf ihre positive Absicht hinterfragt werden; d. h., es gilt erst einmal die „Unschuldsvermutung". Nicht abwertende Kritik an der Person, sondern ein sachlicher Hinweis auf ein unangemessenes Verhalten oder eine sanfte Abmahnung störender Gewohnheiten sollten das gegenseitige Verhältnis prägen. Besser, einen kurzfristigen Vertrauensvorschuss zahlen, als die Gefühle oder Werte des anderen langfristig verletzen.

Die Kunst des **Konfliktmanagements** ist in der vierten Etage zu Hause. Immer wieder wird es in einer Partnerschaft zu unterschiedlichen Meinungen, scheinbar unlösbaren Problemen, Verärgerungen und sogar ernsthaften Auseinandersetzungen kommen. Besser streiten und Konflikte zu Kompromissen umwidmen – das erfordert das ganze Repertoire an individueller Kommunikationskunst. Dazu sollte ein Grundverständnis für die Ursachen hergestellt und gemeinsam an einer für beide Seiten akzeptablen Lösung gearbeitet werden. Ob es entschärfende Ich-Botschaften sind, aktives Zuhören auf den verschiedenen Kanälen des Senders oder die Trennung von Person und Verhalten – einzig wichtig ist der sachliche und konstruktive Umgang miteinander.

Wenn sich zwei Menschen finden, werden sie einerseits vergleichbare, andererseits unterschiedliche Vorstellungen darüber haben, welche **Lebensträume** sie **wahrwerden lassen** wollen. Ziele, die übereinstimmen oder sich sehr nahekommen, sollten sie zuerst in Angriff nehmen. Bei Unstimmigkeiten oder auseinanderlaufenden Bestrebungen lohnt sich die Suche nach Kompromissen oder völlig neuen Ideen, Aktivitäten oder Bedürfnissen. Diese entstehen am ehesten aus gemeinsamen Gesprächen heraus und können später auf den Weg gebracht werden.

Die oberste Etage des „Hauses der gelingenden Beziehungen" bildet die Suche nach dem **gemeinsamen Sinn,** den man in einem partnerschaftlichen Leben verfolgen will. Er ergibt sich aus den miteinander geteilten Werten, die man verfolgt, den parallel durchlebten positiven wie negativen Ereignissen, den Prüfungen des Lebens sowie der gemeinsamen Gedankenwelt. Vor allem jedoch erschließt er sich als Antwort auf Fragen wie diese: „Was wollen wir der Welt hinterlassen? Was könnte unser gemeinschaftliches Vermächtnis, unsere tiefgründige Mission sein? Worin bestehen unsere Beiträge und Leistungen für das größere Ganze in dieser Welt?"

Die Parallelen des „Sound Relationship House" zur Organisation der gedeihenden Arbeitswelt sind unverkennbar. Hat eine gedeihende, blühende Arbeitswelt ihre positive und förderliche Wirkung in uns hinterlassen, so werden wir vieles davon in angepasster Form als Startkapital in unser gemeinsames Haus der gelingenden Ruhestandsbeziehungen mitnehmen können. Sollte dies nicht der Fall sein, dann steht vor uns die anspruchsvolle Aufgabe, den Bau mit innovativen Ideen neu zu denken und zu gestalten.

Krisensituationen als Testvorlage für den Ruhestand verstehen und nutzen
„Even The Bad Times Are Good" sangen einst The Tremeloes. Auch die schlechten Zeiten haben Ihre guten Seiten. So brachte die Coronapandemie mit ihren Shutdowns und Lockdowns das Homeoffice als neue beziehungsprägende Institution hervor: Quasi ein vorweggenommenes Trainingscamp für die dritte Lebensphase. Als Ruhestandsanwärter konnte man schon mal üben und austesten wie es ist, wenn man auf engstem Raum, und nicht nur ein paar Tage oder Wochen, sondern über viele Jahre hinweg, mit dem Partner durchgängig zusammenleben wird. Es war zumindest eine harte Herausforderung, wenn nicht sogar ein Problem oder eine Art Notstand, sich den Bedürfnissen des Partners anzupassen, die akuten und wiederkehrenden Sorgen und Ängste miteinander zu teilen, dennoch friedvoll und sachlich zu kommunizieren und den Alltag gemeinschaftlich zu bewältigen. Denn wir haben diese plötzliche Zwangssituation, genau wie den kommenden Ruhestand, nirgendwo einstudieren und ausprobieren können. Die von früher gewohnte Entkopplung der Arbeit von der Freizeit war plötzlich obsolet, das Leben wurde gemeinsamer, direkter und intensiver. Und teilweise auch anstrengender, denn die Präsenz der Partner war allgegenwärtig, weitestgehend ungewohnt und teilweise geradezu befremdlich. Kaum etwas konnte ohne die verbale oder nonverbale Abstimmung mit dem Partner geschehen. Vieles bedurfte der radikalen und sofortigen Anpassung und Umstellung: der Tagesablauf, die Essgewohnheiten, die Nutzung der zur Verfügung stehenden

Räumlichkeiten und vieles mehr. Rücksicht und gegenseitiges Verständnis, das Zurückstellen der eigenen Anliegen und der Verzicht auf Privilegien waren geboten. Wer diese Zeit im Tandem meistern konnte, bringt gute Voraussetzungen für die Ausgestaltung seines Hauses der gelingenden Altersbeziehungen mit. Etage vier, das Gottmansche Geschoss des Konfliktmanagements, spielt dabei eine entscheidende Rolle. Es kommt nicht darauf an, Streit zu vermeiden, sondern ihn so auszutragen, dass trotz der Konflikte die Gefühle des anderen respektiert und die körperliche Nähe und Vertrautheit erhalten bleibt, eigene Ansprüche zurückgestellt und eine für beide Seiten tragbare Lösung gefunden wird. Der deutsche Paartherapeut Arnold Retzer hat für diese Einstellung den Begriff der „resignativen Reife" entwickelt. Sie ist eine wichtige Bedingung für das langjährige Gelingen einer Partnerschaft. Gottman hält daneben das Verhältnis zwischen positiven und negativen Erfahrungen für beziehungsstabilisierend. In Paarbeziehungen, die harmonisch und zufrieden verlaufen, stehen die positiven Wahrnehmungen im Verhältnis von 5 zu 1 zu den negativen. Im Gegensatz dazu sind Beziehungen aufs Äußerste gefährdet, wenn sich positive und negative Erfahrungen die Waage halten oder die schlechten Wahrnehmungen bereits überwiegen. Stehen positive zu negativen Emotionen in einem Verhältnis von etwa 3 zu 1, so die bekannte US-amerikanische Psychologin Barbara Fredrickson, dann steigert sich das Wohlbefinden und der Mensch blüht auf. Nur doppelt so viele positive wie negative Emotionen zu erleben, führt wohl nicht zu einem erfüllten Leben. Das soll daran liegen, dass die starke Wirkung negativer Gefühle die schwächere Wirkung der positiven zu stark dämpft. Eine wissenschaftliche Untersuchung an der University of California hat ergeben, dass die negativen

Verhaltensweisen, wie z. B. weibliche Bevormundung, eine provozierende männliche Körpersprache, bedrohliche Gesichtsausdrücke oder aggressive Stimmlagen mit dem Alter und der Dauer einer Partnerschaft nachlassen. Langjährige Gemeinschaften fördern offensichtlich die seelische Gesundheit und tragen zur Psychohygiene bei. Gute Aussichten also, in das Haus der gelingenden Beziehungen einzuziehen, dort Zufriedenheit zu finden, Wohlbefinden zu spüren und Gelassenheit zu entwickeln.

Die Praxisübung
Auf dem zugehörigen Arbeitsblatt (5.5.2) finden Sie John M. Gottmans „Sound Relationship House" wieder. Finden Sie für jede Etage mindestens zwei persönliche Eigenschaften, Fähigkeiten oder auch Gestaltungsmerkmale, die Sie selbst in das Haus einbringen können, um es gemeinsam mit Ihrem Partner zu Ihrem stressfreien, harmonischen und gemütlichen „Alters-Heim" umzugestalten. Bitten Sie dann Ihren Partner, auf einem weiteren Arbeitsblatt die ganz persönlichen Anteile aufzuschreiben, die er selbst einbringen wird. Legen Sie dann beider Blätter nebeneinander und bewerten Sie gemeinsam, ob daraus ein Haus des späten Gedeihens und Erblühens werden kann. Sollten Sie feststellen, dass das Bauwerk noch nicht ganz vollständig ist, dann ergänzen Sie es um fehlende Bausteine oder gar Etagen. Finden Sie weitere Verhaltensweisen und Gestaltungsmerkmale, die Ihr Leben noch zufriedener und glücklicher machen können und arbeiten Sie gemeinsam an ihrer Umsetzung. Ich wünsche Ihnen viele gute Ideen und alles Glück der Welt dabei!

Weiterführende Literatur

Blickhan, D. (2015). *Positive Psychologie. Ein Handbuch für die Praxis*. Junfermann.

Deutsche Gesellschaft für Positive Psychologie DGPP. https://www.dgpp-online.de/neue-themen-der-positiven-psychologie/alter-kreativität-und-weisheit. Zugegriffen: 16. Juli 2021.

Deutsche Gesellschaft für Positive Psychologie DGPP. https://www.dgpp-online.de/neue-themen-der-positiven-psychologie/einsamkeit-und-positive-psychologie. Zugegriffen: 16. Juli 2021.

Deutsche Gesellschaft für Positive Psychologie DGPP. https://www.dgpp-online.de/neue-themen-der-positiven-psychologie/positive-aging-positiv-altern. Zugegriffen: 16. Juli 2021.

Deutsche Paracelsus Schulen für Naturheilverfahren GmbH. https://www.paracelsus.de/magazin/ausgabe/201701/therapie-aus-sicht-der-positiven-psychologie. Zugegriffen: 21. Juli 2021.

Europäische Akademie für Logotherapie und Psychologie. https://www.ealp.at/sinnfindung-im-alter/. Zugegriffen: 30. Juni 2021.

Frankl, V. E. (2015). *Der Wille zum Sinn*. Hogrefe.

Friedl, A. Im Tandem. *Psychologie Heute, 47*(2).

Gottman, J. M. (2014). *Die sieben Geheimnisse einer glücklichen Ehe*. Ullstein.

Loeffner, A. Psychologie des Glücks. https://psychologie-des-gluecks.de/lexikon/positivity-ratio/. Zugegriffen: 4. Nov. 2021.

Maas, A. (2019). Themenband N°14 Sinn. Impulse für ein erfülltes Leben.

Münchner Zeitungs-Verlag. https://www.merkur.de/leben/geld/rente. Zugegriffen: 22. Juli 2021.

Schäfer, A., Von der Hilflosigkeit zum Glück. *Psychologie heute, 46*(10).

Schnabel, U. Die Kraft der großen Sache. DIE ZEIT N° 1 vom 27.12.2018.

Schnell, T. (2016). *Psychologie des Lebenssinns*. Springer.

Schnell, T. Universität Innsbruck. https://www.sinnforschung.org/mein-Lebenssinn/26-Lebensbedeutungen. Zugegriffen: 30. Juni 2021.

Strelecky, J. (2007). *Das Café am Rande der Welt*. dtv.

Strelecky, J. (2009). *The big five for life*. dtv.

Universität Innsbruck. https://www.uibk.ac.at/psychologie/mitarbeiter/schnell/docs/schnell_lacour_kartenmethode_wzm_indruck.pdf.

Universitätsbibliothek Heidelberg. http://archiv.ub.uni-heidelberg.de/volltextserver/10929/1/Lebenssinn_in_schwerer_Krankheit.pdf. Zugegriffen: 29. Juni 2021.

Viva Luzern AG. https://www.vivaluzern.ch/viva-luzern/news/sinn-finden-im-alter. Zugegriffen: 30. Juni 2021.

Yalom, I. D. (2010). Existenzielle Psychotherapie. EHP – Verlag Andreas Kohlhage.

YouGov Deutschland GmbH. https://yougov.de/news/2018/07/26/deutsche-haben-37-enge-freunde-offene-kommunikatio/. Zugegriffen: 19. Juli 2021.

Quellenverzeichnis

Integrierte Grafiken: Pixabay, Fotos: Wolfgang Schiele

Nachwort

Das vorliegende Buch entstand im Ergebnis meiner jahrelangen Auseinandersetzung mit Coachingformaten, Interventionen und Therapiemodellen und deren Adaption und Anwendbarkeit auf die reifere Generation, insbesondere auf Menschen im Übergang vom Beruf in den Ruhestand. Aus der unerschöpflichen Vielfalt an Modellen konnte ich verständlicherweise nur eine sehr begrenzte Auswahl treffen, die sich insbesondere auf das eingesammelte Wissen aus zehn Jahren Seminarbesuch, die Erfahrungen aus hunderten von Training- und Coachingtagen sowie ein intensives Selbststudium stützt. Neben den Erkenntnissen aus den angegebenen Literaturquellen lebt das Buch vor allem vom Wissen, das mir meine smarten und umsichtigen Mentoren vermittelt haben – und nicht zuletzt von meinen umfangreichen eigenen Gedanken und Ideen, vor allem dort, wo es um den Bezug zu Beruf, Alter und Ruhestand geht.

© Der/die Herausgeber bzw. der/die Autor(en), exklusiv lizenziert durch Springer Fachmedien Wiesbaden GmbH, ein Teil von Springer Nature 2022
W. Schiele, *Selbstmanagement im Ruhestand*,
https://doi.org/10.1007/978-3-658-36149-5

Leider haben viele der Quellen ein unbestimmtes Verfallsdatum, da zu vermuten ist, dass Beiträge in den Links durch ihren Besitzer verändert, überarbeitet oder auch gelöscht werden können. Auch übernehme ich – trotz sorgfältiger inhaltlicher Kontrolle – keine Haftung für die Richtigkeit, Vollständigkeit und Wahrhaftigkeit der Inhalte externer Verweise. Für den Inhalt der verlinkten Seiten sind ausschließlich deren Betreiber verantwortlich.

Die abgebildeten Grafiken und bereitgestellten Arbeitsblätter sind in ihrem Stil und in ihrer Machart durchweg eigene Kreationen, die sich auf die Ursprungsmodelle beziehen oder auf ihnen aufbauen. Die benutzten Fotos sind mein persönliches Eigentum und ich besitze die Urheberrechte. Die in die Abbildungen integrierten Kleingrafiken sind kostenlose, lizenzfreie Illustrationen, sog. Creative-Commons-Lizenzen, die auf www.pixabay.com zur freien Verwendung ohne Urheberangabe angeboten werden. Auch hier ist, wie bereits zu den Links angemerkt, ein zukünftiges Verfallsdatum nicht auszuschließen.

GPSR Compliance
The European Union's (EU) General Product Safety Regulation (GPSR) is a set of rules that requires consumer products to be safe and our obligations to ensure this.

If you have any concerns about our products, you can contact us on

ProductSafety@springernature.com

In case Publisher is established outside the EU, the EU authorized representative is:

Springer Nature Customer Service Center GmbH
Europaplatz 3
69115 Heidelberg, Germany

www.ingramcontent.com/pod-product-compliance
Lightning Source LLC
LaVergne TN
LVHW020327260326
834688LV00037B/906